问题驱动视野下高中数学主干知识的教学设计与实践研究

刘剑锋　邓利民　邱礼明 ／著

華中科技大學出版社
http://www.hustp.com
中国 · 武汉

作者简介

刘剑锋 中学数学正高级教师，特级教师.1987年7月参加教育工作，一直从事高中数学教学.先后担任学科组长、年级主任、教务主任、副校级干部、援疆副校长、工会主席、惠州学院兼职副教授.撰写的论文获得市三等奖、一等奖和省二等奖.在《中学数学教学参考》（上旬）、《中学数学教学参考》（下旬）、《中学数学》、《试题与研究》、《课堂内外》和《文渊》等刊物上发表论文.主持校级课题2项，参与市级课题研究1项，主持省级课题1项.获得惠州市首席教师、广东省南粤优秀教师、全国模范教师等称号,援疆记三等功.

邓利民 中学数学高级教师，广东省南粤优秀教师. 从事高中数学教学17年，惠州市数学核心备课组成员、惠州市骨干教师.先后担任数学科组长、年级主任. 获评校级优秀年级主任、优秀班主任、惠州市优秀班主任、惠州市优秀教师. 在《数学通讯》、《数学教学通讯》、《数理化解题研究》等刊物上发表论文. 参与市级课题研究1项，主持市级课题1项.

邱礼明 中学数学高级教师，惠州市骨干教师，惠州市学院兼职副教授.从事高中数学教学17年，教过9届高三.多次获评学校“教书育人先进个人”、“优秀班主任”. 获得惠州市优秀班主任、惠州市优秀教师、广东省名师工作室培养对象、惠州市基础教育“头阵计划”培养对象、广东省高中数学联赛优秀教练员、惠州市名班主任工作室助手等荣誉.在中学数学专业期刊上公开发表论文20多篇，三次获惠州市高中数学青年教师改编题（解题、说题）大赛一等奖，获惠州市首届高中青年数学教师教学能力大赛二等奖. 参与省级课题研究1项，主持省级课题1项.

内容简介

新一轮数学课程改革确立了崭新的理念,《普通高中数学课程标准(2017年版)》提出高中数学课程以学生发展为本,落实立德树人的根本任务,培育科学精神和创新意识,提升数学学科核心素养,在课程目标上凸显基础性、普及性和发展性;在学习内容上强调现实性、生活性和富有挑战性;在学习方式上倡导动手实践、自主探索与合作交流;在教学评价上追求目标多元性、方法多样性的教学评价体系.本书的研究是贯彻落实新课程改革的理念、转变教育观念、改革教学模式、实现教师角色转换的需要,是促使学生真正成为数学学习的主人、提升学生数学核心素养的需要.

本书在编写过程中力图体现以下五个特点.一是以核心素养为指导.各部分的撰写以立德树人作为基本导向,以学科核心素养作为理论架构和单元教学设计的出发点.通过教学改进指向学生价值观、必备品格和关键能力的培养.二是力求通俗易懂.为了方便读者,在文字上尽量做到深入浅出、通俗易懂,并尽量辅以案例进行说明.三是紧扣时代前沿.在研究学习过程中,注意吸收当今国内外最新有关理论成果及教学实践成果.四是基于课改实践经验.问题驱动的相关理论注意吸收基础教育课程改革实施中所取得的相关经验,以理论对实践进行指导.五是面向问题解决.问题驱动教学改进项目从基础教育课程改革实践需求中来,还需回到基础教育课程改革实践中去.

本书共分为7章.书中的教学课例和学案非常详细,可以为广大高中数学教师提供教学参考,也可以为高等师范院校数学教育专业本科生、研究生在实习时提供参考.

汉斯·弗赖登塔尔(H. Freudenthal)

数学教育是数学的再创造
——汉斯·弗赖登塔尔

汉斯·弗赖登塔尔(H. Freudenthal,1905—1990),1930 年获柏林大学博士学位,1951 年起被聘为荷兰皇家科学院院士,1971—1976 年任荷兰数学教育研究所所长. 弗赖登塔尔是著名数学家布劳威尔的学生,早年从事纯粹数学研究,以代数拓扑学和李群研究方面的杰出工作进入国际著名数学家的行列,曾任荷兰数学会的两届主席.

作为著名的数学家,弗赖登塔尔非常关注教育问题,他很早就把数学教育作为自己思考和研究的对象,在这一点上弗赖登塔尔与许多科学家有所不同. 这些高水平的科学家开始关注和投入研究教育问题往往是在他们年老之后,而弗赖登塔尔很早就被教育问题所吸引. 他本人有一个非常简单的解释:“我一生都是做教师,之所以从很早就开始思考教育方面的问题,是为了把教师这一行做好.”

弗赖登塔尔一生发表关于数学教育的著述达几百篇(部),其中三本巨著通过多种文字出版,在国际上产生了重大影响.它们是《作为教育任务的数学》《播种和除草》《数学结构的教学现象》.在这些著作中,弗赖登塔尔详细论述了必须对传统数学教育进行改革的原因,系统阐述了现实数学教育思想的理论体系,具体探讨了如何按现实数学教育的观点设计数学课程、编写数学教材等方面的问题.他的许多结论都是在中、小学课堂上经过长期实践之后得出的.他的工作奠定了现实数学教育的理论和实践基础,明确了现代数学教育改革的目标和方向.

前　言

弗赖登塔尔说:“我一生都是做教师,之所以从很早就开始思考教育方面的问题,是为了把教师这一行做好.”

我工作30多年,一直从事高中数学教学.我时常思考:“数学教育的本质是什么?我们该教给学生什么?为了提高高中数学课堂教学效果,我们怎样设计教案?怎样进行有效课堂教学?”

我参与学校三次课堂教学改革研究:第一次是推行“3+7”模式(教师讲课时间不超过30%,70%的时间留给学生);第二次是推行“三环节问题导学”模式,接着又提出了“问题情境导入式合作性教学模式”;第三次是推行“阳光课堂”教学模式.这三次研究都取得一定的成果.但我的教学研究还是没有方向.2018年9月,我在浙江师范大学参加惠州市教研骨干培训,培训期间从专家学者们的讲座中获得很多启发,受益匪浅.这次培训不仅提升了教学研究理论水平,也与同行深入探讨了主题课堂教学改革问题.

在平时的学习与教学研究中,我逐步认同了“问题驱动”这种教学方法与策略.在拜读了著名数学家弗赖登塔尔的《作为教育任务的数学》,我从中体会到:①数学教育应该结合学生的生活体验与数学现实;②数学教育是数学的“再创造”.高中数学教材无论是引入一个概念还是建立一个定理,通常会创设一个问题情境,其目的是与学生的生活体验相结合.我通过学习,同时结合以前的研究,最后将研究的主题定为“问题驱动”.2018年12月我成功申报了广东省教育科研“十三五”规划立项课题“问题驱动视野下高中数学主干知识的教学设计与实践研究”(课题批准号(2019YQJK288),课题结题号(202019WT187)),课题成果在市直高中学校推广,效果良好.

问题是数学的心脏,数学在解决各种各样的问题中形成和发展.换句话说,问题是驱动数学发展的动力源泉,数学史就是一个不断发现问题和提出问题、分析问题和解决问题的历史过程.因此,以问题驱动数学教学是合情合理的.“问题驱动教学法”是建立在弗赖登塔尔数学教育理论基础上的教学方法,强调依据历史并结合学生实际创设真实有效的问题及情境驱动教学,让学生在探究活动中经历数学的

“再发现”过程，生成数学概念与原理，习得数学思想与方法.

在问题驱动教学中，课堂教学设计若干核心问题序列，创建合适的问题情境，在问题驱动下引导学生自主、合作、探究学习，获得知识；改善学生的学习状态，激发学生的求知欲望，培养学生独立探索、勇于创新的自学能力. 主要研究的内容：①课堂设计层面，设置合适的问题，使学生的学习目标更明确、更具体，更容易掌握学习内容；②课堂教学层面，通过问题驱动教学，研究如何调动学生的积极性，更好地完成学习任务；③学生成长层面，以一系列问题为载体，通过独立思考、自主探究、合作讨论等方式来解决问题，从而达到让学生学习数学知识、掌握相关方法，培养学生发现问题和提出问题、分析问题和解决问题的能力，培养学生的数学核心素养的目的.

在“问题驱动视野下高中数学主干知识的教学设计与实践研究”课题研究过程中，结合平时课堂教学实践，我们重点在课堂问题的设计、解决等方面做了一些有益的探索、实践、思考和总结. 参加课题研究的成员有邱礼明、唐睿、肖志向、吴凤、张锦玉、王志贤、王燕霞、陈宇祥、陈益智（院长、副教授）、王海青（博士、副教授），大家认真研究课题，集思广益，从中提炼了一些策略，并在此策略支撑下，对高中数学的一些主干知识进行教学设计，最终形成了本书。本书是我和我校两位市级数学教学骨干教师邓利民和邱礼明（他们各自撰写了十万字以上的内容）合著，书中部分内容包括编写组成员发表在各级刊物上的论文，以及平时讲座案例、上课的课例和导学案的底稿.

因本人水平有限，书中难免存在错误与不足之处，衷心希望广大读者批评指正，以便不断完善，谨致谢忱.

刘剑锋

2021 年 7 月

目　　录

第1章　研究概述

1.1　研究背景

1. 基于新课程改革的实践与思考

新一轮数学课程改革确立了崭新的理念,《普通高中数学课程标准(2017年版)》提出,高中数学课程以学生发展为本,落实立德树人的根本任务,培育科学精神和创新意识,提升数学学科核心素养,在课程目标上凸显基础性、普及性和发展性;在学习内容上强调现实性、生活性和富有挑战性;在学习方式上倡导动手实践、自主探索与合作交流;在教学评价上追求目标多元性、方法多样性的教学评价体系;充分考虑和大力推进现代信息技术在数学教学中的应用.本书的研究是贯彻落实新课程发展理念、转变教育观念、改革教学模式、实现教师角色转换的需要;是促使学生成为数学学习的主人、提升学生数学核心素养的需要.

2. 基于目前教学现状的分析与革新

不少高中数学课堂教学存在以下不足.

(1) 教学目标设计不够明确.有些课堂教学设计程序不清、层次结构比较乱,学生被老师"牵着鼻子绕来绕去",最终使大多数学生疲于应付,课堂教学效果大打折扣.

(2) 教学目标呈现方式不当.有些课堂一开始就把教学目标呈现出来,让学生看,或者让学生读,或者读给学生听,这样容易给学生造成很突然的感觉.因为在学习新知识之前,学生对学习目标中的知识或专业术语还缺少必要的认识,不知道是怎么回事,对这种目标呈现,大多数学生往往不太关注.有的课堂,在导入新课中,教师虽然创设了一种积极向上的学习氛围,但不切合实际的目标展示反而破坏了这种精心营造的氛围.

(3) 主体作用发挥不够.发挥学生的主体作用,让学生成为课堂的主体是新课改的核心理念,但在不少课堂上,学生的主体作用被忽视,有的课堂师生互动只是表现在形式上,有的把无价值的问题作为学生讨论内容,看起来课堂氛围比较活跃,实质上是浪费时间,且教学效果差;有的问题并不是学生的真实体验,课堂上的学生被"捆绑手脚",有效的思考与探究明显不足等.

(4) 问题驱动意识不强.目前的高中数学课堂,教师讲得非常精彩,但通过设计问题引导学生思考与探究,在问题解决中学习新知识的做法尚未形成浓厚的氛围,课堂上缺少有价值的问题;很多课堂提问只是体现在"是不是""好不好""对不对"等一些毫无价值的问题上,缺乏问题的针对性,且问题驱动性不强.

3. 基于我市高中数学教学教研现状的调查与分析

我们课题组对我市部分高中教师现有教案和教学科研状况以及学生的学习状态进行了抽样调查,发现存在以下问题.

(1) 教师的教科研能力薄弱,撰写论文困难,发表论文较少,论文质量不高.

(2) 先进的教学理念和教学实践难以统一,大多数教师仍然热衷于"传道、授业、解惑",课堂教学中,教师的"主导"仍偏向于包办,学生的"主体"地位得不到保障.

(3) 学生学习的积极性不高,学习方式仍倾向于"接受""完成任务".

为了解决这些问题,我们提出了"问题驱动视野下高中数学主干知识的教学设计与实践研究"这一课题.

4. 基于我校阳光课堂建设的状况与反思

为了打造高效课堂,我校组织大批骨干教师到外地参观学习,学校从2011年开始进行课堂改革模式研究,首先是推行"3+7"模式(教师讲课时间不超过30%,70%的时间留给学生);后来又推行"三环节问题导学"模式;接着又提出了"问题情境导入式合作性教学模式";目前学校推行"阳光课堂"教学模式."阳光课堂"模式要求课堂上每位教师都能尊重学生的主体地位,积极转变自己的教学方式,把课堂还给学生,把兴趣还给学生,把快乐还给学生,使课堂成为学生终身发展的素质培养中心和持续发展的能力形成中心.虽然这一模式取得一定成效,但还有许多需要完善的地方.通过本课题的研究,进一步促进“阳光课堂”的建设,形成相得益彰的局面.

1.2　研究基本内容

1. 通过课题研究,提升教师专业水平

(1) 问题驱动教学法理论的提出.问题驱动教学法是建立在弗赖登塔尔数学教育理论基础上的教学方法,是以学生为主体、以专业领域内的各种问题为学习起点、以问题为核心规划学习内容,让学生围绕问题寻求解决方案的一种学习方法.我国著名数学教育家张奠宙教授和张荫南教授于2004年提出了新概念教学理论,并以数学教学为例,提出了问题驱动教学方法.曹广福教授指出,“问题驱动”有两类.一类是促使一个概念、一个原理、一门理论产生的那些原始的问题,哲学上称为“本原性”问题.另一类是理论发展过程中派生出来的与自然科学没有直接关系的问题,这些问题成为“派生性”问题,强调问题驱动,涉及数学教育的本质,数学教育的本质在于通过数学学习为学生构建数学知识体系,从而让学生具备三个方面的能力:一是善于用数学的眼光观察问题;二是善于用数学的头脑思考问题;三是善于用数学的方法解决问题.

(2) 问题驱动教学法实施中教学设计的研究.教学设计是根据课程标准的要求和教学对象的特点,将教学诸要素有序安排,确定合适的教学方案的设想和计划.教学设计一般包括教学目标、教学重难点、教学方法、教学步骤与时间分配等环节.教学设计研究最早在20世纪60年代诞生于美国,代表人物主要有斯金纳(Burrhus Frederic Skinner)、加涅和布里格斯(Briggs Henry).20世纪80年代后期,我国的教育专家、学者便开始探索有关教学设计的研究,其中具有代表性的有乌美娜的《教学设计:原理与应用》.20世纪90年代后,随着教育改革的深入以及教学论、教育心理学、电化教育等学科研究成果的不断涌现,我国的教学设计理论研究进入理论探索阶段,教学系统设计课程进入课堂.21世纪后,教学设计更趋于应用和实践的研究.张华教授在文章中对教学设计研究进行了回顾与前瞻:“教学设计研究的未来发展趋势表现在三个方面.在理念层面,建构主义认识论正在取代客观主义认识论而成为教学领域的基本概念;在技术层面,信息技术的迅猛发展正在引起教学领域的深刻变革；在基础层面，教学论已不再只是教育心理学的应用学科，其研究开始置于多学科的基础之上.”华南师范大学教授何小亚探讨了中学数学教学设计的基本理论，并给出了数学基本课型的教学设计、数学问题解决的教学设计、数学活动课的教学设计等.这些设计对中学教学设计具有较强的指导意义.

2. 通过课题研究，开展主题教研活动研究课堂中的问题设置

通过高中数学主题教研活动的探索与实践，积累典型案例，改进教研活动的模式与方式，探索并形成有效的学科教研机制，问题驱动教学方法就是指课堂教学活动以问题为基点，落实教学任务和实现教学目标，而问题驱动教学法中的问题设置成为教学的关键.教师需要巧妙设计问题，将要讲授的知识蕴含于问题之中，学生在回答或解决问题中达到掌握知识、获得方法、形成情感和价值观的目的.我们在教研活动实践研究方面，对“问题情境如何切入”“课堂问题如何设计”“课堂问题如何有效解决”等问题进行学习和探讨.

3. 通过问题驱动研究课高中数学教学实践

研究课堂教学中如何调动学生学习数学的主动性.“问题驱动”教学法能够体现新课改的精神，它以问题为载体贯穿教学全过程，能够使学生在设问和释问的过程中萌生自主学习的动机和欲望.在课堂教学层面上，从生活出发，从概念课、原理课、新授课、复习课的角度，侧重按高中数学主干知识来编写配套的课堂教学设计，强化学生对数学的认知；在课堂教学实施中，从学生生活的需要入手设计问题驱动，采取新颖、灵活多变的教学方法，顾全整体，又关注个别，及时发现问题碰撞中的火花，促使学生保持积极主动的学习状态，在课堂教学的反馈上，积极收集学生的反馈意见，结合实际情况改进教学设计，通过设计一定的活动，让学生学会用数学的思维去观察生活，解决生活中的常见问题.在问题驱动下展开教学活动，引导学生由简到繁、由易到难、循序渐进地完成一系列“问题”，在“问题”完成中探究方法、拓宽思路、掌握知识，培养发现问题、提出问题、分析问题、解决问题的能力，以提高学生学习数学的主动性和积极性，从而提高课堂效果.

4. 重点研究问题

(1) 如何设计课堂问题？如何将教学目标转化为具有不同功能的课堂问题？如何提升课堂问题的思维价值？如何通过课堂提升学生的数学核心素养？

(2) 如何解决课堂问题？课堂问题解决的方式与途径有哪些？在解决课堂问题时需要注意些什么？

1.3 研究过程

1. 初期研究(2011—2018 年)

笔者参与学校三次课堂教学改革研究,第一次是推行“3+7”模式(教师讲课时间不超过30%,70%的时间留给学生);第二次是推行“三环节问题导学”模式,接着又提出了“问题情境导入式合作性教学模式”;第三次是推行“阳光课堂”教学模式.这三次研究都取得一定的成果.

2. 准备阶段(2018—2019 年)

2018 年 9 月,笔者在浙江师范大学参加教研骨干培训,培训期间,不但提升了教研理论水平,还与同行探讨有关课堂教学改革的问题,构建了主题研究思想,成功申报了广东省教学科研“十三五”规划立项课题“问题驱动视野下高中数学主干知识的教学设计与实践研究”(课题批准号 2019YQJK288).

3. 实施阶段(2019 年 1 月—2020 年 2 月)

(1) 组织课题组老师学习理论知识,挖掘知识背后的原始问题与教学价值,理论学习与尝试撰写教学案例和论文以促进教师理论水平的提升.

(2) 问卷调查,为了课题研究的针对性,笔者对广东省惠州市四所市直高中学校进行问卷调查,发出 200 份老师调查问卷,收回 174 份有效问卷;发出 1000 份学生调查问卷,收回 861 份有效问卷.

① 通过问卷设计,收集高中数学教师的课前问题设计、课中提问方式、课后反思等方面的具体情况,调查高中数学教师的教学理念、教学方法和课堂教学效果等.

② 通过问卷设计,调查高中学生数学学习的兴趣现状及方法、主动学习数学的状况、课堂学习的主要行为、对课堂老师提问的要求、对教师的教学方法行为的反馈等.

③ 超过 80%的学生认为问题驱动教学效果好,多数学生认为问题驱动教学模式给他们带来的最大收获是提高了利用数学课本知识解决实际问题的能力;培养了自主学习、自主探索和协作学习的意识.

④ 97.7%的教师认为课前的问题的设计对整个教学过程重要；78.74%的老师认为采用问题驱动教学法对培养学生的创新能力有帮助；89%教师认为问题驱动教学模式教学效果明显.这提醒课题组活动的主题应侧重课堂教学设计、教学手段与教学策略的研究，为探究问题驱动教学中教师的提问策略提供参考.

(3) 实践活动.在课题研究活动中，课题组一共举行20多次学科主题研讨活动，研讨学习与课题有关参考文献，撰写教学教研论文或教学体会，研讨将课堂教学目标转化为课堂问题的设计，通过上研讨课、公开课、示范课来研究问题驱动教学.通过课堂教学，从听课老师和学生中收集反馈意见和建议，进一步完善课堂教学实践.

4. 推广阶段(2020年2月—8月)

在全市四所高中学校中进行问题驱动教学实施的经验总结与推广，对课题研究经验进行总结，在市教科院的大力支持下，课题成果在全市大部分学校推广.

1.4 研究价值与成果

1. 课题研究价值

(1) 问题驱动教学实践研究有助于充分发挥学生主体性作用.在教学中进行探究式教学，有利于培养学生的数学素养，促进学生更好地掌握数学知识，提高学生发现问题、分析问题和解决问题的能力，同时为教师提供了培养学生数学核心素养的途径，也是目前课程改革的需要.

(2) 问题驱动教学实践研究有助于提高教师教学和科研能力，营造浓郁教研氛围.教师围绕“问题驱动”教学这一中心进行教学研究，使教师的研究有了明确的方向和基本的立足点，促使教师更新观念，从而真正成为新课改的实施者、推动者和创造者.

(3) 问题驱动教学实践研究助力我市高中学校的数学课堂教学改革，助力我校“阳光课堂”建设.几年前，结合学校发展实际情况，我校提出“问题情境导入式合作性教学模式”，将高效课堂打造成“阳光课堂”.

问题驱动教学实践研究助力我市市直高中学校及其周边高中学校数学教学课堂改革.我们的研究成果能为高中数学教学提供切实可行的教学案例及资源库，通过案例研究，可促使教师对自己的教学策略和行动进行审视，分享他人成功经验，积累反思素材，在实践中自觉调整和改进自己的教学策略，提高课堂教学效率.

（4）问题驱动教学实践研究增加了问题驱动在高中数学教学中的实例. 通过对现行高中数学主干知识进行科学的教学设计，并在课堂教学中实践，有利于改革传统概念教学方式；有利于教师观念和教学理念的改变，促使教师教学创新和教师专业素质的提高；有利于提高学生分析问题和解决问题的能力. 研究它不仅可以提高学生学习的主动性，而且可以提高学生在教学过程的参与程度，还能够促进教师专业水平的发展.

2. 课题研究成果

（1）开展教研活动 20 多次，撰写了会议纪要，记录了有关专家的指导意见. 专家的指导意见对课题研究起指导性作用，同时，也提升了课题组成员理论学习水平，并从参加活动老师的积极发言中提炼了一些有价值的建议. 会议活动纪要为后续学习与研究思考提供直接载体.

（2）课题组成员积极撰写论文和课例共计 15 篇，公开发表教育教学论文 14 篇，获得市一等奖论文 1 篇. 其中有 3 篇论文在核心刊物上发表. 成员组老师指导学生写小论文，其中有 5 篇小论文在市级报刊上刊登.

主要成果

①《问题驱动教学——“函数的单调性”的课堂实录与思考》，《中学数学教学参考》（上旬）2020 年第 1-2 期.

②《高中数学课堂教学的问题创设探究》，《中学数学教学参考》（上旬）2020 年第 6 期.

③《解题型目标转化为课堂问题的常用策略例析》，《中学数学教学参考》（下旬）2019 年第 8 期.

④《例探数学概念课教学中如何揭示知识本质——椭圆的定义及标准方程教学案例》，《中学数学》2020 年（总第 608 期）.

⑤《谈 Dandelin 双球模型的建构及其教学价值》，《数学通报》2020 年第 59 卷第 1 期.

⑥《空间向量及其应用》，《中学数学教学参考》（上旬）2020 年第 3 期.

⑦《基于“问题驱动”高三数学复习课教学设计——以“利用导数判断含参函数的单调性”为例》，《中学数学》2020 年 5 月上（总第 607 期）.

⑧《问题驱动，主动探究——（导数的概念）教学设计》，《中学课程辅导》

(CN14-1307/G4)2020 年 1 月.

⑨《"问题驱动式"的高三数学复习课的教学探究——以"基本不等式"为例》,《中学数学研究》2020 年第 2 期.

⑩《"问题驱动式"的高中数学微课教学创新实践研究》,《考试与评价》2020 年第 2 期.

⑪《例探数学复习课教学中如何夯实学科基础——等差数列的性质及应用教学案例》,《中学数学》2020 年 3 月上(总第 603 期).

⑫《从一道联赛预赛题谈广义 Prouhet 球面的性质》,《中学教研(数学)》2019 年第 10 期.

⑬《椭圆范围矩形相关点的一个结论及应用》,《中学数学研究》2020 年第 3 期(月刊)总第 406 期.

⑭《问题驱动教学设计与实践的调查研究报告》,《文渊》2019 年 6 月.

⑮《基于核心素养下的课例探究——方程的根与函数的零点》,2020 年 1 月获惠州市论文评比一等奖.

(3) 课题组每位老师积极撰写高中数学主干知识教学课例和问题导学案例.

第 2 章　问题驱动教学

2.1　数学和数学教育的本质

数学是什么？历史上不同时期和不同国家对这一问题的认识有重大差别. 中国古代将数学看作一门技艺，在学科分类中将数学归类于技术范畴，中国的教育过于注重技巧与细节，而对于知识的趣味及内涵的思想则不那么关心. 西方将数学看作一种思想，将它归类于哲学范畴，如美国中小学比较注重知识的趣味及内涵的思想和学生的个性张扬与兴趣的培养. 这种对数学的不同认识同时影响了各自的数学教育，对前辈而言，“数学是人们为研究自然界而做出的最精致的发明”“数学始终与物理、天文、化学相伴，有时，人们甚至分不清某个科学家是数学学家还是物理学家或天文学家，那时，数学是真正的科学皇后”. 而当下，众所周知，数学是一门思维科学，属于哲学范畴，换句话说，它教给我们的是思考问题、解决问题的方法. 虽然今天的数学与现实及自然科学似乎渐行渐远，但有两个问题应该注意：一是全部的数学都源自自然科学，都是为了解决现实或自然科学中出现的问题；二是数学与自然科学似乎没有直接的关系，但人们惊异地发现，很多现代数学与自然科学殊途同归.

历史上，数学与自然科学殊途同归的例子并不罕见. 柯朗(Courant)与希尔伯特(Hilbert)的《数学与物理方法》[1]最终为物理学家所推崇，因为数学与自然科学在方法论上是相通的. 由此可见，数学的有用体现在两个方面：一是科学的思维方法；二是自然科学与现实生活中的应用. 从某种意义上说，前者显得更重要，因为科学的思维方法是解开未知的钥匙.

《数学教育概论》[2]将数学的功能分成了几类，即从教育的角度来看，数学的功能分为三类更合适：思维能力的培养、应用能力（包括计算）的培养和审美能力的培养.笔者非常认同这一观点.

高中数学教学不仅仅是传授知识，更要重视培养学生的思维能力及运用能力，这才是数学教育的意义和价值所在.而数学思维能力及运用能力的培养依赖于学生对数学的兴趣，这种兴趣来自哪里？来自对数学的审美能力，来自对数学之美（即对数学的简单性、对称性、奇异性、统一性、抽象性、哲理性和趣味性）的感悟和体验.

数学之美如同数学思想一样湮没在书本中，学生从书本上是看不到的，摸不着的.老师的任务就是要挖掘隐藏在书本知识背后的思想与美丽并传递给学生.一个精彩的课堂，其结构、形式以及教师的机智都可以散发出数学美的光芒.希腊数学家普罗克洛斯（Procluc）对数学有个这样一番寓有诗意的评论："数学就是这样一种东西，她提醒你有无形的灵魂；她赋予她所发现的真理以生命；她唤起心神，启迪智慧；她给我们的内心思想添辉；她剔除我们有生以来的蒙昧与无知."这段话既是对"数学是什么"的回答，也是对"数学是否有用"的回答.

数学因为问题而产生，因为解决问题而发展.换句话说，问题是数学的核心，是驱动数学发展的动力源.没有问题，既不可能有自然科学，也不可能有数学.数学的历史是不断发现问题与解决问题的历史.

希尔伯特讲过这样一句话，"一门学科如果能不断提出问题，那它就充满活力."这就给我们提出了一个问题：数学教育的本质是什么？弗赖登塔尔认为数学教育是数学的"再创造".既然数学教育是数学的再创造，那么数学教育离不开问题.具体地说，数学教育即带领学生重走一遍数学发现之路，在发现的过程中建构数学的知识体系[3].通过数学学习，学会用数学的眼光观察问题、用数学的头脑思考问题以及用数学的方法解决问题，这才是数学教育的本质.

2.2 问题与问题驱动

2.2.1 "问题"的重要性

波利亚（Polya）认为困难就是问题，"哪里没有困难，哪里就没有问题."他说：

“一个涌上脑际的念头，倘若毫无困难地通过一些明显的行动就达到了所求的目标，那就不产生问题. 然而，倘若我们想不出这样的行动来，那就产生了问题.”从某种意义上看，问题就是困难，学习便是一种发现困难并解决困难的过程，教学就是一种有意识地消解困难或者设置困难的过程所在. 问题的存在最能激发人的思维或行动动机.

1. 问题是数学课堂的心脏[4]

美国数学家哈尔莫斯(Halmos)说：“问题是数学的心脏.”其实，这不仅指在数学的研究过程中，也包括在数学的教学过程中. 在数学课堂上，没有问题，学生便没有思维，当那种简单的“是不是”“对不对”等没有思维含量的问题充斥数学课堂时，学生的智力只会逐步弱化，只有通过问题，才能把知识的逻辑结构与学生的思维过程有机地联系起来，使知识的逻辑结构转化为学生的认知结构. 也只有通过问题，学生才能主动探究，发现数学的内在规律，认识、理解数学本质，并在活动中建构数学.

2. 问题是兴趣的向导

子曰：“知之者不如好之者，好之者不如乐之者.”不同的人在同样的学习环境下，学习效果是不一样的，自身的素质固然是一个方面，更重要的还在于学习者对学习内容的态度和感觉. 正所谓“兴趣是最好的老师”，当学生对一门科目产生兴趣时，学起来就积极主动，满腔热情，可以说，创新精神的前提是兴趣，而兴趣的动因却是问题.“学起于思，思源于疑”，疑即是问题，是引起思考的动因，是激起学生学习欲望和探究精神的最积极因素.

3. 问题是探求真理、创新发明的起点

美国心理学家吉尔福特(J. P. Guilford)说：“科学家成功与否很大程度上取决于他提出问题的能力.”由此可见，创新的起点是问题，只有发现问题和提出问题，才能有目的、有步骤地提出解决问题的方法，得出相应的结论，所以说问题的提出者是创造过程中的第一阶段，没有问题就迈不出第一步，创新精神和创新能力就无从谈起，纵观人类社会，认识的发展，技术的创新以及科学的发明无一不是从发现问题开始的，所以培养学生的创新精神当然要从问题开始.

4. 问题是思维活动的催化剂[4]

数学课堂是教师引导下学生思维活动的场所，然而，现实的课堂往往是以简单的记忆、训练、操作来替代学生的思维. 事实上，目前许多所谓的课堂活动都不是有效的数学活动,因为没有学生思维的参与,或者说没有学生思维的深度参与,那么应该怎样引导学生进行有效的数学活动呢?笔者认为要设计合理、恰当的问题.有了恰当的问题,学生的思维就活跃起来了,在解决问题的过程中,又会不断地产生新的问题,并且促进原来问题的进一步解决,同时,随着新问题的提出,思维又向前推进.这样,循环往复,思维得以发展.因此,问题是数学思维活动的结果,又是思维活动的催化剂.

2.2.2 问题驱动

"问题驱动"一词源于国家自然科学基金委天元基金的一类项目,这类项目旨在针对自然科学与生产实践中出现的问题开展应用数学研究,课堂研究引进这个概念最早出现在一些物理文献中.张奠迪、张荫南的《微积分新视野》中也使用了"问题驱动"一词.华东师范大学张奠宙教授提出:"数学教育要遵循问题驱动的原则."

问题驱动教学方法是基于建构主义教学理论,教师根据学生所积累的原始的知识和实际状况,设置一系列问题,并对这些问题分析与解决,让学生在思维参与中体会许多概念、公式、定理,解决问题的思想方法不是"天外来客",让学生在问题驱动下理解知识.

郑兰先生在《基于问题驱动的数学建模教学理念的探索与实践》[5]中提到,现代认知心理学关于思维的研究成果表明,思维通常是由问题情境产生的,而且以解决问题情境为目的,学生创新意识正是在问题情境中得到激发的.

美国数学教授郑穗生(Davis)在一篇题为《我们所做的数学是我们所教的数学吗?》一文中尖锐地指出:现在很多数学教学中通常采取的授课路线是"演讲—记忆—测试",这种数学教学已经严重偏离数学的本质,那么,什么才是数学教学的本质呢?我们认为数学教学的本质是以不断地提出问题的方式来获取新的知识,培养学生的创新思维和创新能力的过程[6].从这个意义上讲,真正的数学课堂是基于问题驱动的课堂.

2.2.3 数学教学中的"问题驱动"

苏霍姆林斯基说过:"让学生体验到一种自己亲自参与掌握知识的情感,乃是唤起少年特有的对知识的兴趣的重要条件.”陶行知先生也说过:“发明千千万,起点是一问,智者问得巧,愚者问得笨.”我们不难发现,问题驱动正是这些教学思想的体现.

在高中数学课堂上,问题驱动就是指教师在课堂教学中以一系列问题为载体,通过学生的独立思考、自主探究、合作讨论等方式来解决问题,从而达到学习数学知识、掌握相关方法、提高学生数学思维能力等的一种教学行为与策略.问题驱动教学法是指教师在课堂教学中以问题为载体,启发、引导学生解决问题,从而达到以学生“学习”为根本的教学方法和策略.

问题驱动课堂的意义在于创设能激发学生主动参与的教学情境,在问题情境下深入学习,并引导学生发现问题、提出问题、分析问题、解决问题,同时积极引导学生主动参与、乐于探究,从而促进学生思维的发展.教师在教学设计时要根据数学知识问题化原则,将教学内容分解成一个个知识点,每个知识点设计成不同层次的问题来引导学生学习新内容.学生在分析问题、解决问题的过程中习得新知识、掌握新方法、形成新技能.

高中数学课堂上的问题驱动通常包括问题情境创设、问题提出、探究交流、问题解决、意义建构、知识应用、拓展提升等主要环节.因为有明确的问题提出,所以这种教学方法与策略给学生的课堂学习提出了明确的要求,能增强课堂教学的目的性,对学生的学习具有导向性,同时在问题解决过程中,需要通过师生之间、学生之间的思维交流,把学生对问题的认识、理解、解法等都表达出来,从而发挥学生的主体作用.所以,这种教学方法与策略能提高学生学习的主动性,提高学生在教学过程中的参与度.

2.3 问题驱动数学教学研究的意义

2.3.1 问题驱动是提高课堂效率的迫切需要

从数学教学的现状来看,目前不少高中数学课堂还存在以下不足.

（1）教学目标不够明晰. 有些课堂程序不清楚、层次不明确，学生被老师“牵着鼻子绕来绕去”，最终学生的脑海里形成的是一团“雾像”. 这样的课对大多数学生来说，往往不能跳出“雾像”看清课堂的本意，进而课堂的有效性被大大打了折扣.

（2）目标呈现方式不当. 有的课堂一开始便把教学目标放在课件上让学生去看，或者读给学生听，或者让学生自己去读去记，给人一种突兀的感觉. 因为在学习新知识之前，学生对学习目标中的好多专业术语还缺少必要的认识，不知道是怎么回事，所以学生往往并不在意. 有的课堂，在导入新课中，教师创设了一种积极向上的学习氛围，但不合时宜的目标展示反而破坏了这种精心营造的氛围.

（3）问题驱动意识不强. 目前的高中数学课堂，老师讲授的风气尚盛，在问题解决中学习新知识的做法尚未形成浓厚的氛围，课堂上普遍缺少问题，或缺少有价值的问题，浅问、碎问等现象严重，很多课堂提问停留在“是不是”“好不好”“对不对”等一些毫无价值的问题上，学生的思维能力得不到有效的训练，有的虽然设置了问题，但要么问题过大，要么问题空乏，要么问题针对性差，即问题驱动性不强.

2.3.2 问题驱动是促进学生发展的重要途径

发挥学生的主体作用，让学生成为课堂的主体是新课改的核心理念，但现实是不少课堂上学生的主体作用往往被忽视，有的课堂师生互动只是停留在形式上，假互动、无效活动充斥课堂；有的把没有讨论价值的问题作为讨论的内容，看起来课堂比较活跃，实质上是浪费时间，浪费精力，实效性差；有的问题并不是学生的真实体验，课堂上学生被“捆绑住手脚”，有效思考与探究明显不足等. 这主要是由设计的问题所导致的.

问题驱动教学模式通过合理、恰当的问题设置，可以使课堂教学有的放矢，能增强课堂教学的有效性，使得课堂教学效果事半功倍. 在提出问题的过程中，能培养学生的创新意识和创新能力；在解决问题的过程中，能培养学生的合作意识和合作习惯，增进学生间的友谊，逐步树立起正确的合作观和竞争观，有利于增强集体凝聚力.

问题驱动可以使学生的探索精神和思维能力得以充分激发，学生学习的积极性和创造性能得以充分调动，学生的主体作用得以充分发挥. 在教学中，师与生、生与生可全方位合作，大家平等对话、互相交流、碰撞思维，课堂气氛始终处于和谐、民主、自由、活跃、愉快的状态之中，让学生在愉悦的状态下感悟新知识的真谛，把课堂真正还给学生，把“讲堂”变成“学堂”，做到全员参与，师生在课堂上形成一个有效的“学习共同体”，这样可以有效提升学生的学科核心素养，促进学生的终身发展.

2.3.3　问题驱动是提升教师综合素质的强有动力

与传统教学相比，问题驱动教学努力把自主的权利还给学生，把合作的本领教给学生，把课堂的时空留给学生，把探究的情趣带给学生.如果说传统教学中教师随身携带的是“一张准点行驶的列车时刻表”，那么实施问题驱动教学的教师只需随身携带“一个外出旅行时的指南针”.这种教学方式的变革对教师来说也是一种挑战，这种挑战主要来自两个方面：一是如何设计出好的问题；二是如何面对学生的生成性问题.

教师如何扮演好问题的设计者、问题解决的参与者和意义建构的引导者等角色呢？这对教师提出了更高的要求.教师必须努力学习，与时俱进，不断提升自身的综合素质，特别是专业素养，增强对知识的理解能力和课堂的掌控能力[7].只有这样，才能直面教学过程的丰富性，保护教学过程的动态生成性，才有可能让“对话”成为课堂的常态，让学习变革真实地发生.

参考文献：

[1] 柯朗，希尔伯特.数学物理方法[M].钱敏，郭敦仁，译.北京：科学出版社，2013.

[2] 张奠宙，宋乃庆.数学教育概论[M].2版.北京：高等教育出版社，2009.

[3] 曹广福，张蜀青.问题驱动的中学数学课堂教学理论与实践卷[M].北京：清华大学出版社，2018.

[4] 李善良.高中数学课程改革探索与实践[M].南京：江苏教育出版社，2012.

[5] 郑兰，肖文平.基于问题驱动的数学建模教学理念的探索与实践[J].武汉船舶职业技术学院报，2012(4)：101-103.

[6] 林浩.用数学本源性问题驱动数学概念教学[D].浙江师范大学，2007.

[7] 王克亮.高中数学教学“问题驱动”的探索与实践[M].苏州大学出版社，2017.

第3章 问题驱动课堂教学的设计

3.1 实施问题驱动教学设计的基本要求

问题驱动教学是指在教学中设计一系列环环相扣的问题,把学生的思维探究引向深入,从而最大限度地激发学生体验和理解学习内容的本质,提升思维品质,以"有层次、结构化,可扩展、能持续"的问题贯穿整个教学过程.因此,做好教学设计是实施问题驱动教学的前提.笔者从教学实践出发,对实施问题驱动教学设计提出以下要求.

3.1.1 优化教师的备课方式,规范教学设计

如何改变教师的教学行为,使得数学教学实现"让学习真正发生"?我们尝试改革教师的备课方式,引领教师从"更高处"思考数学教学,由简单的教案撰写走向对教学的深度思考,而不再是对教学流程的刻板安排.基于以上认识,我们将问题驱动教学的教学设计文本规范为教学内容、课前思考、目标预设、活动规划、教学反思等五个部分(见图3-1).

活动规划部分是教学设计的主体部分,也是问题驱动教学的设计与一般教学设计区别较大的地方.教师在设计教学的过程中首先要明晰探究主题,并在此基础上设计出主探究问题以及与之相匹配的阶段关键问题,以形成板块化的教学结构,

- 结构组成
  - 教学内容
  - 课前思考
  - 目标预设
  - 活动规划
    - 板块一
      - 阶段关键问题
      - 教学素材
      - 学生活动
      - 实施要点
    - 板块二
    - ⋮
  - 教学反思

图 3-1

着力使教学由“流线型”走向“互动生成型”. 每一个活动板块主要由阶段关键问题、教学素材、学生活动、实施要点等四个部分构成. 其中,阶段关键问题统领阶段教学任务,教学素材解决用什么来实施教学的问题,学生活动主要是明晰学生的学习活动安排,实施要点是教师实施教学时的各类注意事项. 在经集体研讨形成的教学活动规划的右侧留下适当的空白部分,让教师做个性化的教学细节处理,以便更好地促进教学活动的班本化和个性化.

3.1.2　注重提升学生的学习能力,创造高品质的教学设计

很多教师在观念上都认可问题驱动教学,觉得应该让学生自主探究、合作交流,但是在实践中又难以有效落实. 比较典型的问题是学生不会探究、缺乏交流技能,或变革难以推进. 我们知道,学生探究和交流的能力并不是与生俱来的,起步阶段是需要有效指导的.

实施问题驱动教学,首先要做好教学设计,好的设计将探究和交流的空间留给学生,让学生真正成为学习的主人,有利于学生提高学习能力,从而提高学习效率.

这样,问题驱动教学的优势才有可能进一步彰显. 因此,教师进行教学设计时,要充分考虑教学内容、学情,做好准备甚至是预案,在适当的时间点、在可能产生新问题时给予学生正确而及时的评价、指导,帮助学生掌握合作、探究、讨论、交流、展示等基本技能. 教师的指导必须是实实在在的方法指导,不能仅仅停留在观念层面. 例如,合作探究,可以教给学生“切块拼装”的方法,引导学生学会将一项任务分解为几个部分分工完成,然后将各自的成果汇总起来,以使他们尽快从模仿走向应用. 再如,讨论交流,可以教给学生“轮流采访”的方法,让小组内几名学生就一个问题先相互采访,并结合大家的想法修正自己的观点,再参与小组交流等. 同时,运用设计的方法指导、促进学生能力的提高.

3.1.3 落实全方位把控,确保实施效果

任何一种教学范式都有其自身的特点,也存在其弱点.在教学设计这一环节,充分预估风险所在,并有针对性地做好风险防控,防患于未然,才能确保实施效果.要高品质实施问题驱动教学,其教学设计需要格外关注以下几个方面的问题.

(1) 设计出高质量的问题方案.是否设计好每一个教学环节,教师设计的数学问题是否科学、合理直接影响着课堂开展是否有效.部分教师课前对教学内容缺少设计,造成课堂提问的随意性和无序性,从而影响课堂的效率.所以在开始阶段教师可能需要大量的备课时间.

(2) 教师需要关注学生各种质疑的解答;要尽可能降低学习小组交流受挫的概率;教师要充分利用图书、网络、教研参与和培训等资源提升自身素质;学生原有的学习经验可能会让他们面对现有问题时准备不足,增加学生探究的时间可能会与其他方式的学习形成时间冲突;学生的差异性问题,尤其是学困生的状况;能否设计更多"有空间"的问题,让不同水平的学生都能有不同层次的回答,让他们觉得收获的不仅仅是知识与方法,还有自信心.

3.2 问题驱动课堂教学设计的基本模式[1]

3.2.1 "流水线型"的问题驱动模式

线性问题单元驱动模式,采用顺向加工的方式,往往从一个简单的问题开始,有层次地、渐近地向目标问题趋近.在这种模式中,教师对问题的设置是关键,突出层层驱动,其目的是让学生体验"数学知识的发生、发展过程",实现小步骤达到教学目标.整个教学过程由"问题链"驱动学生思维逐步深入(见图 3-2).

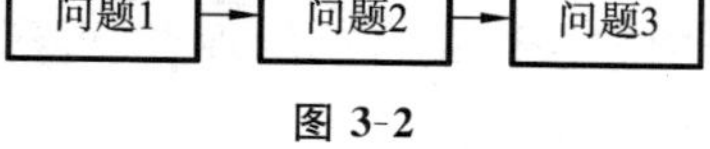

图 3-2

案例1　以复数的概念为例.

建构对复数的理解,应该了解数的扩展过程以及复数是如何产生的.我们用以下问题浓缩这个过程,主要展现复数是如何产生的.

问题1　方程 $x^2+1=0$ 有解吗?为什么?

生　无解.实数的平方是非负数.负数不能开平方.

问题2　如果我们允许 -1 可以开方,一个平方根记作 $\sqrt{-1}$,则会产生什么效果?

生　$x=\pm\sqrt{-1}$,负数都能开平方.

问题3　思考一元二次方程 $x^2+2x+3=0$ 的解的情况.

生　它原先是无解的.

问题4　如果 -1 可以开方,那么该方程可以求解吗?

生　该方程的根就可以写作 $-1\pm\sqrt{-2}$.

问题5　即为 $-1\pm\sqrt{2}\sqrt{-1}$,那么对一般的一元二次方程 $ax^2+bx+c=0(a\neq 0)$ 呢?

生　都可以解了,当 $\Delta\geqslant 0$ 时,$x=\dfrac{-b\pm\sqrt{\Delta}}{2a}$;当 $\Delta<0$ 时,$x=\dfrac{-b\pm\sqrt{\Delta}\sqrt{-1}}{2a}$.

问题6　都可以解了,可是当 $\Delta<0$ 时,我们得到的是什么呢?不妨认为它们是数,这些数有什么特征?

生　可以写成 $a+b\sqrt{-1}$ 的形式,其中 $a,b\in\mathbf{R}$.

问题7　如果我们承认 $a+b\sqrt{-1}(a,b\in\mathbf{R})$ 是一个数,那么一元二次方程在 $\Delta<0$ 时也可解了.但是 $a+b\sqrt{-1}(a,b\in\mathbf{R})$ 是一个怎样的数呢?它是实数吗?

生　关键看 $\sqrt{-1}$,它肯定不是实数,所以 $a+b\sqrt{-1}(a,b\in\mathbf{R})$ 不一定是实数,除非 $b=0$.

师　如果承认它是数的话,则我们面对的是一类新的数,法国数学家笛卡儿给这些数起名为虚数,即"虚的数",与"实数"相对应,我们给 $\sqrt{-1}$ 一个特征性的记号:用 i 表示,把 $a+b\mathrm{i}$ 这些新的数称为复数,其中 i 称为虚数单位.

上述设计展现一个新数的创造过程,鼓励学生的求异思维,在复数概念出现之前,教师设计一系列问题,通过问题的分析和解决,有意识地让学生感受"新数"的存在,并展现存在的合理性,有助于学生对复数概念的接受和理解.

3.2.2 “树型”的问题驱动模式

树型问题驱动模式采用目标—手段的分析方式，往往根据教学目标先审视并确定要解决的问题(目标)，在解决问题的过程中，将目标问题分解为一些子问题或子问题链(手段)，驱动学生思维，进而找到解决问题的途径，帮助学生获得知识，掌握方法，体验探究过程，理解知识发生、发展的过程. 树型问题单元链主要有以下几种形式.

1. 分类并联，类比联想

问题以并联的形式出现，相对独立，根据学生的生成情况因势利导，并列展开，逐个解决，让几个问题同时驱动问题解决(见图 3-3).

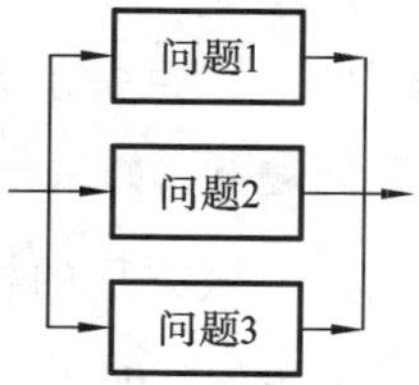

图 3-3

案例 2 二面角定义的形成.

问题 1 如何度量异面直线所成角的大小(转化为平面角)?

问题 2 如何度量线面直线所成角的大小(也是转化为平面角)?

问题 3 如何将度量二面角的大小也转化为平面角的问题呢?

问题 4 刻画二面角的两条射线应该在什么位置? 角的顶点应该在哪里? 两条射线如何放置才能合理刻画二面角的大小?

最后再给出二面角的定义，让学生理解定义的合理性.

2. 分解探究，演绎证明

问题以交叉的形式出现，当要解决一个问题时，不容易得出结论，需要从不同侧面、不同角度解决几个问题，然后在解决几个问题的基础上经过推理论证来驱动问题解决(见图 3-4).

案例 3 余弦定理新课的引入.

问题 1 甲离学校 10 千米，乙离甲 3 千米，问乙离学校多少千米?

问题 2 如果甲、乙、学校三点构成直角三角形呢?

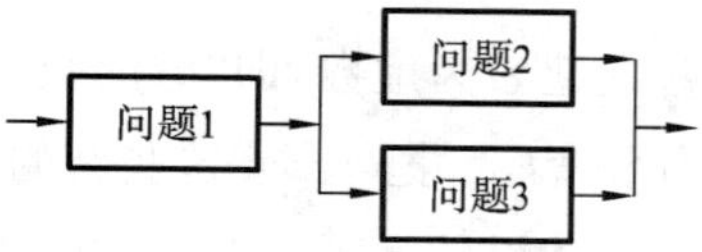

图 3-4

问题 3　如果甲、乙、学校三点不能构成直角三角形，就变成已知三角形的“两边夹一角”，如何求第三边呢？

用这种方式引入余弦定理，使人倍感亲切、自然、合理，数学的魅力也油然而生.

3. 整合分析，归纳概括

当一个问题比较抽象或涉及范围较大时，不能直接得出结论，需要从不同的几个既相对又独立的问题着手研究，从中分析差异，找出个性，归纳类比，从而抽象概括出本质特征(见图 3-5).

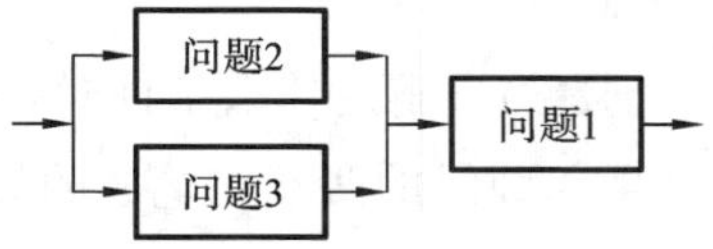

图 3-5

案例 4　“零点存在性定理”的生成.

对于“零点的存在性定理”，我们运用几个问题驱动学生理性思考，则可自然生成.

师　我们一起来探究函数在什么条件下有零点. 请同学们做一个实验——每一位同学用一支笔芯，一条细线，如果把笔芯所在直线看作 x 轴，把细线看作一个函数图象，现将笔芯放在桌上不动，活动细线的两端(记为 A, B)，观察细线与笔芯的交点的个数，思考下列问题.

问题 1　如果 A, B 在笔芯的异侧，那么细线和笔芯所在直线的交点有几个(见图 3-6)?

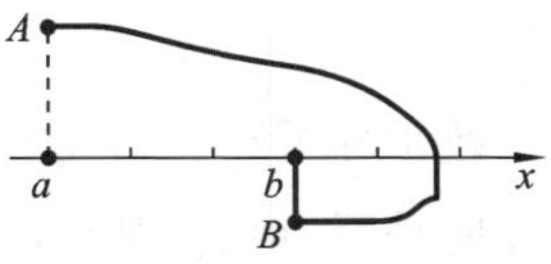

图 3-6

生 1　一个.

追问　为何?

生　因为细线的两端点在笔芯的异侧，所以细线一定要穿过笔芯所在的直线.

师　图 3-6 这种情况算不算?

生　不算，因为这不是一个函数的图象.

师　那么，细线穿过笔芯所在直线的点应该在哪里?

生　应该落在 a, b 之间.

师　很好! 那么图 3-7 这种情况算不算?

生　算，应该至少有一个交点.

师　也就是说，此时函数在 a, b 之间一定有零点.

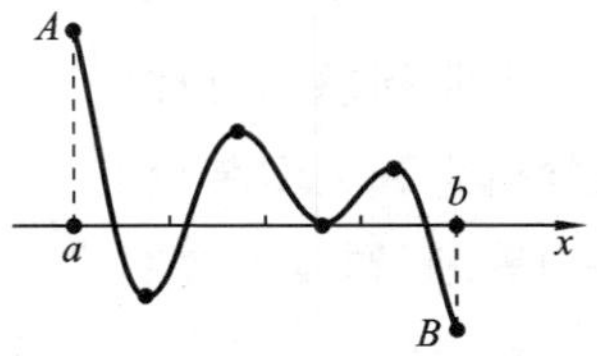

图 3-7

问题 2 如果 A,B 在笔芯的同侧,那么细线和笔芯所在直线的交点有几个?

生 不能确定,可能有,也可能没有.

追问 如果有,交点个数能确定吗?

生 也不能确定.

师 非常棒!

问题 3 满足什么条件时,细线和笔芯所在直线一定有交点?

生 细线的两端在笔芯的异侧.

师 如果细线断了,还能保证吗?

生(众) 不能.

师 那还需要加一个什么条件?

生(众) 细线必须连着.

师 对,这个状态我们可以用一个数学用语来描述"不间断".

问题 4 结合函数零点的概念,我们可以用怎样的数学语言来表达上述结论?

3.3 课堂问题设计的重要原则

教学环节设计得是否好,教师设计的数学问题是否科学、合理直接影响着课堂开展是否有效. 因此,从教的角度看,提问是一种教学艺术,并不是随意展开的,教师教学的提问水平,直接影响着课堂教学的效率. 因此,为了保证提问的有效性,教师要认真钻研设计问题所应遵循的原则、过程和方法,提高设计问题的水平,从而保障课堂的高效性. 达到设置课堂问题的初衷,课堂问题的设计一般要遵循以下一些原则.

1. 目的性原则

课堂问题的设计应紧紧围绕每节课的教学目标和学生的实际,要有助于新的数学概念和数学结论的生成,有助于学生理解概念、辨析疑难、纠正错误、完善认知结构等. 问题设计要明确教学的重点、难点,本着突出重点、突破难点的目的,设计具有针对性的问题. 实践证明,问题的针对性越明确,教学目标达成度就越高. 同时,教师在设计好问题后,要思考及自我追问所设计问题的目的,如果问题没有明确的针对性,则需要修正或重新设计.

2. 系统性原则

一节课或一个阶段所设计的问题要成体系、有序、环环相扣，体现系统性原则. 要按教材和学生的认知发展的顺序，设计紧密相连、层次分明的问题串. 数学概念形成的探究过程通常需要设计一组问题串，通过问题串有序地开展概念的探究.

3. 层次性原则

设计的问题要遵循层次性原则. 根据学生的个体差异和能力大小，既要设计认知水平较低的问题，又要设计认知水平较高的问题，体现出一定的层次性. 某一阶段所设计的问题，由浅入深、由易到难，设计一组面向所有学生的探究问题. 课堂问题要面向全体学生，注重调动每一个学生的学习积极性，尽量做到人人参与、个个收获，同时问题也要体现层次性，让不同的学生能够得到不同的发展.

4. 启发性原则

问题要有一定的思维深度，提出对学生来说既不是完全未知，又不是完全已知的问题，让学生借助已知去探索未知，启发学生进行多样性的思维活动. 教师设计的问题要面向全体学生，对不同层次的学生都要进行引导，所以在设计问题时要由远及近，分级设计问题，给每个学生思考的机会，吸引所有学生都积极参与思考，促使每个学生用心回答问题. 此外，教师在备课时也应当向自己提出与本课目的和数学内容有关的一些问题. 这些问题有助于教师自己的学习，有助于新课的讲授，并且有助于教师预见学生在这节课学习中出现的问题. 课堂问题的设计要抓住教学内容的内在矛盾，把握时机，在新旧知识结合处设置问题，使学生达到心求通而不解，口欲言而不能的“愤悱”状态，从而激发学生积极地进行思维活动.

5. 科学性原则

课堂问题的设计，从情境素材到具体内容都应该是真实可信的，不违背科学规律，要注重体现科学性，易于建构数学模型，同时问题的表述要精练、没有歧义，便于学生理解和探究.

6. 逻辑性原则

数学课上的问题，通常要遵循由特殊到一般再到特殊的认知顺序，设计问题时，要结合教学内容的层次性和系统性，尽量做到由浅入深、由繁到简、环环相扣、层层递进，以体现其内在的逻辑性.

7. 统领性原则

作为一节课的总起性问题，通常要有统领全局的功能，能站在一个较高的高度引领本节课的教与学.

3.4 课堂问题设计的常用策略

高中数学课堂教学可以分成两类：第一类是关于知识教学，即“是什么”和“为什么”的问题；第二类是关于怎样解题，即“怎么做”和“怎么想”的问题. 知识教学和怎样解题的教学是数学课堂的两大基本任务[2].

在课堂教学中，如何完成教学任务、达到教学目标呢？在高中数学教学中，素来有按照课型特点设计和组织教学的传统. 我们通常把数学课分为概念课、规则课、解题课、复习课等课型，对于不同课型的教学设计，组织与开展方式有很大的不同. 例如，数学概念教学在数学教学中处于核心地位，高中数学概念课课堂教学模式也就成为高中数学教师研究的重点.

问题驱动教学：教师在概念课设计教学过程时要将数学概念的形成过程通过问题来展开，把学生带入问题中学习概念，把学习材料转化为富有生活意义的问题情境，把概念的生成过程问题化，把形式化材料转化为可探究的问题，在问题的探究中构建新概念. 每个环节要精心设计问题，把教学内容转化成学生可探究的问题，在解决问题的过程中习得新概念. 问题驱动学生主动学习，能将学生推到解决问题的前台，凸显学生的主体地位. 那么如何设置有效的课堂问题呢？对此，笔者从两个方面做了一些肤浅的探索.

3.4.1 与知识型目标有关的教学内容课堂问题设计的常用策略

数学概念是数学的逻辑起点，是学生认知的基础，是学生进行数学思维的核心，在高中数学学习与教学中具有重要的地位. 数学概念的产生与发展应是合理的、水到渠成的，如果直接将数学概念介绍给学生，则会掩盖其自然性，不能使学生在情感上产生共鸣.另外，数学中许多定理、性质、法则、公式等是解题的依据所在，如果直接将它们告诉学生，学生也能去解题，但那仅是肤浅的模仿与机械的运用，不利于培养学生的数学核心素养.

所以，对于数学概念与结论的教学，宜创设一定的问题情境，并配上合理的问题，以促使有关原理自然生成.数学概念与结论的教学目标不妨统称为知识型目标.通常有以下设计策略.

1. 设置渐进性问题

有些数学概念和结论的生成并不是简单的事，需要老师进行必要的引导才能得出，对这些数学知识的教学，往往从一个简单的问题开始，有层次地、渐近地向目标问题趋近.在这种模式中，教师对问题的设置是关键，突出层层驱动，目的是让学生体验数学知识的发生、发展过程，实现一个个小步骤达到教学目标.整个教学过程由“问题链”驱动学生思维逐步深入，当所有问题都得到解决时，相关的数学知识也随之而生，此时可用“问题1，问题2，…”的形式来设计问题.

案例1　弧度制的概念.

弧度制的相关概念是“弧度制”这一节课的重要知识目标，在教学中，如果按照教材的设置，直接从生活实际方面引入：长度可以用米、英尺、码等单位，重量可以用千克、磅等单位，不同的单位能给不同问题带来方便，角的度量是否也能用不同的单位呢？学生也能接受并加以运用，但缺少了概念的自然性，如果创设一些激发学生兴趣的问题情境，再配上一些渐进性问题，让学生充分感知这个定义的合理性，其设计如下.

(1) 情境创设，提出问题.

师　我看了我们班同学们的每学年健康检查表，其中张某兴同学的身高是0.00168千米，体重是1320两，大家对结果有什么感受？

众生　大笑.

师　如果换一种单位，张某兴同学的身高是1.68米，体重是66千克，大家觉得怎么样？

众生　能接受.

师　第一种说法能不能正确反映张某兴同学的身高和体重？

众生　(小组讨论)第一种说法也是对的.

师　这说明了有些单位有几个特性：①多样性，同一状态可以用不同的单位来表示;②同一性,不同单位能表示同一状态,而且它们可以互换;③选择性,有些单位用起来比较习惯与方便,如长度可以用米、英尺、码等单位,重量可以用千克、磅等单位.不同的单位能给不同问题带来方便.角的度量是否也能用不同的单位呢?

师　初中几何中研究过角的度量,是怎样来度量角的呢?

生　周角的$\frac{1}{360}$作为1°的角.

师　你能否说出$25^\circ 136' 840''$是多少度,其理由是什么?

生　根据$1^\circ=60'$,$1'=60''$计算得到

$$25^\circ 136' 840''=27.5^\circ$$

师　正确,同学们在计算过程中肯定体会到,这些换算比较麻烦,因而我们有必要探索一种新的角度单位.这就是本节课的核心问题——如何建立角度的一种新的度量单位,它们之间的相互联系又是怎样的?

(2) 探究问题,建构知识.

问题1　表示一个角的大小,最简单的方式就是用一个实数,用一个实数表示一个角可行吗?

生　角有正角、零角和负角,实数有正实数、零和负实数,并且两者的正负都没有尽头,应该可以一一对应起来.

师　已知30°的圆心角,半径r为1,2,3,分别计算对应的弧长和弧长与半径的比值,请同学们完成下表(见表3-1).

表3-1

圆心角α的度数	扇形半径r	对应的弧长l	弧长与半径之比$\left(\frac{l}{r}\right)$
30°	1		
30°	2		
30°	3		

问题2　如果圆心角不变,则弧长与半径的比值变不变?

生　不变.

师　如果弧长与半径相等,则它们的比值为1,它所对的圆心角怎样?

板书弧度制.

(3) 知识建构,概念内化.

①1弧度的角:我们把长度等于半径长的弧所对的圆心角称为1弧度的角,记

作 1 rad.

②弧度制:用弧度作为表示角的单位来度量角的制度称为弧度制.

说明　①用弧度表示角的大小时,单位可以省略,就用一个实数表示;②用弧度作为单位表示角时,当弧度数用 π 来表示时,不必要把 π 写成小数;③引入弧度制之后,就可以在角的集合与实数之间建立一一对应关系,每一个角都对应唯一的实数,每一个实数也都对应唯一的角(见图 3-8).

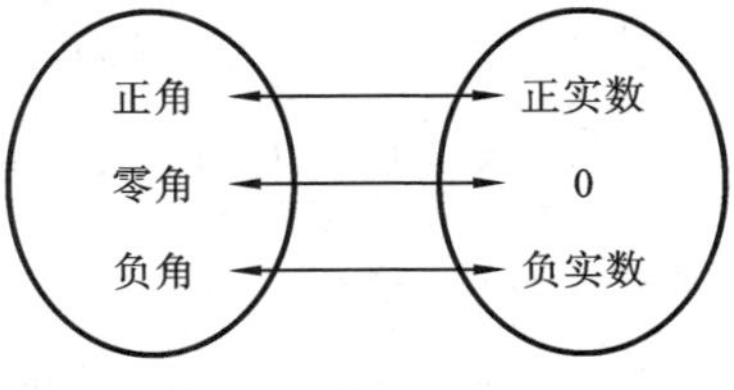

图 3-8

问题 3　运用上述 1 弧度角的定义,我们该如何度量一个角的大小呢?

生　用等于半径长的弧长来截被度量的圆心角所对的弧,量数是多少就记这个角是多少弧度.

师　非常棒!也就是说,如果圆的半径为 r,圆心角 $\angle AOB$(正角)所对的弧长为 $2r$,则 $\angle AOB$ 的弧度数就是 2.一般地,圆心角 α 的弧度数等于该角所对的弧长 l 与圆的半径之比.

问题 4　周角的弧度数是多少?由此可得到弧度与度有什么样的换算关系?

生　周角的弧度数为 2π,则有 $2\pi=360°$,所以 $\pi=180°$.

故得 $1°=$______ rad≈______ rad, 1 rad=______°≈______°.

2. 设置追问式问题

理性思维是数学的一个重要素养,为了培养学生的数学核心素养,养成良好的理性思维习惯,让学生充分地加入分析问题与解决问题的过程,课堂上应恰当地设计一些追问性问题,促进师生之间更多的思维交流,激发学生学习数学的兴趣.

案例 2　“椭圆及其标准方程的推导”是一节比较难的课,好的推导过程可以培养学生的综合素质,让学生体会到数学之美,教师通过一些追问性问题的引导来突破难点.

问题 1　求曲线方程的第一步是建立直角坐标系,你认为怎样建系比较合理呢?

追问 1 为什么这样建系？

追问 2 对称确实美丽，还有其他的对称的建系方式吗？

追问 3 不对称的建系方式可以吗？

问题 2 根据求曲线方程的第二、三、四步，这里你能得到什么样的等式？

追问 $\sqrt{(x+c)^2+y^2}+\sqrt{(x-c)^2+y^2}=2a$ 这个等式是椭圆方程吗？

问题 3 如何化简方程 $\sqrt{(x+c)^2+y^2}+\sqrt{(x-c)^2+y^2}=2a$？

追问 1 方程 $(a^2-c^2)x^2+a^2y^2=a^2(a^2-c^2)$ 能否简洁一些？

追问 2 这个方程 $\frac{x^2}{a^2}+\frac{y^2}{a^2-c^2}=1$ 中分母 a^2-c^2 还是比较复杂的，可否再简洁一些？

追问 3 这个方程 $\frac{x^2}{a^2}+\frac{y^2}{b^2}=1$ 就是椭圆方程吗？我们还要做什么工作？

追问 4 你能猜一下方程 $\sqrt{x^2+(y+c)^2}+\sqrt{x^2+(y-c)^2}=2a$ 化简的结果吗？

问题 4 椭圆两种标准方程有哪些共同的特点？

追问 1 它们表示椭圆有什么特点？

追问 2 如何根据椭圆方程判断焦点所在的坐标轴？

3. 设置发散性问题

一题多法是培养学生发散性思维能力的一个重要素养，在数学课堂上，实时提出“你有哪些想法”“还有其他方法吗”等发散性问题，能够启发学生的智慧，促使学生从多角度思考问题，开拓学生的视野，培养学生的全面思维能力.

案例 3 点到直线的距离公式推导.

在“点到直线的距离公式”这节课中，公式的推导是一个培养学生发散思维的好题材.

师　对于距离问题，我们已经学过两点之间的距离，还可以研究其他的距离吗？

生　点到直线的距离，两平行直线间的距离.

师　对，两平行直线间的距离实际上是通过点到直线的距离来实现的，今天我们一起研究点到直线的距离(引入课题).

问题 1 求点 $P(1,2)$ 到直线 $l:x+y-5=0$ 的距离，你有何想法？

生　由点 $P(1,2)$ 向直线 $l:x+y-5=0$ 作垂线，垂足为点 Q，则线段 PQ 的长即为所求的距离(见图 3-9).

追问　那么如何求线段 PQ 的长度?

生　先求出直线 PQ 的方程 $y=x+1$,然后与直线 $l: x+y-5=0$ 的方程联立,求出点 $Q(2,3)$,所以 $PQ=\sqrt{2}$.

提炼　利用了“求交点法”.

生　过点 $P(1,2)$作 x 轴的平行线,交直线 l 于 M(见图 3-10). 在 $\mathrm{Rt}\triangle PQM$ 中,根据 PM 和 $\angle PMQ$ 的大小可以求得 PQ 的长度. 因为 $M(3,2)$, $\angle PMQ=45^\circ$, 所以

$$PQ=PM\sin45^\circ=(3-1)\sin45^\circ=\sqrt{2}$$

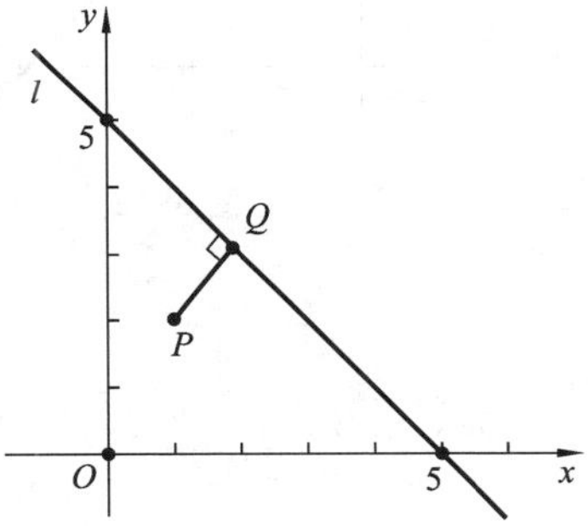

图 3-9

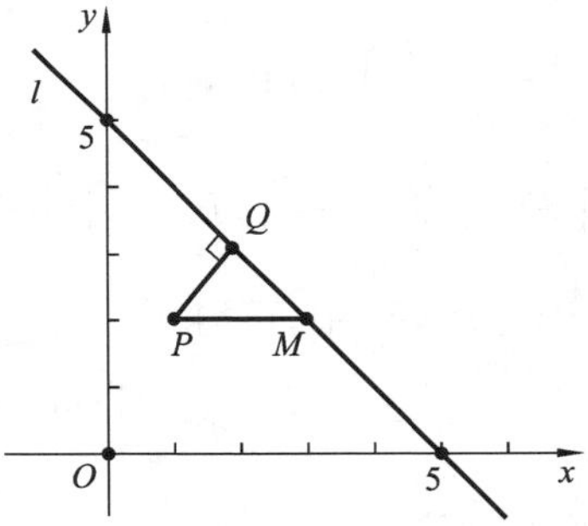

图 3-10

提炼　运用了“构造直角三角形法”.

生　过点 $P(1,2)$作 x 轴平行线交直线 l 于 M,再过点 $P(1,2)$作 y 轴平行线交直线 l 于 N(见图 3-11). 在 $\mathrm{Rt}\triangle PNM$ 中,利用两种不同方法计算面积,可求出 PQ 的长度. 求得 $PM=2$, $PN=2$, $MN=2\sqrt{2}$,则

$$PQ=\frac{PM\cdot PN}{MN}=\frac{2\times2}{2\sqrt{2}}=\sqrt{2}$$

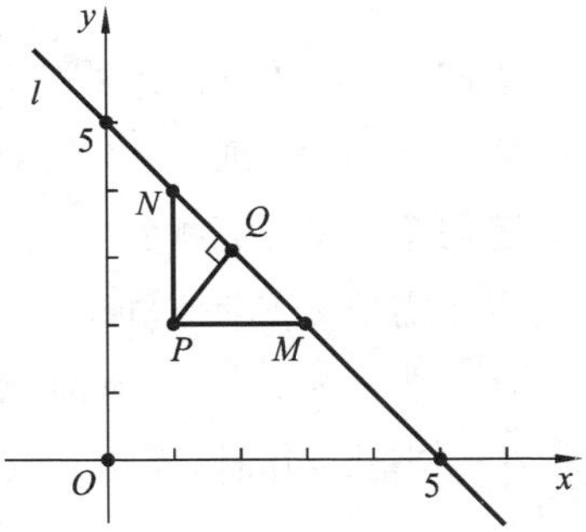

图 3-11

提炼　运用了“等面积法”.

生　根据直线 l 的方程,设点 $Q(x,5-x)$,则用两点间的距离公式可以求 PQ^2,再转化为求函数的最小值. 则有

$$PQ^2=(x-1)^2+(y-2)^2=(x-1)^2+(3-x)^2=2(x-2)^2+2\geqslant2$$

当且仅当 $x=2$ 时,取等号,所以

$$PQ_{\min}=\sqrt{2}$$

提炼　运用了“目标函数法”.

问题 2　一般地，如果求点 $P(x_0,y_0)$到直线 $l:Ax+By+C=0(A^2+B^2\neq 0)$的距离呢？

学生小组探究.

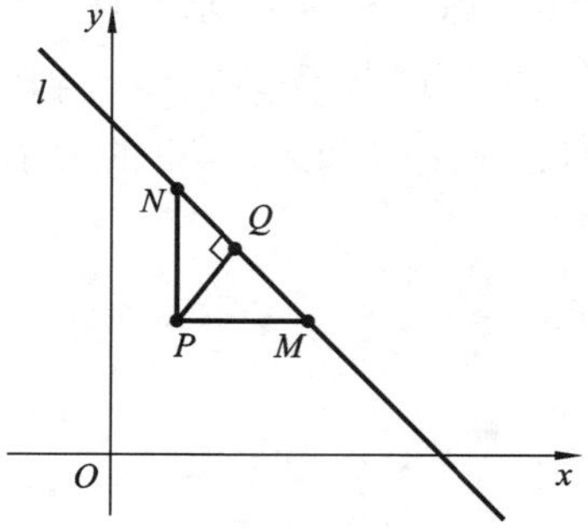

图 3-12

生　我运用的是等面积法. 过点 P 作 x 轴平行线交直线 l 于 M，再过点 P 作 y 轴平行线交直线 l 于 N（见图 3-12）. 在直线 $l:Ax+By+C=0$ 中，令 $y=y_0$，得 $M\left(-\dfrac{By_0+C}{A},y_0\right)$；令 $x=x_0$，得 $N\left(x_0,-\dfrac{Ax_0+C}{B}\right)$，即有

$$PM=\left|\frac{Ax_0+By_0+C}{A}\right|,PN=\left|\frac{Ax_0+By_0+C}{B}\right|$$

所以在 Rt△PNM 中，可得

$$MN=\left|\frac{Ax_0+By_0+C}{AB}\right|\times\sqrt{A^2+B^2}$$

根据等面积原理，得

$$PQ=\frac{PM\cdot PN}{MN}=\left|\frac{Ax_0+By_0+C}{\sqrt{A^2+B^2}}\right|$$

追问 1　求 PQ 的过程中还有哪些地方需要完善？

生　当 $A=0$ 或 $B=0$ 时，会出现分母为零的情况.

追问 2　如何完善？

生　需要分 $A=0$ 和 $B=0$ 两种情况讨论.

师　非常好，当 $A=0$ 时，如何求解？

生　当 $A=0$ 时，因 $A^2+B^2\neq 0$，所以 $B\neq 0$，则有

$$l:y=-\frac{C}{B},\quad PQ=\left|y_0+\frac{C}{B}\right|=\frac{|By_0+C|}{|B|}$$

符合上述公式. 那么，同理当 $B=0$ 时，也适合上述公式.

追问 3　如果点 P 就在直线 l 上，上述结论还适合吗？

生　此时 $PQ=0$，故还适合.

追问 4　还有其他方法求出 PQ 长度吗？

生　我用的是求交点方法. 设直线 PQ 的方程为 $Bx-Ay+k=0$,将点 $P(x_0,y_0)$代入,得

$$k=Ay_0-Bx_0$$

所以直线 PQ 方程为

$$Bx-Ay+k=0,\quad Bx-Ay+Ay_0-Bx_0=0$$

目标是求 $PQ^2=(x-x_0)^2+(y-y_0)^2$. 令 $x-x_0=m$, $y-y_0=n$, $Ax_0+By_0+C=T$,则问题可以转化为已知$\begin{cases}Am+Bn+T=0\\Bm-An=0\end{cases}$,求 $PQ^2=m^2+n^2$ 的值. 由方程组$\begin{cases}Am+Bn+T=0\\Bm-An=0\end{cases}$解得

$$\begin{cases}m=-\dfrac{AT}{A^2+B^2}\\n=-\dfrac{BT}{A^2+B^2}\end{cases}$$

所以

$$PQ^2=\left(-\frac{AT}{A^2+B^2}\right)^2+\left(-\frac{BT}{A^2+B^2}\right)^2=\frac{(A^2+B^2)T^2}{(A^2+B^2)^2}=\frac{T^2}{A^2+B^2}$$

从而得

$$PQ=\frac{|T|}{\sqrt{A^2+B^2}}=\frac{|Ax_0+By_0+C|}{\sqrt{A^2+B^2}}$$

师　非常棒! 这里巧妙地运用了代换法,不仅简化了运算,还省去了分类讨论.

4. 设置类比性问题

数学同一知识甚至不同知识领域内存在一些结构相同或意义相近的概念或结论,在教学中,有时可以寻找已经学过的知识作为参照对象,通过类比手法得到新的知识,常见的设法是“你能类比××的定义给出××的定义吗”或“在××的基础上,你能类似得到××吗”.

案例 4　零向量与单位向量的概念.

问题　向量有数的属性,类比特殊的数,你想到了哪几个特殊的向量?

师　你想到什么特殊的数?

生　0.

师　由 0 这个特殊的数,你想到什么特殊的向量?

生　零向量.

师　怎么定义?

生　长度为零的向量.

构建 1　零向量是长度为 0 的向量,记为 **0**.

追问 1　**0** 与数 0 有什么不同?

生　**0** 既有大小又有方向,而 0 只有大小.

追问 2　**0** 的方向如何?

生　是任意的.

师　非常好!因为零向量的起点与终点是重合的,所以它的方向是不确定的.

师　除了 0 这个特殊的数外,还有什么特殊数字?

生　1.

师　对,那么类比 1 这个特殊的数,你能找到什么特殊的向量?

生　单位向量.

构建 2　单位向量是长度等于 1 个单位的向量.

追问 3　若 $\boldsymbol{a}$ 为单位向量,你首先想到什么?

生　$|\boldsymbol{a}|=1$.

追问 4　在平面直角坐标系中,起点在原点的单位向量的终点的轨迹是什么图形?

生　圆.

师　什么样的圆?

生　圆心在原点,半径为 1 的单位圆.

案例 5　几组典型类比题.

(1) 我国古代称直角三角形为勾股形,并且直角边中较小者为勾,另一直角边为股,斜边为弦.若记勾、股、弦的长分别为 a、b、c,则 $a^2+b^2=c^2$,称这个定理为勾股定理.

师　现将这一定理推广到立体几何中.在四面体 $OABC$ 中,$\angle AOB=\angle BOC=\angle AOC=90°$,$s$ 为顶点 O 所对的 $\triangle ABC$ 的面积,s_1、s_2、s_3 分别为 $\triangle OAB$、$\triangle OAC$、$\triangle OBC$ 的面积,则 s、s_1、s_2、s_3 满足的关系正确的是(　　).

A. $s^2=s_1^2+s_2^2+s_3^2$　　　　B. $\dfrac{1}{s^2}=\dfrac{1}{s_1^2}+\dfrac{1}{s_2^2}+\dfrac{1}{s_3^2}$

C. $s=s_1+s_2+s_3$　　　　D. $\dfrac{1}{s}=\dfrac{1}{s_1}+\dfrac{1}{s_2}+\dfrac{1}{s_3}$

生　类比选 A（解题过程略）.

（2）若数列$\{a_n\}(n\in\mathbf{N}^*)$是等差数列，则数列$\{b_n\}:b_n=\frac{a_1+a_2+\cdots+a_n}{n}(n\in\mathbf{N}^*)$也是等差数列.

师　类比上述性质，相应地，若数列$\{c_n\}(n\in\mathbf{N}^*)$是等比数列，且$c_n>0$，则数列$\{d_n\}:d_n=$________$(n\in\mathbf{N}^*)$也是等比数列.

生　由等差数列与等比数列在运算上的相似性猜想：

$$d_n=\sqrt[n]{c_1c_2\cdots c_n}(n\in\mathbf{N}^*)$$

5. 设置直观化问题

有些数学概念与结论比较抽象，蕴含着一定的道理，而这些道理并不是很直白，需要学生深刻理解与体会，对这种数学知识的教学，宜给出问题情境后设置一些领悟性问题，引导学生构建出相关的知识.

案例 6　立体几何中直线与平面平行的判定定理.

直线与平面平行的判定定理是“直线与平面平行”这一节课的一个重要知识目标，对于该目标的达成可以通过下面的问题，以及一个生活化、直观化的问题来实现.

师　直线与平面平行的定义是什么？

生　直线与平面没有公共点.

教师走到课室门旁边，来回转动门几次，让学生观察门扇与门框的位置关系（见图 3-13）.

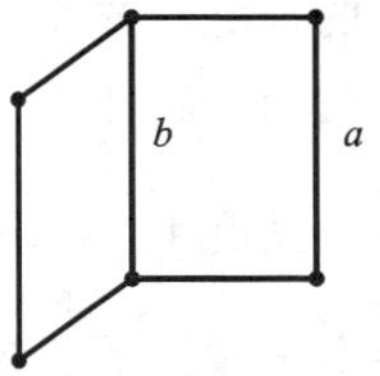

图 3-13

师　大家看，门扇的竖直两边是平行的，当门扇绕着一边转动时只要门扇不关闭，不论转动到什么位置，它能活动的竖直一边所在的直线都与固定的竖直边所在平面（墙面）存在不变的关系.

问题 1　上述问题中存在着不变的关系是指什么？

生　门框竖直一边 a 与门扇和门框连接竖直的另一边 b 总是平行关系.

师　如果门扇打开，则 a 与门扇的关系怎样？

生　平行.

问题 2　若判断直线与平面平行，则由上述问题你能得出一种方法吗？

生　可以，只需要在平面内找到一条直线与平面外直线平行就可以了.

师　如果把门扇关上，则 a 与门扇还平行吗？

生　不平行，此时 a 在门扇里面.

问题 3　若一条直线与平面内的一条直线平行，则一定有直线与平面平行吗？

生　不一定，要强调直线在平面外.

到此直线与平面平行的判定定理就出来了，学生在愉悦中学到了知识.

3.4.2　与解题目标有关的课堂问题设计的常用策略[3]

波利亚在《怎样解题》一书中阐述了数学解题的思维过程，得到"怎样解题表"，包括弄清问题、拟定计划、实施计划和回顾四个步骤.这四个步骤分别要解决的问题是：第一步解决思路问题，第二步拟定计划问题，第三步解决运算问题，第四步解决结论问题. 一般地，数学学习的成果是通过问题来实现的，所以将课堂目标转化为课堂问题，通过设置合理的问题，在问题的驱动下培养学生探究能力，这样能有效提高中学生的数学思维能力和解决问题的意识，提高教学水平.在高中数学解题教学中，通常有以下四个方面的策略.

1. 设置巩固性问题

波利亚特别重视发展学生的数学思维能力，强调数学教学要加强思维训练.在高中数学教学中，学生需要在理解的基础上，熟练掌握知识和技能.这通常需要一定的训练与强化，所以在总结出一类问题的解题原理与解题方法之后，教师应设置类似的问题让学生及时巩固，促使学生内化.

案例 1　利用基本不等式 $\frac{a+b}{2}\geqslant\sqrt{ab}(a>0,b>0)$ 求最值问题时，教师可以引导学生做如下总结.

(1) 利用基本不等式求最值需要注意的问题：一是各数(或式)均为正；二是和或积其中之一为定值；三是等号能否成立，即"一正、二定、三相等"这三个条件缺一不可.

(2) 创设基本不等式的条件：一是合理拆分项或凑因式，而拆与凑的目的在于使等号成立，且每一项为正值，必要时需出现和或积为定值；二是多次使用基本不等式时，一定要注意每次是否能保证等号成立，并且取等号的条件一致，否则就会出错.因此，利用基本不等式处理问题时，列出等号成立的条件不仅是解题的必要步骤，而且是检验转化是否有误的一种方法.

要使学生真正掌握本节知识，总结之后还需要提供一些巩固性问题来强化学生的认知，因此，教师可设计以下问题.

问题 1　若 $x>0$，求 $f(x)=3x+\frac{12}{x}$ 的最小值.

注意：$x>0$ 和 $3x\cdot\frac{12}{x}=36$ 为定值.

问题 2　若 $x<0$，求 $f(x)=3x+\frac{12}{x}$ 的最大值.

注意：将 $x<0$ 转化为 $-x>0$，再用基本不等式的性质.

问题 3　已知 $x>2$，求 $f(x)=x+\frac{4}{x-2}$ 的最小值.

注意：利用拆的方法，即

$$f(x)=x+\frac{4}{x-2}=(x-2)+\frac{4}{x-2}+2.$$

问题 4　已知 $0<x<\frac{1}{2}$，求 $f(x)=\sqrt{8x(1-2x)}$ 的最大值.

注意：$\sqrt{8x(1-2x)}=2\sqrt{2x(1-2x)}$ 和 $2x+(1-2x)=1$，再利用基本不等式的性质求解.

问题 5　已知 $a>0,b>0$，且 $4a+b=1$，　求 ab 的最大值.

注意：利用 $1=4a+b\geqslant 2\sqrt{4a\times b}=4\sqrt{ab}(a>0,b>0)$，当且仅当 $4a=b=\frac{1}{2}$ 时等号成立.

问题 6　已知正数 x,y 满足 $x+2y=1$，求函数 $x+\frac{1}{x}$ 的最小值.

注意：利用“1”的代换.

正确解析：因为 x,y 为正数，且 $x+2y=1$，所以

$$x+\frac{1}{x}=(x+2y)\left(x+\frac{1}{x}\right)=3+\frac{2y}{x}+\frac{x}{y}\geqslant 3+2\sqrt{2}$$

当且仅当 $\frac{2y}{x}=\frac{x}{y}$，即 $x=\sqrt{2}-1,y=1-\frac{\sqrt{2}}{2}$ 时，等号成立.

错误解析：由 $1=x+2y\geqslant 2\sqrt{2xy}$，得

$$\frac{1}{\sqrt{xy}}\geqslant 2\sqrt{2},\quad x+\frac{1}{x}\geqslant 2\sqrt{\frac{1}{xy}}=\frac{2}{\sqrt{xy}}\geqslant 4\sqrt{2}$$

这是错误的，因为前一个不等式成立的条件是 $x=2y=\frac{1}{2}$，后一个不等式成立的条件是 $x=y$，从而导致错误.

2. 设置概括性问题

波利亚认为，数学教育应该帮助学生自己发现所学的内容，学东西的最好途径是亲自去发现它，要发展学生运用所学知识的能力，发展技能、技巧、有益的思考方式和科学的思维习惯. 在高中数学教学中，运用新的知识解决问题、一题多解或解决多个类似问题之后，教师应设置一个概括性问题，帮助学生构建运用新知识解决某些问题的常用方法与策略. 此时，常见的设问方法有“运用××知识来解决问题的常用方法与策略有哪些”“解决××类问题的常用方法有哪些”等.

案例 2 运用二项式定理解决问题，常用策略有哪些？

(1)“展”. 在遇到求 $(a+b)^n$ 展开式中的指定项，或与 $(a+b)^n$ 有关的代数证明问题时，常采用“展”的策略，即利用二项式定理将其展开，然后用展开式的通项公式或展开式来解决问题. 例如，2016 年全国卷 Ⅰ 理科第 14 题，求 $(2x+\sqrt{x})^5$ 的展开式中 x^3 的系数，解题策略是利用通项公式 $T_{k+1}=C_n^k a^{n-k} b^k$ 解题. 又如，求证 $2^n-C_n^1\times 2^{n-1}+C_n^2\times 2^{n-2}+\cdots+(-1)^{n-1}C_n^{n-1}\times 2+(-1)^n=1$，解题策略是将 $(2-1)^n$ 展开.

(2)“赋”. 在遇到与 $(a+b)^n$ 展开式的系数或二项系数有关的问题时，常常采用“赋”的策略，即赋给变量一些特殊的数值，以达到求和证明等式的目的. 例如，证明 $C_n^0+C_n^2+C_n^4+\cdots=C_n^1+C_n^3+C_n^5+\cdots$ 时，解题策略是将 $(a+b)^n$ 展开后，令 $a=1$，$b=-1$. 又如，已知 $(1-2x)^7=a_0+a_1x+a_2x^2+\cdots+a_7x^7$，求(1) a_0；(2) $a_0+a_1+a_2+\cdots+a_7$；(3) $a_0+a_2+a_4+a_6$. 解题策略是分别令 $x=0$，$x=1$，$x=-1$，从而达到解题目的.

(3)“拆”. 在遇到含 a^n 式子的整除、求余、求近似值等问题时，常采用“拆”的策略，即将 a 拆成两数和或差的形式，构造出二项式，再用二项式定理来解决. 例如，教材中习题用二项式定理证明 $99^{10}-1$ 能被 1000 整除，解题策略是将 99 拆成 $100-1$，即 $99^{10}-1=(100-1)^{10}-1$，再用二项式定理来解决.

3. 设置追问式问题

波利亚建议，通过未知数，回到定义去，重新表述问题，考虑相关问题，分解或重新组合，特殊化、一般化、类比等，积极诱发念头，努力追问问题. 这实际上是阐述和应用解题策略并进行资源的提取与分配. 在高中数学教学中,为了使学生真正掌握有关解题原理与方法,教师还可以适当改变题目的条件或设问方式,给出追问问题. 追问的意图应是明确的,教师要努力提示学生解题方法的本质与内涵,引导学生形成高位视角,提高学生对问题方法的认识.

案例 3 函数极值的综合应用问题.

已知函数 $f(x)=x^3-3ax-1(a\neq 0)$,若函数 $f(x)$在 $x=-1$ 处取得极值,直线 $y=m$ 与 $y=f(x)$的图象有三个不同的交点,求 m 的取值范围.

变式 1 若将本例中的条件改为已知函数 $f(x)=-x^3+ax^2-4$ 在 $x=\frac{4}{3}$处取得极值,其他条件不变,求 m 的取值范围.

变式 2 若将本例中"三个不同的交点"改为"两个不同的交点",结果如何?改为"一个交点"呢?

上述追问题主要意图如下.

(1) 研究方程根的问题可以转化为相应函数的图象问题,方程 $f(x)=0$ 的根就是函数 $y=f(x)$的图象与 x 轴交点的横坐标,方程 $f(x)=g(x)$的根就是函数 $y=f(x)$的图象与函数 $y=g(x)$的图象交点的横坐标.

(2) 利用求导可以判断函数的单调性、研究函数的极值情况,并能在此基础上画出函数的大致图象,从而在直观上判断函数图象与 x 轴的交点或两个函数图象交点的个数.

如此追问,意图非常明显,揭示了方法的本质与内涵,对学生有启迪意义.

4. 设置探究式问题

波利亚强调,解题的成功要靠正确的解题思路的教学途径,要靠从可以靠近它的方向去攻击堡垒. 为了找出哪个方面是正确的,哪一侧是好接近的,我们要从各个方面、各个侧面去试验,去变更问题. 在高中数学教学中,为了让学生更好地掌握有关解题原理与方法,或感悟类似题目之间的联系与区别,教师还可以设置一些探究性问题,如"异题同质问题""多题一法问题"等.

案例 4 涉及恒成立(或有解)的单、双变量问题.

恒成立(或有解)的单、双变量问题经常出现. 为了便于学生理解与掌握这两类问题的解题原理与方法,教师可以设置下面类似题组进行探究.

已知函数 $f(x)=x^2-2m(m\in\mathbf{R})$,$g(x)=\frac{1}{3}x^3-x^2-3x$.

(1) 是否存在这样的实数 m，使得对于任意的 $x\in[-1,1]$，有 $f(x)\leqslant g(x)$ 成立？

(2) 是否存在这样的实数 m，使得对于 $x\in[-1,1]$，有 $f(x)\leqslant g(x)$ 成立？

(3) 是否存在这样的实数 m，使得对于任意的 $x_1,x_2\in[-1,1]$，都有 $f(x_1)\geqslant g(x_2)$ 成立？

(4) 是否存在这样的实数 m，使得对于 $x_1,x_2\in[-1,1]$，有 $f(x_1)\geqslant g(x_2)$ 成立？

(5) 是否存在这样的实数 m，使得对于 $x_1\in[-4,2]$，对任意的 $x_2\in[-1,2]$，有 $f(x_1)>g(x_2)$ 成立？

(6) 是否存在这样的实数 m，使得对于任意的 $x_1\in[-4,2]$，存在的 $x_2\in[-1,2]$，有 $f(x_1)>g(x_2)$ 成立？

(7) 是否存在这样的实数 m，使得对于 $x_1\in[-4,2]$，对任意的 $x_2\in[-1,2]$，都有 $f(x_1)=g(x_2)$ 成立？

(8) 是否存在这样的实数 m，使得对于 $x_1,x_2\in[-4,2]$，有 $f(x_1)=g(x_2)$ 成立？

3.5 问题情境的创设与运用

学生的数学认知离不开问题的有效引导，优秀的数学教师应发挥自己的教学智慧，精心创设每一个问题情境，由此来激发学生的探索兴趣，强化学生的探究动力，点燃学生的思维火花. 笔者从教学实践出发探索问题情境的创设与运用.

3.5.1 问题情境的含义

关于问题情境，目前出现的理解比较多，概括起来有两大类：一是问题—情境，二是情境—问题. 问题—情境是指先有数学问题，然后是数学知识产生或应用的具体情境. 情境—问题是指先有具体的情境，再根据情境提出数学问题，为了解决问题而建立数学. 其实两者并没有截然不同的本质区别，核心都是通过问题提出问题，将情境与问题融合在一起，其中问题是教学设计的核心.

从教学内容来看，问题情境大致分为实际背景、数学背景、文化背景等. 实际背景包括现实生活的情境——数学模型(概念、公式、法则)；数学背景包括数学内部规律、数学内部矛盾；文化背景可以分解为上面两类.

从呈现方式来看，问题情境包括叙述、活动、实物、问题、图形、游戏、欣赏等.

从教学所处的环节来看，问题情境包括引入新课情境、过程推导情境、回顾反思情境等.

3.5.2 问题情境的创设策略

数学具有丰富的内容、无限的包容、广泛的应用、现实的背景、悠久的历史、巧妙的方法、和谐的美感——这些都为问题情境的创设提供了得天独厚的条件.

1. 就地取材，创设亲近型情境

案例1 在讲弧度制的概念时，创设情境，提出问题.

师 我看了我们班同学们的每学年健康检查表，其中张某兴同学的身高是0.00168千米，体重是1320两，大家对结果有什么感受？

众生大笑.

师 如果换一种单位，张某兴同学的身高是1.68米，体重是66千克，大家觉得怎么样？

众生 能接受.

师 第一种说法能不能正确反映张某兴同学的身高和体重？

众生 (小组讨论)第一种说法也是对的.

师 这说明了有些单位有几个特性：①多样性，同一状态可以用不同的单位来表示；②同一性，不同单位能表示同一状态，而且它们可以互换；③选择性，有些单位用起来比较习惯与方便. 如长度可以用米、英尺、码等单位，重量可以用千克、磅等单位. 不同的单位能给不同问题带来方便. 角的度量是否也能用不同的单位呢？

像这类情境的创设最能引起学生的共鸣.

2. 提供实例，创设载体型情境

给出具体或特殊的实例，让学生感受生动的形象、鲜活的实物或真实的变化过程，从中得到感悟，如气温陡增、股指跳水、房价暴涨、火车提速等.

案例 2 在学习“变化率与导数”这节内容时，应充分凸显教材的内容，教师可向学生讲解两个通俗易懂的生活实例. 例如，通过吹气球可以发现，随着气球内空气容量的增加，气球的半径增加得越来越慢，从数学的角度，如何描述这种现象呢？学生容易想到气球的体积 V(单位：L)与半径 r(单位：dm)之间关系，即 $V(r)=\frac{4}{3}\pi r^3$，如果将 r 表示为体积 V 的函数，则有 $r(V)=\sqrt[3]{\frac{3V}{4\pi}}$. ①当 V 从 0 增加到 1 时，气球半径增加了 $r(1)-r(0)\approx 0.62(\mathrm{dm})$，气球的平均膨胀率为 $\frac{r(1)-r(0)}{1-0}\approx 0.62(\mathrm{dm/L})$；②类似地，$V$ 从 1 增加到 2 时，气球半径增加了 $r(2)-r(1)\approx 0.16(\mathrm{dm})$，气球的平均膨胀率为 $\frac{r(2)-r(1)}{2-1}\approx 0.16(\mathrm{dm/L})$. 可以看出，随着气球体积逐渐增大，它的平均膨胀率逐渐减小.

这样通过结合实际生活设置问题，合理地将本堂课的教学重点呈现出来，即平均变化率. 这样通过将抽象性的数学知识点以具体、形象、简单的问题呈现出来，增加了数学知识点的趣味性，有利于激发学生学习数学知识点的兴趣，这对提升学生的数学水平具有重要的意义.

3. 活动演示，创设体验性情境

结合教学内容创设游戏、竞赛或演示的情境，让学生在活动中或观察中感悟新知识，如立体几何的三视图、直线与位置、平面关系解析几何中的椭圆画法等.

案例 3 在介绍数学归纳法时，为了说明“无限”到“有限”. 教师自制简单的多米诺骨牌游戏视频，视频中有两列多米诺骨牌，其中红色骨牌在一只“手”推倒第一块后能全部倒下，绿色骨牌在一只“手”推倒第一块后由于间隔原因不能全部倒下.

问题 1 在这个游戏中，如果多米诺骨牌有无数块，能使所有多米诺骨牌全部倒下的条件是什么？为什么视频中的绿色骨牌不能全部倒下？

问题 2 视频中一只“手”的作用是什么？(1) 第一块多米诺骨牌倒下；(2) 任意相邻的两块多米诺骨牌，前一块倒下一定导致后一块倒下.

问题 3 你认为(1)(2) 的作用是什么？

设计意图：观看生活中的多米诺骨牌，感受如何通过两个步骤让多米诺骨牌全部倒下. 通过课堂观察，学生比较容易得到(2)，通过教师提问“手” 的作用，学生可以看出(1)，如果没有推倒第一块，则后面的不能倒下. 通过设问，让学生理解条件；(2) 其实给出了一个递推关系，只要第一块多米诺骨牌倒下，其他的多米诺骨牌能够相继倒下.事实上,无论有多少块多米诺骨牌,只要保证(1)(2)都成立,那么所有的多米诺骨牌一定可以全部倒下.

问题 4　你认为刚才证明的问题和上述多米诺骨牌游戏有相似性吗?你能类比多米诺骨牌解决这个问题吗?

师生探索:都存在递推的特征.第一项成立,则第一块骨牌倒下;第一项成立能推导第二项成立,第二项成立能推导第三项成立,….一般地,若第 k 项 a_k 成立,则由 a_k 就能推导第 $k+1$ 项 a_{k+1} 也成立,则所有项都成立.

3.5.3　问题情境的使用

如何有效地使用问题情境?笔者有以下几点认识与体会.

1. 根据实际需要

问题情境的创设不一定都是在课的开头,一节课中也可能不止一处需要创设问题情境,也许整个过程都需要创设问题情境.

2. 尽量重复使用

为了提高课堂教学效率,应尽量在不同阶段使用同一个问题情境,必要时可以将相关情境适当改造一下,这样既经济,又能前呼后应.

3. 控制展示时间

每一个情境时间要适中,不要过长,通常在 3 分钟之内比较合适;否则,就会冲淡主题,削弱探究活动的思维价值,有时会直接导致课堂效果低下.

案例 4　以“同角三角函数的基本关系”的教学为例,探索高中数学新授课问题情境创设.

(1) 课堂导入环节的问题情境创设.

新授课是最为常见的一种课堂类型,它实际上是学生新知识生长的一个起点,因此导入环节的设计非常重要,因为它直接决定整个新知探索的基调.结合教学实践,笔者发现新授课的导入环节在设计时要注意将科学性、趣味性、探究性和发展性融为一体,即所创设的情境在内容选择、结构搭配和语言表述方面要科学、严谨,情境材料和活动设计应该富有探究的趣味性,要有助于学生开展观察、猜想、实验、验证和推理等数学活动;在问题的信息量方面要具备较大的发展空间,有利于学生进行积极而广泛的思考.

例如,在本课的导入环节,我们以开门见山的方式提出问题1来创设情境.

问题1 现有一个锐角α,且$\sin\alpha=0.8$,求$\cos\alpha$和$\tan\alpha$的值.

这个问题有着总领整个课堂的作用,教师通过这个问题可唤醒学生已有的认知体系,并启发学生打通新旧认知的关联,将本课的主题引出来,为后续问题情境的创设和拓展埋下伏笔.我们在导入环节创设问题情境的目的并不仅仅是将其作为某个特定知识的引入载体,更不是在完成知识导入后就将其完全抛弃,这一情境贯穿知识引入、问题探索以及问题解决的整个过程.

(2) 新课推进过程中的问题情境演变.

数学课堂完全是一个动态的过程,因此我们所创设的问题情境也肯定不是一成不变的,再加上情境本身是教师在预设过程中进行设计的,无论预设得多么完美,它肯定会出现很多需要改变的地方.为什么会出现这种情况呢?这主要是因为我们的教学必须依据主体性学习理论.此外,我们还要考虑学生的"最近发展区",即学生正在形成、发展和成熟的过程,其实质一般表现为学生在这一发展阶段还不能完全实现自主独立,必须借助教师的力量来实现. 因此,教师在教学过程中,要从学生的现场反应出发,对已有问题情境进行适当的修正,并依据学生的"最近发展区"来对问题情境进行完善.

教师所创设的问题情境不能有丝毫的随意性,要充分考虑学生已有的认知背景、认知兴趣和认知水平.同时,教师还要结合学生实际的推理能力和理解能力,在学生提出问题、分析问题以及解决问题的过程中提供有效的支持,教师要善于通过引导和启发等手段来为学生的学习搭建脚手架,由此引领学生顺利走过"最近发展区",促进学生认知的进步.

例如,在上述问题情境中,随着问题1的提出,学生开始对锐角范围内某些特殊角的三角函数进行研究,事实上学生在数学学习的过程中对$\sin\alpha=0.8$的锐角已经非常熟悉,因此他们能很快得出正切值和余弦值,但是却很难总结出彼此之间的定量关系.看到这种情况,教师要对该问题情境进行适当修正,提出问题2.

问题2 你能发现同角各个三角函数之间的关系吗?请给出证明.

有了明确化的问题,学生的探究也就更具目的性了,他们很快就能得到结论并给出证明过程. 教师再一次对问题情境进行改进.

问题3 两个公式成立对α有什么要求?

这个问题将动摇学生原有的认知体系,在启发学生深度理解公式的同时为解决后续问题奠定了基础，有着承上启下的效果.

这一部分问题情境的修正性调整和创设都是以学生的实际认知水平为指导，并充分依据学生的学习表现和认知特点来进行的. 这一创设的关键在于如何确保问题的针对性，此针对性一般体现在两个方面：其一是学生的已有知识基础，即问题情境应该与学生已有数学知识联系；其二是问题情境应该与学生的理解能力相适应，即应该根据学生理解能力的差异性，时刻对问题的难度进行调整. 这样设计出来的问题情境才能有效激发学生的兴趣，同时也能契合他们的理解水平.

(3) 课堂练习阶段的问题情境创设.

在设计课堂练习阶段的问题情境时，要特别关注以下两个方面：一是引导学生明确所学知识的内涵，二是引导学生对所学知识进行应用. 因此，该部分的问题情境设计应该具有一定的衔接性，让课堂的推进更自然，即相关问题应具有变式，它既能确保预定知识可以得到阐明，还可以从不同角度向学生展示知识的功能特点，指明对应的知识能用于哪些问题的解决. 例如，当我们带着学生推导并总结出同角的三角函数关系之后，在课堂练习的问题情境创设中，我们还要先引导学生回顾一下问题 1.

问题 4　如果我们将问题 1 中的条件“锐角 α”变成“某第二象限角 α”，情况将如何呢？

该问题将形成结论：三角函数值的正负由象限来决定. 进一步演变为问题 5.

问题 5　若将问题 4 中的“第二象限”这一条件删掉呢？

这也成为本课的重点内容之一——“分类讨论思想”的渗透. 在学生解决问题后，教师继续提出问题 6.

问题 6　已知 $\tan\alpha=\frac{4}{3}$，求 $\sin\alpha$ 和 $\cos\alpha$ 的值.

这一问题的解决将引出一类问题的解决思路，即正弦值、余弦值和正切值之间相互求解的关系，同时还能衍生出一系列公式. 为了引导学生正确选择和运用公式，教师可以提出问题 7.

问题 7　请化简 $\tan\alpha\sqrt{\frac{1}{\sin^2\alpha}-1}$，其中 α 的终边位于第二象限内.

这一问题的分析和解决将引出化简恒等式的一般方法——“切化弦”. 教师继续提出问题 8.

问题 8　求证 $\tan\alpha\sqrt{\frac{1}{\sin^2\alpha}-1}=-1$，其中 α 的终边位于第二象限内.

此问题的解决将引出恒等式证明的一般策略——“化繁为简”. 问题进一步进化为问题 9.

问题 9 求 $\tan\alpha\sqrt{\dfrac{1}{\sin^2\alpha}-1}$ 的值,其中 α 的终边位于第二象限内.

此问题的解决引出常规解题逻辑——“先化简,再求解”. 教师最后提出问题 10.

问题 10 求 $\tan\alpha\sqrt{\dfrac{1}{\sin^2\alpha}-1}$ 的值.

此问题去除限定条件,强化“分类讨论思想”的重要性.

上述问题情境的设计有两个目的:一是帮助学生巩固新知识,二是引导学生明确知识的具体运用. 其实这两个目的也是相辅相成的,即学生在进行运用时必然会起到巩固认知的作用,而且知识运用也是知识巩固的一个基本途径.

(4) 课堂小结的问题情境创设

课堂小结是课堂的重要组成,一方面它具有总结的性质,即它将对课堂探究的整个过程和结论进行总结,并对学生的表现和有关问题的解决进行评价;另一方面该阶段还具有一定的开放性,这主要是针对学生后续学习而言,即教师有意识地点明下一节课的研究方向. 这一阶段的问题情境创设要兼顾上述两个特征,即一方面通过问题来引导学生回顾所学知识,另一方面也可以通过问题表明现有知识的不足,激发学生继续学习的愿望. 例如,在本节课的总结阶段,教师提出问题 11.

问题 11 当“化繁为简”的证明策略无法解决问题时,我们还有什么方法对恒等式进行证明? 请预习下一节的例题,对比较法和分析法的证明策略进行学习.

在进行该阶段的问题情境创设时,主要是兼顾上下两节课的衔接,上述设计中我们将问题延伸至课外,让学生在课后展开预习和思考,这能让学生的预习活动更具有目的性,同时学生也会关注知识之间的关联,从而促进知识的体系化建构.

参考文献

[1] 程厚军. 问题驱动课堂教学的理论、模式、实践探索、反思[J]. 中学数学,2012(7):18-20.

[2] 罗增儒. 数学解题学引论[M]. 西安:陕西师范大学出版社,1997.

[3] 刘剑锋. 解题目标转化为课堂问题的常用策略例析[J]. 中学数学教学参考,2019(24):4-6.

第4章　高中数学课堂教学中“问题”的解决

实施问题驱动教学，设计好课堂问题还远远不够，问题的价值还要通过问题的解决过程体现出来，所以解决问题是课堂教学的重要环节．本章主要阐述课堂教学解决问题的常见途径和方式．

4.1　课堂教学解决问题的常见途径和方式

解决问题通常定义为按照一定目标，应用各种认知活动，经过一系列的思维操作，使问题得以解决的过程．解决问题就是在问题空间中进行搜索，以便从问题的初始状态达到目标状态的思维过程．问题空间是指问题解决者对所要解决的问题的初始状态和目标状态，以及如何从初始状态过渡到目标状态的认识．

基于问题驱动的课堂教学中的解决问题是指当教师或学生提出问题后，学生或（师生共同参与）思考问题、探究问题，直到问题解决的过程，通常要有明确的答案与具体的结果．

课堂教学解决问题的途径和方式是指在课堂教学中，当问题明确后，教师引导学生进入思维状态．在高中数学课堂教学中，课堂教学解决问题的途径和方式主要有以下几种．

1．学生独立解决问题

这种解决问题的方式通常是教师明确问题后，不做任何提示，学生通过独立思考、自主学习、自我演算、独立探究等途径解决问题．常见的方式有集体回答、个别回答、学生演算、学生展示、投影成果等.

2. 师生共同解决问题

这种解决问题的方式通常是教师明确问题后,学生独立思考与教师启发相结合,最终解决问题.常见的方式有教师回答学生呼应、教师启发学生回答、学生回答教师追问、学生回答教师板书、学生回答教师纠错等.

3. 学生合作解决问题

这种解决问题的方式通常是教师明确问题后,学生先独立思考一会儿,然后小组合作交流,直到问题解决.常见的方式有学生甲回答学生乙补充、学生甲回答学生乙纠错、学生甲板书学生乙补充或纠错等.

4.2 教师在解决问题过程中的角色与作用

在问题驱动下的课堂教学中,教师的主导作用不是削弱了而是提高了,其角色主要体现在以下几个方面.

1. 营造氛围

问题驱动下的课堂教学以学生主动参与学习为前提,这有利于营造团结互助的学习环境.为此,老师应该营造民主、宽松、和谐的课堂氛围,以有利于学生主体的活动与能动性的发挥.

2. 调控启发

在课堂教学中,教师不仅要运用各种途径和手段启发学生的思维,还要"眼观六路,耳听八方""听其言,观其行",接收从学生身上发出的反馈信息,并及时做出相应调控,对于学生普遍感觉有困难的问题,要给予恰当的启发.

3. 个别指导

因学生个体存在差异,在自主学习的过程中,有的学生会出现这样或那样的困难.此时,教师可以进行个别指导,个别指导过程中要体现出教师的爱心、真心、细心,这有助于师生之间的沟通交流,使每一位学生都有收获,这样做往往能产生意想不到的教学效果.

4. 反馈评价

对于从学生那里获得的反馈信息，教师应做出及时、准确的评价，教师恰到好处的表扬和鼓励能使学生的思维活动得到强化，提高学生的学习积极性；教师恰如其分的批评与否定，能使学生的错误思维得到及时纠正.

4.3　在课堂解决问题过程中需要注意的问题

在课堂解决问题过程中，通常要注意以下几点.

1. 明确问题

要达到探究的效果，首先要引起学生的充分注意，教师可以说“下面请大家思考这样的一个问题”或“请看问题×”；其次，问题的给出要清楚、醒目，表达要干脆，尽量不重复，有必要的话可以用投影显示出来.

2. 充分思考

问题给出后必须留有足够的时间让学生思考，一般地，有探究价值的问题思考时间应不少于20秒钟. 在学生思考时，教师尽量不要提示，以免干扰和束缚学生的思维，若采用合作学习的方式，则应在个人充分思考的基础上再进行互相交流.

3. 及时评价

对于学生的回答，教师要及时点评，除了要明确学生的答案是否正确外，还要深层次地评价学生的思维状况，如其思维是否合理、哪些具有可行性等，教师要多鼓励和肯定学生的见解.

4.4　课堂问题的解决要凸显知识的本质

众所周知，提到数学知识，特别是法则与公式类的知识，教师们的第一反应往往是它们的作用，基于这样的认知，平常所见的教学也大多数是从知识应用的需要入手，这样做很实用，学生会知道怎样去运用这些知识，但同时也会存在一个常见的缺憾，学生对这些知识只是知其然而不知其所以然，如果我们从知识的本质入手，在呈现知识（如数学公式、法则、性质、定理及公理）的同时很自然地进行运用，则学生在经历这些知识的发生、发展过程中，不仅知道了知识的来龙去脉，也掌握了它的用途，从而激发学生的学习动机，可谓一举两得. 那么，如何在课堂问题的解决中凸显知识的本质呢？笔者提出以下几点看法.

1. 问题设计要自然递进，始终扣住知识的本质

课堂问题的解决效果如何与问题的设计有密切关系. 问题是思维的载体，决定了思维的方向，课堂问题的设计应始终围绕知识的本质，层层递进，将学生的思维逐步引向深入，从而理解知识的本质，能够学以致用.

案例 三角诱导公式的本质是图形的对称，而这最终可以归结为圆的对称.

师 如图 4-1 所示，AB 是圆 O 的直径，则圆 O 关于 AB 对称. 若点 P 是圆 O 上任意一点，则点 P 关于直径 AB 的对称点 P' 也一定在圆 O 上，所以图形的对称可以归结为点与点的对称.

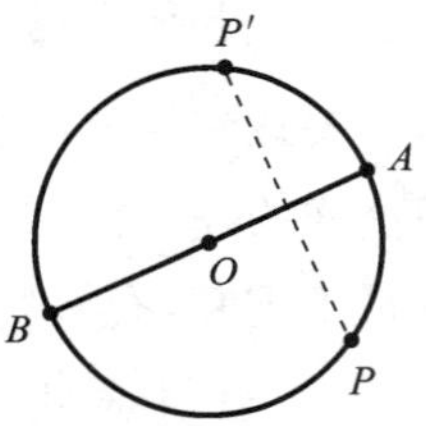

图 4-1

追问 如果点 P 恰好在点 A 处，那么它的对称点 P' 在哪里呢？

意图：让学生感受圆上两点重合在圆任意位置上，它们都是对称的，为下面的问题 1 做铺垫.

师 下面回到三角函数这个主题. 现给点 P 和点 P' 赋上角的位置，如图 4-2 所示.

设点 P 与点 P' 分别是$\angle\alpha$、$\angle\beta$ 的终边与单位圆的交点，那么它们的坐标分别为 $P(\cos\alpha, \sin\alpha)$，$P'(\cos\beta, \sin\beta)$.

问题 1 若点 P' 与点 P 恰好重合（见图 4-3），你能得到什么结论？

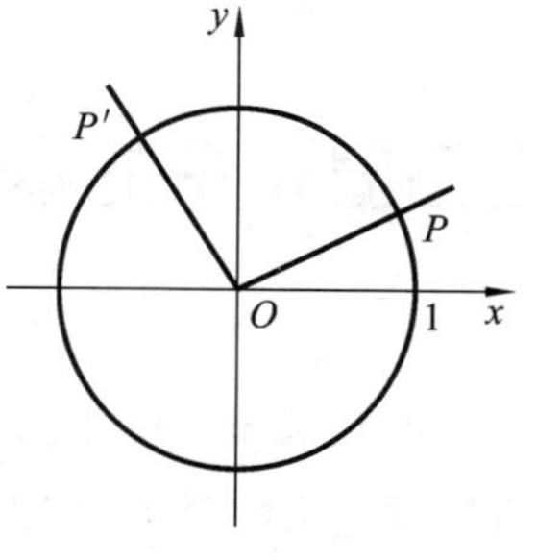

图 4-2

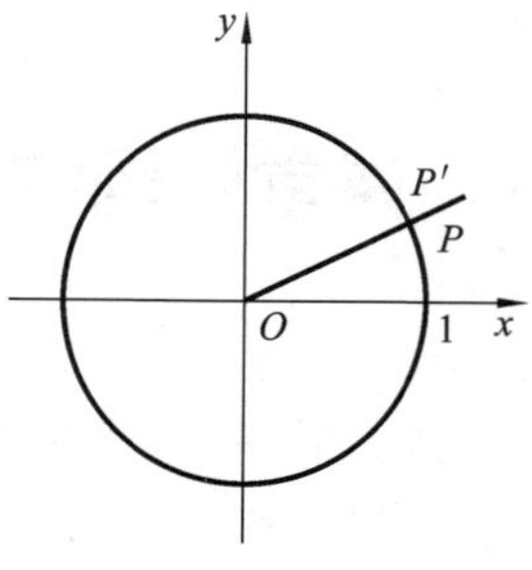

图 4-3

意图：生成诱导公式一（问题解决过程见后面）.

师　你能用一句话来概括这三个关系吗？

意图：揭示公式一的实质，终边相同的角的同一三角函数值相等.

师　这些关系有用吗？

意图：让学生体验其用途.

师　所以这组公式具有一种功能，它可以把一个角的三角函数值转化为另一个三角函数值，进而化难为易、化繁为简、化生为熟，所以称为三角函数的诱导公式（板书课题）（诱导公式一）.

问题2　如图4-2所示，在平面直角坐标系中，点P'与点P之间有几种特殊的对称关系？在这些条件下，又有哪些结论呢？将两个问题逐一展示.

意图：引出它们关于x轴，y轴、原点的对称情况.

问题2.1　若点P'与点P关于y轴对称，你能得到什么结论？

意图：生成公式四（问题解决过程见后面）.

师　公式四又有什么用途？请举例说明.

意图：明确公式四的应用方向.

问题2.2　若点P'与点P关于x轴对称，或关于原点对称，则又能得到什么结论？

意图：生成公式三和公式二（问题解决过程见后面）.

师　公式三和公式二又有什么用途？请举例说明.

意图：明确公式三和公式二的应用方向.

2. 问题解决要循序渐进，充分揭示知识的本质

在问题解决过程中，我们要不断追问，充分暴露出思维过程，并将知识的本质尽可能地用醒目的形式展示出来，以三角函数的诱导公式为例.

1）自主探究，侧重追问

给出问题1（见前面，此处略），让学生自主探究2～3分钟，然后再请学生回答.这里，对于“点P'与点P坐标相同、$\angle\beta$与$\angle\alpha$的终边相同、$2k\pi+\alpha(k\in\mathbf{Z})$与$\alpha$的正弦值相等、$2k\pi+\alpha(k\in\mathbf{Z})$与$\alpha$的正切值相等”这四点，通常要经过2～3次的追问“你还能得到什么结论”才能解决完毕.

2）及时提炼，形成思想

在解决问题1的同时，可以做如下板书：

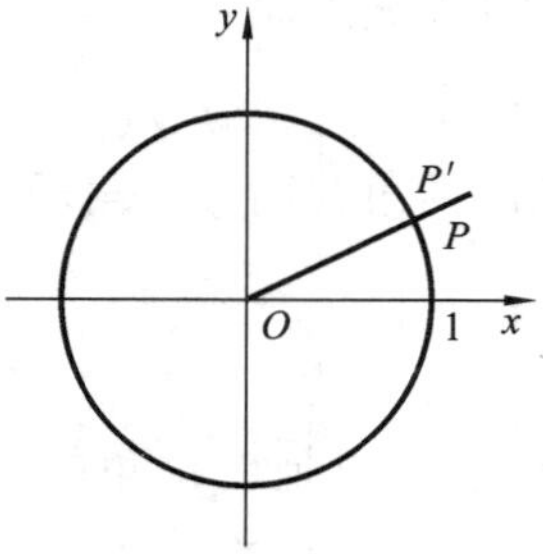

$$\begin{cases}\sin\beta=\sin\alpha\\ \cos\beta=\cos\alpha\end{cases}$$

$$\beta=\alpha+2k\pi(k\in\mathbf{Z})\Rightarrow\begin{cases}\sin(2k\pi+\alpha)=\sin\alpha\\ \cos(2k\pi+\alpha)=\cos\alpha(k\in\mathbf{Z})(\text{公式一})\\ \tan(2k\pi+\alpha)=\tan\alpha\end{cases}$$

师　现在回头反思一下，我们怎样得到公式一的？

归纳如下：

对称关系——坐标关系，两角关系——诱导关系

3）再度体验，强化思想

给出问题2（见前，此处略）.

师　我们选择其中的一种对称关系一起来试试看.

给出问题2.1（见前，此处略），师生共同完成，继续板书，具体如下：

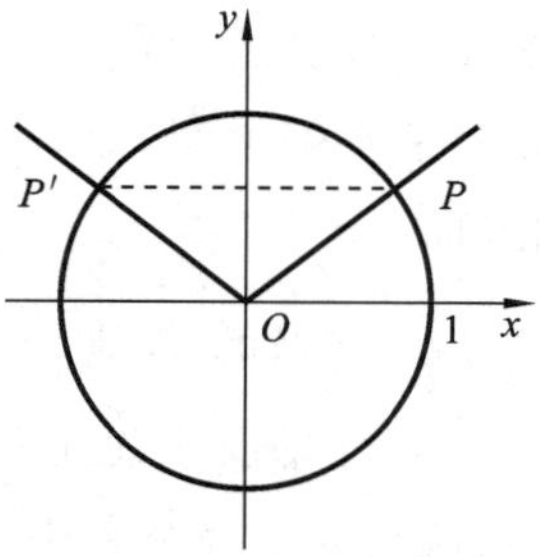

$$\begin{cases}\sin\beta=\sin\alpha\\ \cos\beta=-\cos\alpha\end{cases}$$

$$\beta=\pi-\alpha\Rightarrow\begin{cases}\sin(\pi-\alpha)=\sin\alpha\\ \cos(\pi-\alpha)=-\cos\alpha(\text{公式四})\\ \tan(\pi-\alpha)=-\tan\alpha\end{cases}$$

4）独立思考，运用思想

给出问题2.2（见前，此处略）.

这个问题让学生自己探究，并由学生在黑板上完成后继续板书，具体如下：

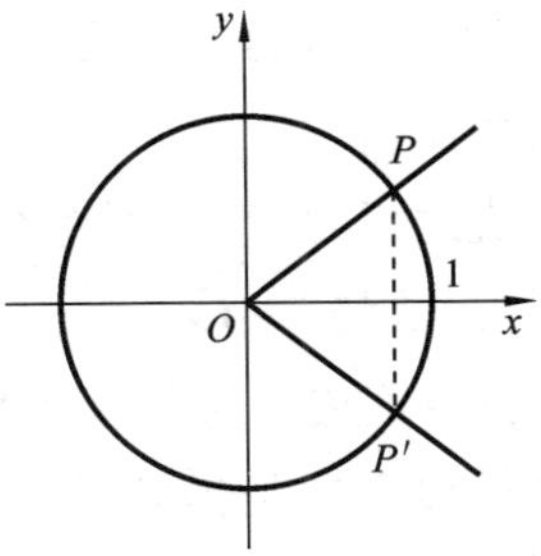

$$\begin{cases}\sin\beta=-\sin\alpha\\ \cos\beta=\cos\alpha\end{cases}$$

$$\beta=-\alpha\Rightarrow\begin{cases}\sin(-\alpha)=-\sin\alpha\\ \cos(-\alpha)=\cos\alpha\quad\text{（公式三）}\\ \tan(-\alpha)=-\tan\alpha\end{cases}$$

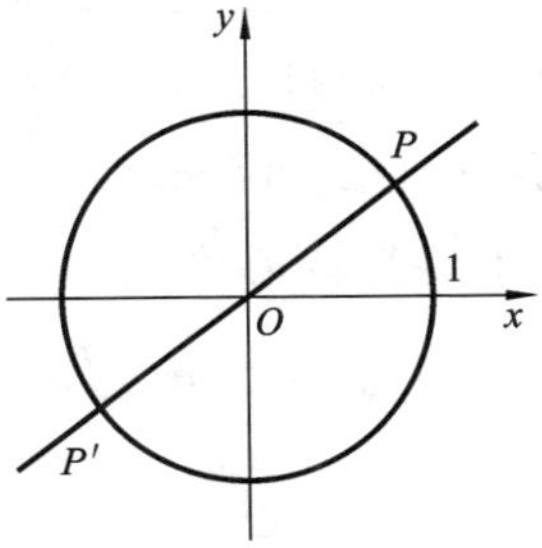

$$\begin{cases}\sin\beta=-\sin\alpha\\ \cos\beta=-\cos\alpha\end{cases}$$

$$\beta=\pi+\alpha\Rightarrow\begin{cases}\sin(\pi+\alpha)=-\sin\alpha\\ \cos(\pi+\alpha)=-\cos\alpha\text{（公式二）}\\ \tan(\pi+\alpha)=\tan\alpha\end{cases}$$

师　非常棒！看来，只要抓住这里的推导思想与方法，所有情况都可以迎刃而解.

4.5　课堂问题解决要有探索性，引导学生回顾、归纳、反思与总结

波利亚在《怎样解题》中总结了解决问题的四步法：第一步，弄清问题；第二步，拟定计划；第三步，实现计划；第四步，回顾. 这里说的“问题转换”，在波利亚《怎样解题》一书中也称为“变化问题”“题目变更”，它揭示了探索解题思路的数学途径，也体现了解题策略的实际运用. 波利亚强调：“解题的成功要靠正确思路的选择，要靠从可以接近它的方向去攻击堡垒，为了找出哪个方面是正确的方面，哪一侧是好

接近的一侧，我们从各个方面、各个侧面去试验，我们变化问题，变化问题使我们引进了新的内容，新问题使我们的兴趣油然而生."[1]

高三数学复习课上，在某类问题解决之后，要引导学生回顾，对解题过程进行反思，对相关的思想方法、解题策略进行归纳与总结.

案例 问题驱动下高三复习微专题(空间向量及其应用)教学设计[2].

立体几何是高中数学习的一个主要模块，它是提升学生直观想象、逻辑推理、数学运算和数学抽象核心素养的好素材.同时，空间向量是高考考查的重要内容之一，它重点利用向量解决立体几何的有关角和距离问题.在解题和证题的过程中，通过运用有关的概念、性质，努力培养学生的空间想象能力和运算能力，联系平面图形的知识，利用对比、引申、联想等方法，找出平面图形和立体图形的异同以及两者之间的内在联系，逐步培养学生将立体几何图形转化为平面图形的能力.本节主要是将几何综合推理和向量代数的运算有机结合起来.

问题1 利用空间向量求两条异面直线所成的角.

设两条异面直线 a,b 的方向向量分别为 $\boldsymbol{a},\boldsymbol{b}$，其中 $\theta\left(\theta\in\left(0,\frac{\pi}{2}\right]\right)$ 为两条异面直线 a,b 所成的角，则 $\cos\theta=|\cos\langle\boldsymbol{a},\boldsymbol{b}\rangle|=\frac{|\boldsymbol{a}\cdot\boldsymbol{b}|}{|\boldsymbol{a}|\cdot|\boldsymbol{b}|}$.

例1(2018·新课标全国二·9) 在长方体 $ABCD-A_1B_1C_1D_1$ 中，$AB=BC=1$，$A_1A=\sqrt{3}$，则异面直线 AD_1 与 DB_1 所成角的余弦值为(　　).

A. $\frac{1}{5}$　　B. $\frac{\sqrt{5}}{6}$　　C. $\frac{\sqrt{5}}{5}$　　D. $\frac{\sqrt{2}}{2}$

解题策略 以 B 为坐标原点，以 $\overrightarrow{BA}$，$\overrightarrow{BC}$，$\overrightarrow{BB_1}$ 分别为 x 轴，y 轴，z 轴正方向建立空间直角坐标系，则

$$\overrightarrow{AD_1}=(1,1,\sqrt{3})-(1,0,0)=(0,1,\sqrt{3})$$

$$\overrightarrow{DB_1}=(0,0,\sqrt{3})-(1,1,0)=(-1,-1,\sqrt{3})$$

由
$$\cos\theta=|\cos\langle\overrightarrow{AD_1},\overrightarrow{DB_1}\rangle|=\frac{|\overrightarrow{AD_1}\cdot\overrightarrow{DB_1}|}{|\overrightarrow{AD_1}|\cdot|\overrightarrow{DB_1}|}=\left|\frac{0-1+3}{2\times\sqrt{5}}\right|=\frac{\sqrt{5}}{5}$$

故选 C.

回顾反思、归纳总结 用向量法求异面直线所成角的一般步骤为：① 选择三条两两垂直的直线建立空间直角坐标系；② 确定异面直线上两个点的坐标，从而确定异面直线的方向向量；③ 利用向量的夹角公式求出向量夹角的余弦值；④ 两

异面直线所成角的余弦等于两向量夹角余弦值的绝对值.

特别提醒 注意向量的夹角与异面直线所成的角的区别:当异面直线的方向向量的夹角为锐角或直角时,此夹角就是异面直线所成的角;当异面直线的方向向量的夹角为钝角时,其补角才是异面直线所成的角.

变式训练 1 如图 4-4 所示,在三棱柱 $ABC\text{-}A_1B_1C_1$ 中,$AA_1\perp$底面 ABC,$AB=BC=AA_1$,$\angle ABC=90°$,点 E,F 分别是棱 AB,BB_1 的中点,则直线 EF 和 BC_1 所成的角是( ).

A. 30° B. 45°

C. 60° D. 90°

答案:C.

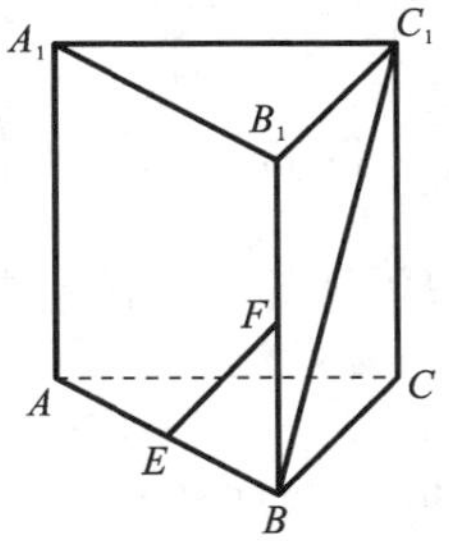

图 4-4

问题 2 利用空间向量求直线和平面所成的角.

如图 4-5 所示,设 l 为平面 α 的斜线,$l\cap\alpha=A$,$\boldsymbol{a}$ 为 l 的方向向量,$\boldsymbol{n}$ 为平面 α 的法向量,φ 为 l 与平面 α 所成的角,$\varphi\in\left[0,\frac{\pi}{2}\right]$,则

$$\sin\varphi=|\cos\langle\boldsymbol{a},\boldsymbol{n}\rangle|=\frac{|\boldsymbol{a}\cdot\boldsymbol{n}|}{|\boldsymbol{a}|\cdot|\boldsymbol{n}|}$$

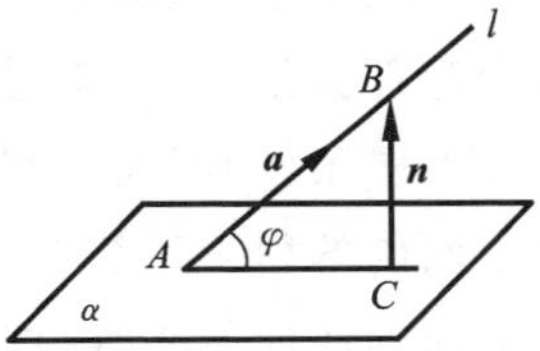

图 4-5

例 2(2018·新课标全国一·18) 如图 4-6 所示,四边形 $ABCD$ 为正方形,E,F 分别为 AD,BC 的中点,以 DF 为折痕把$\triangle DFC$ 折起,使点 C 到达点 P 的位置,且 $PF\perp BF$.

(1) 证明:平面 $PEF\perp$平面 $ABFD$.

(2) 求 DP 与平面 $ABFD$ 所成的角的正弦值.

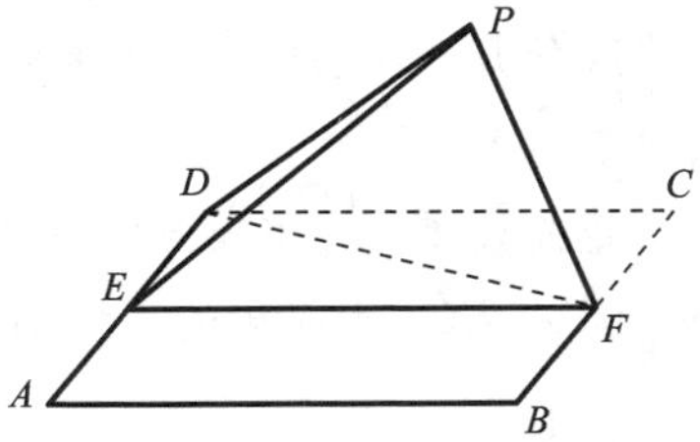

图 4-6

解题策略 (1) 略.

(2) 以 D 为坐标原点,以$\overrightarrow{DA}$,$\overrightarrow{DC}$为 x 轴,y 轴正方向,以过 D 且与底面$ABCD$ 垂直向上的方向为 z 轴正方向建立空间直角坐标系. 同时,设 $DA=2$,接下来关键是确定点 P 的坐标.

由(1)可知 $x_P=1$,怎样得到 y_P,z_P?

观察与底面垂直的面 PEF,作 $PM\perp EF$ 于 M(见图 4-7).

显然,$PM\perp$底面 $ABCD$,结合 $PE=\sqrt{PD^2-DE^2}=\sqrt{3}$,由初中学过的知识容

易求得

$$PM=\frac{\sqrt{3}}{2},\quad EM=\frac{3}{2}$$

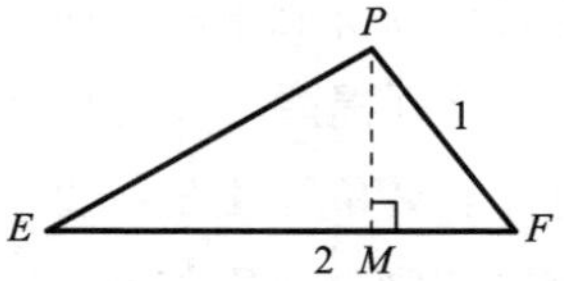

图 4-7

从而得到 $P\left(1,\frac{3}{2},\frac{\sqrt{3}}{2}\right)$.

设 $\boldsymbol{m}=\overrightarrow{DP}=\left(1,\frac{3}{2},\frac{\sqrt{3}}{2}\right)$，$\boldsymbol{n}=(0,0,1)$ 为平面 $ABFD$ 的一个法向量，则

$$\sin\varphi=|\cos\langle\boldsymbol{m},\boldsymbol{n}\rangle|=\frac{|\boldsymbol{m}\cdot\boldsymbol{n}|}{|\boldsymbol{m}|\cdot|\boldsymbol{n}|}=\left|\frac{0+0+\frac{\sqrt{3}}{2}}{\sqrt{1^2+\left(\frac{3}{2}\right)^2+\left(\frac{\sqrt{3}}{2}\right)^2}\times\sqrt{0^2+0^2+1^2}}\right|=\frac{\sqrt{3}}{4}$$

回顾反思、归纳总结 本题第(1)问考查面面垂直关系，通常以课本面面垂直判定定理为依据，证明思路为“线线垂直⇒线面垂直⇒面面垂直”.

本题第(2)问通常利用向量求线面角，其方法有两种：①分别求出斜线和它所在平面内的射影直线的方向向量，转化为求两个方向向量的夹角(或其补角)；②通过平面的法向量来求，即求出斜线的方向向量与平面的法向量所夹的锐角，其余角就是斜线与平面所成的角.

特别提醒 要注意将利用向量求线面角与利用向量求两异面直线所成的角的公式区分开，等式两边三角函数名称是不一致的，一边是正弦，另一边是余弦，且余弦取绝对值.

变式训练 2 在长方体 $ABCD\text{-}A_1B_1C_1D_1$ 中，$AB=2$，$BC=AA_1=1$，则 C_1D_1 与平面 A_1BC_1 所成角的正弦值为______.

答案：$\frac{1}{3}$.

问题 3 利用空间向量求二面角的平面角.

使用向量法求二面角的平面角有两种方法.

(1) 若 AB，CD 分别是二面角 $\alpha\text{-}l\text{-}\beta$ 所在的两个平面内与棱 l 垂直的异面直线，则二面角(或其补角)的大小就是向量$\overrightarrow{AB}$与$\overrightarrow{CD}$的夹角，如图 4-8 所示.

(2) 平面 α 与 β 相交于直线 l，平面 α 的法向量为 $\boldsymbol{n}_1$，平面 β 的法向量为 $\boldsymbol{n}_2$，且 $\langle\boldsymbol{n}_1,\boldsymbol{n}_2\rangle=\theta$，则二面角 $\alpha\text{-}l\text{-}\beta$ 为 θ 或 $\pi-\theta$. 设二面角大小为 φ，则 $|\cos\varphi|=|\cos\theta|=\frac{|\boldsymbol{n}_1\cdot\boldsymbol{n}_2|}{|\boldsymbol{n}_1|\cdot|\boldsymbol{n}_2|}$，如图 4-9 和图 4-10 所示.

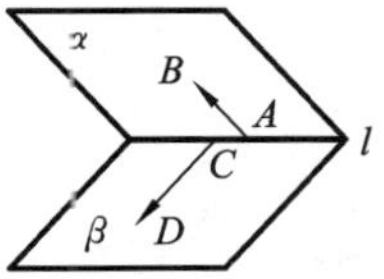

图 4-8

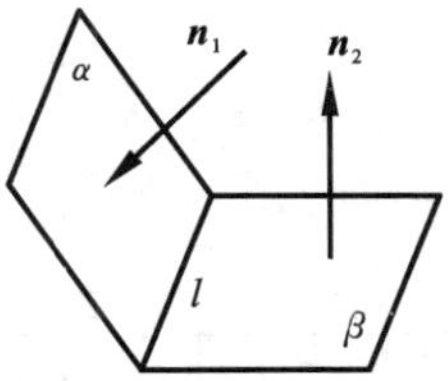

图 4-9

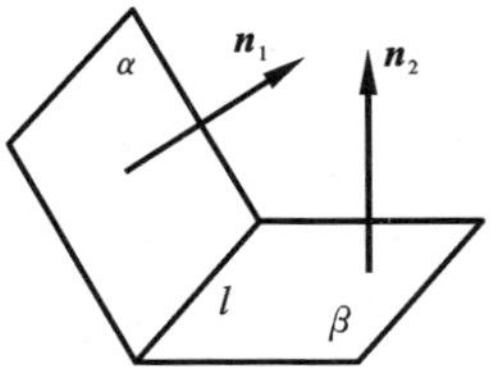

图 4-10

利用公式与二面角的平面角时，要注意$\langle \boldsymbol{n}_1,\boldsymbol{n}_2\rangle$与二面角大小的关系，是相等还是互补，需要结合图形进行判断.

例 3(2019 · 新课标全国一 · 18)　如图 4-11 所示，直四棱柱 $ABCD\text{-}A_1B_1C_1D_1$ 的底面是菱形，$AA_1=4$，$AB=2$，$\angle BAD=60^\circ$，E，M，N 分别是 BC，BB_1，A_1D 的中点.

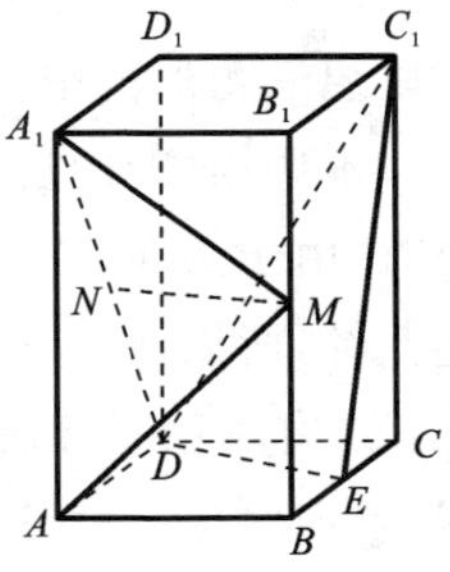

图 4-11

(1) 证明：MN∥平面 C_1DE.

(2) 求二面角 $A\text{-}MA_1\text{-}N$ 的正弦值.

解题策略　(1) 略.

(2) 由已知可得 $DE\perp DA$. 以 D 为坐标原点，以$\overrightarrow{DA}$的方向为 x 轴正方向，建立如图 4-12 所示的空间直角坐标系 $D\text{-}xyz$，则

$$A(2,0,0),A_1(2,0,4),M(1,\sqrt{3},2),N(1,0,2)$$

$$\overrightarrow{A_1A}=(0,0,-4),\quad \overrightarrow{A_1M}=(-1,\sqrt{3},-2)$$

$$\overrightarrow{A_1N}=(-1,0,-2),\overrightarrow{MN}=(0,-\sqrt{3},0)$$

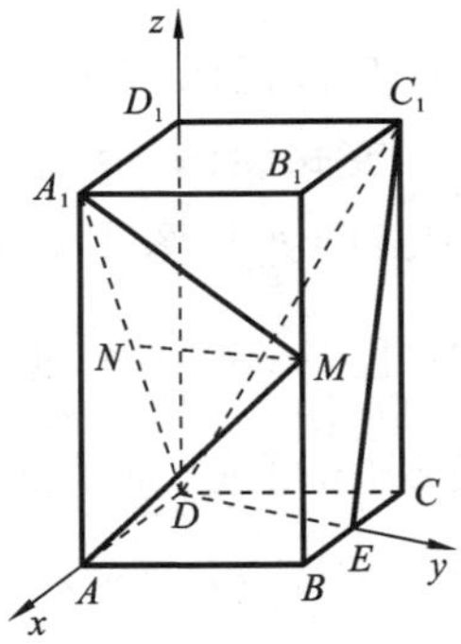

图 4-12

设 $\boldsymbol{m}=(x,y,z)$为平面 A_1MA 的法向量，则

$$\begin{cases}\boldsymbol{m}\cdot\overrightarrow{A_1M}=0\\ \boldsymbol{m}\cdot\overrightarrow{A_1A}=0\end{cases}$$

所以
$$\begin{cases}-x+\sqrt{3}y-2z=0\\ -4z=0\end{cases}$$

可取
$$\boldsymbol{m}=(\sqrt{3},1,0)$$

设 $\boldsymbol{n}=(p,q,r)$为平面 A_1MN 的法向量，则

$$\begin{cases}\boldsymbol{n}\cdot\overrightarrow{MN}=0\\ \boldsymbol{n}\cdot\overrightarrow{A_1N}=0\end{cases}$$

所以
$$\begin{cases}-\sqrt{3}q=0\\-p-2r=0\end{cases}$$

可取
$$\boldsymbol{n}=(2,0,-1)$$

于是
$$\cos\langle\boldsymbol{m},\boldsymbol{n}\rangle=\frac{\boldsymbol{m}\cdot\boldsymbol{n}}{|\boldsymbol{m}|\cdot|\boldsymbol{n}|}=\frac{2\sqrt{3}}{2\times\sqrt{5}}=\frac{\sqrt{15}}{5}$$

所以二面角 $A\text{-}MA_1\text{-}N$ 的正弦值为$\frac{\sqrt{15}}{5}$.

回顾反思、归纳总结 本题第(1)问考查线面平行关系，通常以课本线面平行有关定理或性质作为证明的依据，证明思路为“线线平行⇒线面平行”. 有中点问题应联想三角形的中位线.

本题第(2)问通常利用向量求二面角的平面角：① 利用法向量求二面角的大小时，由于法向量的方向不同，两个法向量的夹角与二面角的大小可能相等，也可能互补，所以两个法向量的夹角的余弦值与二面角的余弦值可能存在正负号的差异；② 有时用观察法难以判定二面角是钝角还是锐角，为了保证解题结果准确无误，我们给出一种万无一失的方法——在两个半平面和二面角的棱上各取一个向量，要求这三个向量必须起点相同，在利用行列式计算法向量时，棱对应的向量必须排前面，即口诀“起点同，棱排前”，这样求出的两个法向量的夹角一定与二面角的大小相等.

口诀记忆：二面角，求余弦；起点同，棱排前.

变式训练 3 在底面是直角梯形的四棱锥 $S\text{-}ABCD$ 中(见图 4-13)，$\angle ABC=90°$，$SA\perp$平面 $ABCD$，且 $SA=AB=BC=1$，$AD=\frac{1}{2}$，求平面 SCD 与平面 SBA 所成二面角的正切值.

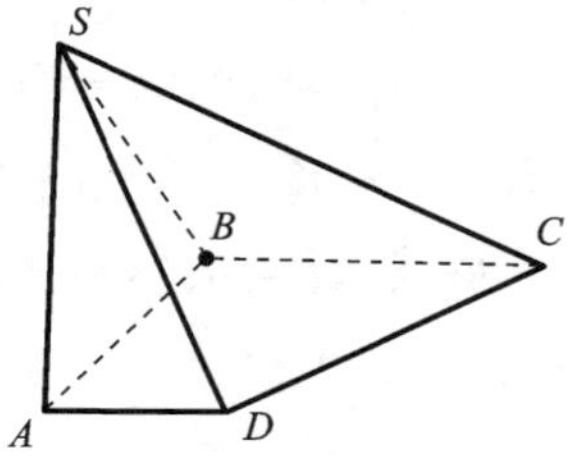

图 4-13

答案：$\frac{\sqrt{2}}{2}$.

问题 4 利用空间向量求点到平面的距离.

如图 4-14 所示. $BO\perp$平面 α，垂足为 O，则点 B 到平面 α 的距离就是线段 BO 的长度.

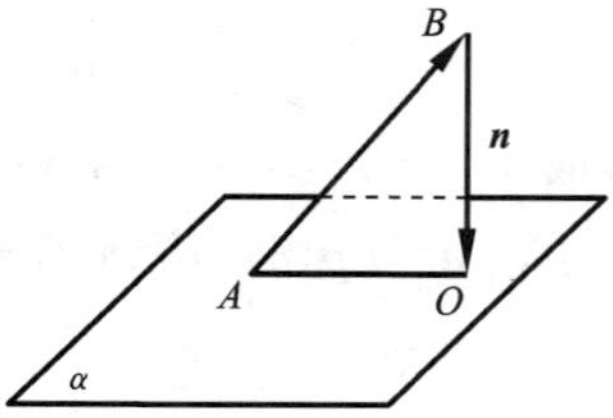

图 4-14

解题策略 设 AB 为平面 α 的任意一条斜线段，则在 $\mathrm{Rt}\triangle BOA$ 中，有

$$|\overrightarrow{BO}|=|\overrightarrow{BA}|\cdot\cos\angle ABO=\frac{|\overrightarrow{BA}|\cdot|\overrightarrow{BO}|\cos\angle ABO}{|\overrightarrow{BO}|}$$

设 $\boldsymbol{n}$ 为平面 α 的法向量，考虑到法向量的方向，则点 B 到平面 α 的距离为

$$d=\frac{|\overrightarrow{AB}\cdot\boldsymbol{n}|}{|\boldsymbol{n}|}$$

例 4(2011 年四川卷)　如图 4-15 所示，在直三棱柱 $ABC\text{-}A_1B_1C_1$ 中，$\angle BAC=90^\circ$，$AB=AC=AA_1=1$，D 是棱 CC_1 上的一点，点 P 是 AD 的延长线与 A_1C_1 的延长线的交点，且 PB_1//平面 BDA_1.

(1) 求证：$CD=C_1D$.

(2) 求二面角 $A\text{-}A_1D\text{-}B$ 的平面角的余弦值.

(3) 求点 C 到平面 B_1DP 的距离.

解题策略　如图 4-15 所示，以 A_1 为原点，以 A_1B_1，A_1C_1，A_1A 所在直线分别为 x，y，z 轴建立空间直角坐标系 $A_1\text{-}xyz$，则 $A_1(0,0,0)$，$B_1(1,0,0)$，$C_1(0,1,0,)$，$B(1,0,1)$.

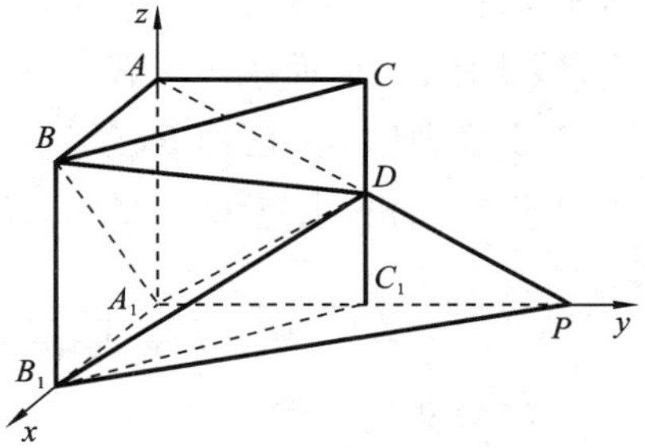

图 4-15

(1) 设 $C_1D=x$，因为 AC//PC_1，所以

$$\frac{C_1P}{AC}=\frac{C_1D}{CD}=\frac{x}{1-x}$$

由此可得

$$D(0,1,x),P\left(0,1+\frac{x}{1-x},0\right)$$

所以

$$\overrightarrow{A_1B}=(1,0,1),\quad \overrightarrow{A_1D}=(0,1,x),\quad \overrightarrow{B_1P}=\left(-1,1+\frac{x}{1-x},0\right)$$

设平面 BA_1D 的一个法向量为 $\boldsymbol{n}_1=(a,b,c)$，则

$$\begin{cases}\boldsymbol{n}_1\cdot\overrightarrow{A_1B}=a+c=0\\ \boldsymbol{n}_1\cdot\overrightarrow{A_1D}=b+cx=0\end{cases}$$

取 $c=-1$，则 $\boldsymbol{n}_1=(1,x,-1)$.

因为 PB_1//平面 BA_1D，所以

$$\boldsymbol{n}_1\cdot\overrightarrow{B_1P}=1\times(-1)+x\times\left(1+\frac{x}{1-x}\right)+(-1)\times 0=0$$

由此可得

$$x=\frac{1}{2}$$

故 $CD=C_1D$.

回顾反思、归纳总结 本题通过建立空间直角坐标系，第(1)问利用向量的平行关系证明线段相等；本题第(2)问和第(3)问利用向量的法向量解决问题. 利用向量求点到面的距离可以分以下几个步骤完成：① 求出该平面的一个法向量；② 找出从该点出发的平面的任意一条斜线段对应的向量；③ 求出法向量与斜线段对应的向量的数量积的绝对值再除以法向量的模，即可求出点到平面的距离.

特别提醒 ① A 是平面 α 内的任意一点，可视题目的情况灵活选择；② 由于 $\frac{\boldsymbol{n}}{|\boldsymbol{n}|}=\boldsymbol{n}_0$，可以看作平面的一个单位法向量，所以点到平面的距离实质就是平面的单位法向量与从该点出发的斜线段向量的数量积的绝对值，即 $d=|\overrightarrow{AB}\cdot\boldsymbol{n}_0|$；③ 线面距离、面面距离可转化为点面距离的方法求解.

变式训练 4 已知 Rt$\triangle ABC$ 中，$\angle A=90^\circ$，$AB=a$，$AC=b$，沿斜边上的高 AD 折成直二面角，求点 D 到平面 ABC 的距离.

答案：$\dfrac{a^2b^2}{\sqrt{a^2+b^2}\sqrt{a^4+b^4+a^2b^2}}$.

参考文献：

[1] 罗增儒，罗新兵. 波利亚的怎样解题表[M]. 西安：陕西师范大学出版社，2008.

[2] 张锦玉，刘剑锋. 空间向量及其应用[J]. 中学数学教学参考，2020(7)：61-63.

第5章 高中数学问题驱动教学法的调查与实践

笔者从事高中数学教学30多年，对课堂教学一直在不断思考.特别是通过2017年9月在浙江师范大学进行了为期一周的教学研究骨干培训学习后，充分体会到要提升自己的教学教研水平，必须从研究专题开始.所以，结合笔者学校“阳光课堂——三环节问题导学”课题研究，笔者非常认同问题驱动这种教学策略与方法，于是在2018年12月申报了广东省教育科研“十三五”规划课题——“问题驱动视野下高中数学主干知识的教学设计与实践研究”.

在研究中，笔者通过调查和尝试用问题驱动法进行教学，效果比较明显，以下是笔者的实践与体会.

5.1 问题驱动教学法在高中数学新授课中的应用

大家知道，问题是有意识地寻求某一适当的行动以达到一个被清楚意识到但又不能立即达到的目的.从某种意义上看，问题就是困难.如果说问题是一种困难，那么学习便是一种发现困难、解决困难的过程，教学就是一种有意识地消解困难或者设置困难的过程.问题的存在最能激发人的思维或行动动机，因此有了问题，思维就有了方向；有了问题，思维才有动力；有了问题，思维才有创新.在高中数学课堂教学中，我们应根据学生的认知规律和教学内容，充分挖掘问题的思维价值，用问题呈现研究思想，让学生在问中悟，用问题促进学生能力形成，培养学习方法；让学生在问题中探索，培养意志品质，形成质疑精神；用问题顺应学生身心发展特点，激发学习兴趣.

从数学史的角度看,数学上许多基本的、核心的概念与原理都是为了解决许许多多实际问题而产生的,知识背后蕴含着丰富的教学价值及其重要的思想方法.因此,数学教学应强调以问题为中心、以问题驱动教学,让学生在解决问题的过程中形成相应的概念与原理.

5.1.1 统摄学科知识问题,贯穿学习过程

问题驱动是指在高中数学课堂教学中设计并形成系列的、环环相扣的问题,把学生的思维探究引向深入,从而最大限度地激发学生体验和理解数学学习内容的本质,形成良好的数学素养.

案例1 问题驱动教学——“函数的单调性”的课堂实录与思考[1]

对于函数的单调性的刻画,需要从图象直观定义过渡到描述性定义,进而得出定量定义.因此,教师设计问题应统摄学科知识,贯穿学习过程,逐层递进.

在本节课上,笔者从“一幅气温变化图”这个话题切入.

师　请同学们看某气象台提供的某地某天气温变化图(见图5-1),你能根据该图描述一下这天从0时到24时的气温变化趋势吗?从日常生活中的实例引入新课,激发学生好奇心.

通过学生的回答,教师评析:现实生活中有许多现象时刻在变化,了解其变化规律对我们的生活非常有用.在数学上,我们通常把“图象逐渐上升趋势”的这一段函数称为增函数,把“图象逐渐下降趋势”的这一段函数称为减函数.这就是我们

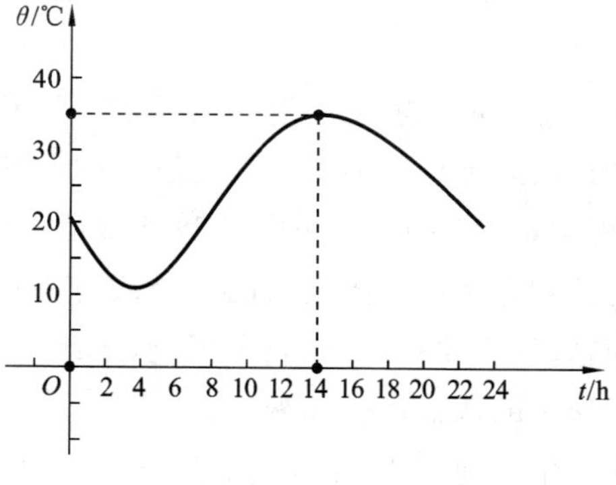

图5-1

这节课研究的核心问题——“函数的单调性”(板书课题).

问题 1(以初中一元一次函数、反比例函数和一元二次函数为例)　观察下列图形(分别见图 5-2、图 5-3、图 5-4),你怎样用数学语言来刻画增函数和减函数呢?

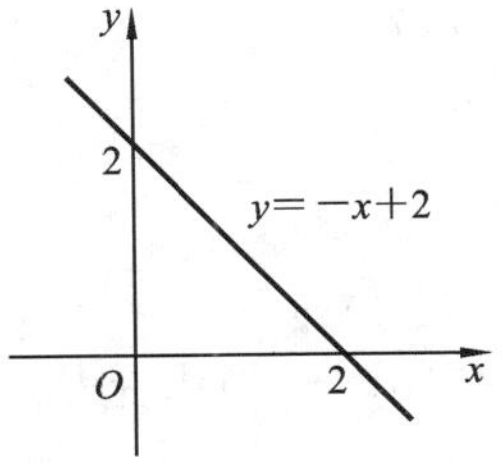

图 5-2

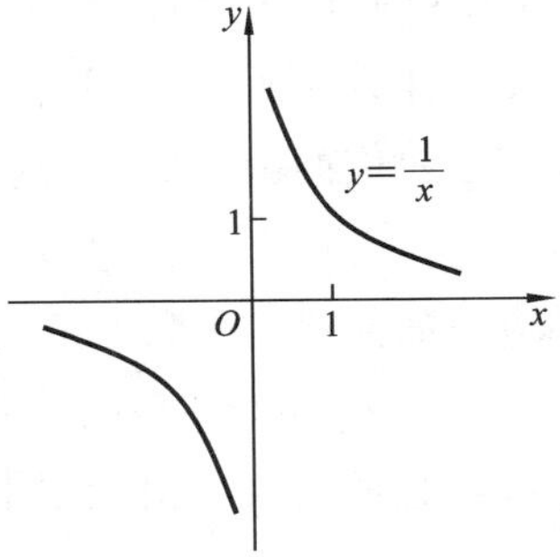

图 5-3

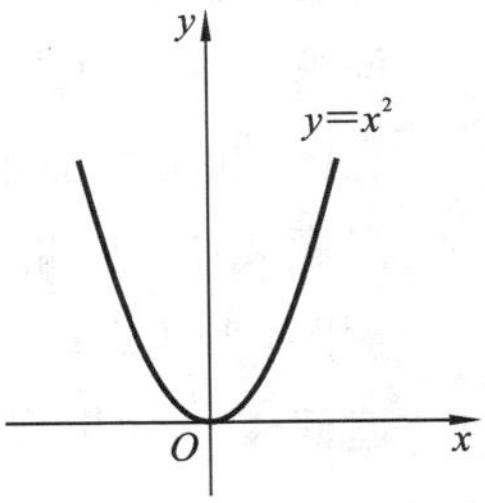

图 5-4

问题 2　你能根据图象分别说出它们的变化情况吗?

小组合作探究. 学生从左往右看,说出几个图形的变化趋势.

问题 3　在初中,对于“图象逐渐上升趋势”(见图 5-4)这种状态,我们已经有了相应的描述,就以此作为增函数的定义可以吗?

问题 3.1　初中如何描述“图象逐渐上升趋势”这种状态?

意图:增函数图象呈上升趋势,y 随 x 的增大而增大.

问题 3.2　如果就以此作为增函数的定义,能证明函数 $f(x)=x^2$ 在$(0,+\infty)$上是增函数吗(见图 5-4)?

意图:根据一般的描述性语言,进一步引导学生精确地研究函数的增(减)情况,我们必须有一个严格的定义.

问题 4　如何根据“y 随 x 的增大而增大”这句话给增函数下一个严格的定义呢?

意图:下定义的过程就是将这句话“翻译”成数学符号语言的过程.

问题 4.1　如何用数学符号语言表述“y 随 x 的增大而增大”呢?

意图:取两个自变量,然后说明自变量大的函数值也大.

问题 4.2　取哪两个自变量呢? 下面说法对吗?

生　取自变量 $1<2$,因为 $f(1)<f(2)$,所以 $f(x)$在$(0,+\infty)$内是增函数.

意图:仅有这两个自变量不能保证其他的自变量也成立.

追问 1　多取一些自变量,行吗? 如取自变量 $1<2<3<\cdots$,因为 $f(1)<f(2)<f(3)<\cdots$,所以 $f(x)$在$(0,+\infty)$内是增函数.

意图：仅有这些特殊值不能保证“当自变量增大时函数值一定增大”.

追问 2　怎样保证“当自变量大时函数值一定大”呢？

意图：取任意两个自变量来比较.

追问 3　如何取值才能保证所取自变量的任意性？

意图：任意两个值的取法，我们不妨取 x_1, x_2 这两个自变量.

问题 4.3　为了体现“任意”，对应的函数值 y_1, y_2 如何表示？

意图：相应函数值的定义为 $y_1=f(x_1), y_2=f(x_2)$.

问题 4.4　如此一来，你应该如何给增函数下定义呢？

意图：当任意取 $x_1, x_2 \in (0,+\infty)$，且 $x_1<x_2$ 时，有 $f(x_1)<f(x_2)$.

追问 4　如果以此作为增函数的定义，你能证明 $f(x)$ 在 $(0,+\infty)$ 内是增函数吗？

意图：引导学生得出增函数的证明方法.

任取 $x_1, x_2 \in (0,+\infty)$，当 $x_1<x_2$ 时，有

$$f(x_1)-f(x_2)=x_1^2-x_2^2=(x_1+x_2)(x_1-x_2)$$

因为 $x_1, x_2 \in (0,+\infty)$，则

$$x_1+x_2>0$$

又因为

$$x_1<x_2$$

即

$$x_1-x_2<0$$

则有

$$f(x_1)-f(x_2)=x_1^2-x_2^2=(x_1+x_2)(x_1-x_2)<0$$

即

$$f(x_1)<f(x_2)$$

故 $f(x)=x^2$ 在 $(0,+\infty)$ 上是增函数.

问题 5　对于一般函数 $f(x)$ 而言（见图 5-5），它在定义域 I（$I=(-\infty,+\infty)$）内可能不是增函数，但在 I 内的某个子集 D（$D=(-\infty,2)$ 或 $D=[2,+\infty)$）内却可能是增函数，如何进一步完善定义呢？

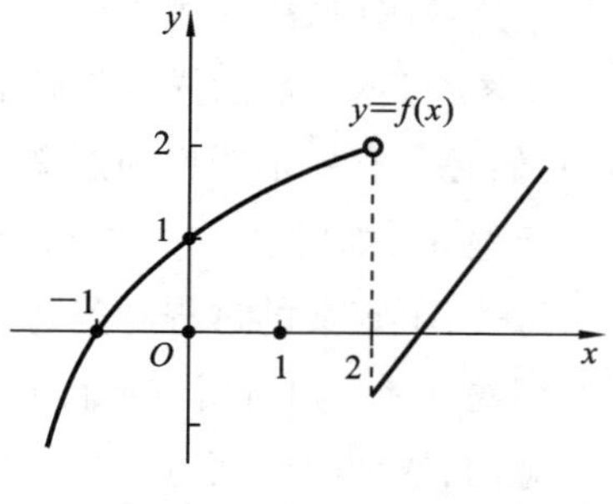

图 5-5

意图：引导学生对相关知识的表述严谨.

1. 单调增函数与单调递增区间的概念形成

板书：一般地，设函数 $y=f(x)$ 的定义域为 I，如果对于定义域 I 某个区间 D 上的任意两个自变量 x_1, x_2，当 $x_1<x_2$ 时，都有 $f(x_1)<f(x_2)$，那么就说函数 $f(x)$ 在区间 D 上是单调增函数. 区间 D 为函数 $y=f(x)$ 的单调递增区间.

问题 6 类似地,你能给减函数下一个严格的定义吗?

意图:只要将 $f(x_1)<f(x_2)$ 改成 $f(x_1)>f(x_2)$ 就可以了.

2. 单调减函数与单调递减区间的概念形成

板书:一般地,设函数 $y=f(x)$ 的定义域为 I,如果对于定义域 I 内某个区间 D 上的任意两个自变量 x_1,x_2,当 $x_1<x_2$ 时,都有 $f(x_1)>f(x_2)$,那么就说函数 $f(x)$ 在区间 D 上是单调减函数.区间 D 为函数 $y=f(x)$ 的单调递减区间.

3. 函数的单调性与单调区间的概念形成

如果函数 $y=f(x)$ 在区间 D 上是单调增函数或单调减函数,那么就说函数 $y=f(x)$ 在区间 D 上具有单调性,单调增区间或单调减区间统称为单调区间.

教师通过问题 1、问题 2 引导学生从函数图象得到单调性的直观定义,进而通过问题 3 将直观定义量化得到描述性定义.对于单调性的定量定义是最抽象、最难理解的,其关键在于对任取自变量的理解.因此,在得出描述性定义的基础上通过问题 4、问题 5、问题 6 等环环相扣、由浅入深、逐层递进的问题,引导学生逐步深入探究,形成对任取自变量的理解,最终达到对单调性定量定义的深层理解.

详见第 6 章课例设计 1.

5.1.2 提炼核心问题,凸显思想方法

在高中课堂教学中,要注重思想渗透,促进高中生掌握数学思想方法.数学思想方法是从某些具体数学认知过程中提炼和概括出来的,这些思想方法在后继的认知活动中被反复验证其正确性,带有一般意义和相对稳定的特征.它揭示了数学发展中的普遍规律,对数学的发展起着指引方向的作用,它直接支配着数学的实践活动,是数学的灵魂.问题驱动教学的教学设计过程中必须高度重视基本数学思想方法的渗透,从而加深学生对数学概念、公式、定理、规律的理解,提高学生的数学能力和思维品质,实现从知识传授到学习能力提升的转变.

案例 2 “离散型随机变量及其分布”的引入

本节课,笔者从“数字化时代”这个话题引入课题,然后自然地给出一个问题“我提一个问题,随便找一个同学回答,学号是 8 的同学,你能说说我点到你的概率可以用什么样的数字来描述”,由此导出概率这个概念,并顺势回顾学生前面学过的几个相关概念,接着给出几个实例.

(1) 种下一些树苗,我们关注的是树苗成活的棵数(数字).

(2) 抛一颗骰子,我们关注的是骰子向上的点数(数字).

(3) 在产品抽查中,我们关注的是抽到次品件数(数字).

(4) 课堂随机提问,同学们关注的是老师点到的是谁(每位同学的学号,数字).

让学生从这些实例中感受到这样一个事实:在随机试验中,很多情况下,基本事件本身也与数字有着密切的关系,所以其试验结果可以用数字化来描述,并且随着试验结果的不同而取不同的数值.数学家们就是抓住了这点联系,把随机试验中的基本事件也进行数字化,这正是本节课研究问题的一个基本思想.在本节课中,研究以下两个核心问题.

问题 1 如何对随机试验的结果进行数字化?

问题 2 如何运用上述数字化的结果?

详见第 6 章案例设计 11.

5.1.3 设计引导问题,促进知识生成

数学概念通常比较抽象,初学者有时会感到定义来得突然或内容较为费解,那么数学课堂上该如何自然地呈现这些新知识,使学生容易理解和掌握呢?这就要注重探究问题,引领学生经历"数学化"和"再创造"的过程."数学化"即从实际问题中抽象出数学知识,以及在较低层次数学知识基础上抽象出更高一级的数学知识.弗赖登塔尔曾说过:"与其说是学习数学,还不如说学习'数学化'.""再创造"即数学创造过程的再现,是针对传统教学中"将数学作为一个现成的产品来教""只是一种模仿的数学"而提出的一种教学思想,是指在教学过程中,教师引导学生通过"做中学"去发现数学知识,再现数学知识的发生过程.活动探究强调高中生学习活动的探究性,即教师设计的教学活动(问题)要有利于高中生进行真正的探究,并在探究的历程中实现"数学化"和"再创造"的过程.

有时,学生在学习新的知识时往往并不缺少必要的旧知识与经验,但为什么他们不能够主动地建构出新的知识来呢?其主要原因是缺乏必要的问题引导,所以笔者认为,数学新授课一个重要的方面是要设计一系列合理的问题来引导学生探究,促进学生的知识生成.

案例 3 平面的基本性质

平面的基本性质是进一步研究空间直线与平面位置关系的基础，是学生学习图形、文字、符号等三种语言相互转化的重要载体. 平面的基本性质的三个基本事实虽然简单易懂，但初学者往往较难理解并运用到位. 本教学设计拟创设一些合理的情境或探究活动，通过四个问题的驱动引导学生领悟平面的含义，建构三个基本事实的内涵.

1. 问题创设

师 在上一节，我们已经对简单的几何体有了一些直观的认识，简单的几何体是由空间的点、线、面所构成的，下面这一节内容我们对点、线、面的位置关系进行讨论.

通过学习我们知道“点动成线、线动成面”，所得的面可能是平面，也可能是曲面，那么什么是平面？平面又具有怎样的性质？这是本节课我们要研究的问题——平面的基本性质(板书课题).

2. 探究建构

师 在日常生活或电视中，同学们一定见过以下一些事物或场景，广阔的草原、平静的湖面、穿衣镜面、平滑的桌面、教室的墙面等.

生 是的.

问题 1 上述事物有何共同的特征？

意图：探究平面的含义、平面图形语言、平面符号语言.

1）平面的含义

广阔的草原、平静的湖面都给我们以平面的形象.

说明：① 与点、直线一样，平面也是从现实世界中抽象出来的几何概念，它是一个原始概念，不便下定义；② 平面没有厚度；③ 平面具有无限延伸性；④ 平面既可以看成是直线的集合，也可以看成是点的集合.

2）平面的表示

① 图形语言：通常用平行四边形表示平面，特别是水平放置时，一般用水平放置的正方形的直观图作为平面的直观图.

② 符号语言：通常用希腊字母 $\alpha, \beta, \gamma, \cdots$ 表示平面，也可以用平行四边形的两个相对顶点的字母表示平面. 如图 5-6 所示，该平面可以表示为平面 α，平面 AC 等.

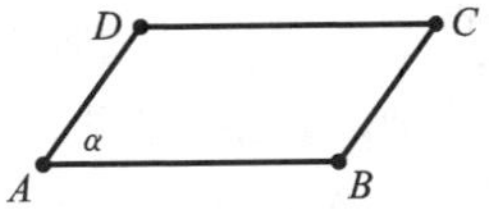

图 5-6

3）平面的基本性质

探究活动一（基本事实1） 请大家拿出一把直尺，在直尺的一边上找两个点，然后把这两个点放在桌面上，观察直尺的这一边与桌面的位置关系.

生 这边在桌面内.

问题2 如果把直尺的这条边看作一条直线，把桌面看成一个平面，那么可以怎样描述这一事实？

生 当一条直线上有两个点在一个平面内时，这条直线就在这个平面内.

师 对，这就是基本事实1要表述的含义.

基本事实1 如果一条直线上的两点在一个平面内，那么这条直线上的所有点都在这个平面内.

（1）基本事实1的图形表示（见图5-7）.

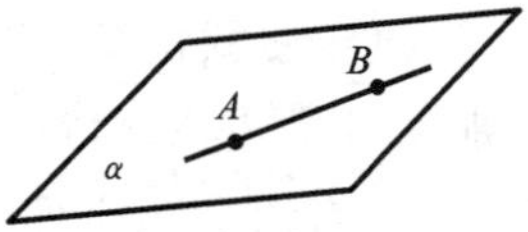

图5-7

（2）基本事实1的理解.

① 基本事实1说明平面是"平的"，当一条直线在平面内时，这条直线就不会离开这个平面的点.

② 基本事实1的结论也可以表述为"这条直线在这个平面内"或"这个平面经过这条直线".

③ 基本事实1是判断直线在平面内的依据.

（3）基本事实1的符号表示：$A\in\alpha, B\in\alpha \Rightarrow AB\subset\alpha$.

探究活动二（基本事实2） 请大家看，这里有两块纸板，它们分别表示平面 α 与平面 β（在平面 α 的纸板上事先挖了一条很窄的直线槽）；现将它们摆成如图5-8所示，其中表示平面 β 的矩形的一个顶点落在直线槽上的点 P 处.

问题3 在图5-8的这种状态下，平面 β 和平面 α 有多少个公共点？

生 无数个.

追问1 它们不是只有一个公共点 P 吗？哪里来的无数个公共点呢？

生 因为平面具有无限延伸性，它们还应有其他公共点.

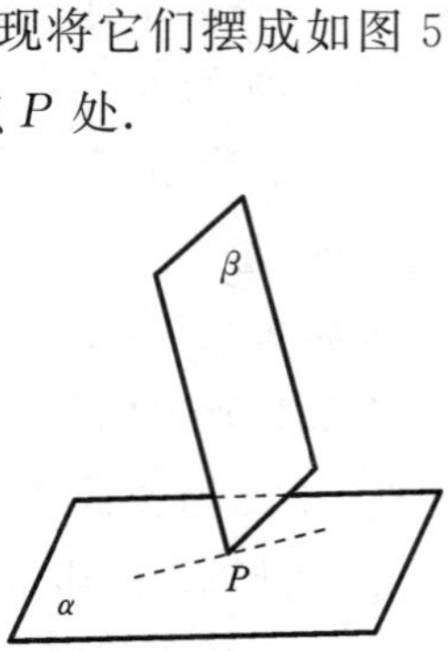

图5-8

师 对的，这两个平面的确是有无数个公共点.

在学生回答的同时，老师将平面 β 向下插进事先挖好的直线槽中，如图5-9所示.

追问 2　这无数个公共点的分布规律有何规律?

生　在同一条直线上.

追问 3　这条直线和点 P 是什么位置关系?

生　点 P 在这条直线上或这条直线经过点 P.

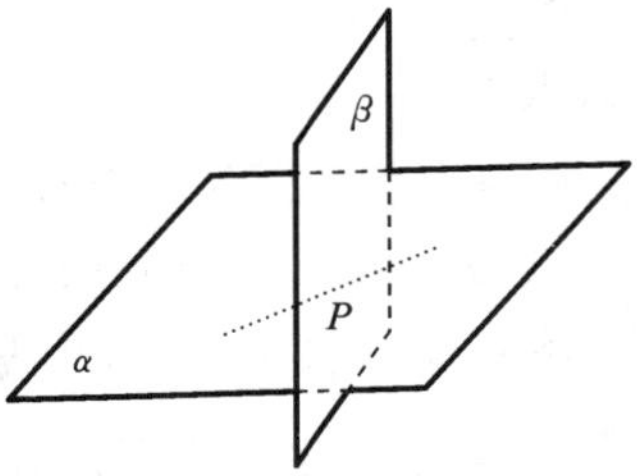

图 5-9

基本事实 2　如果两个平面有一个公共点,那么这两个平面相交于过这一点的直线.

(1) 基本事实 2 的图形表示(见图 5-10).

(2) 基本事实 2 的理解.

① 两个不重合的平面只要有一个公共点,它们就有一条公共直线.

② 两个平面只要有一个公共点,这两个平面就是相交的,它们的公共部分就是这两个平面的交线.

③ 基本事实 2 是判断两个平面相交的依据.

(3) 基本事实 2 的符号表示:$P\in\alpha, P\in\beta\Rightarrow\alpha\cap\beta=l$ 且 $P\in l$.

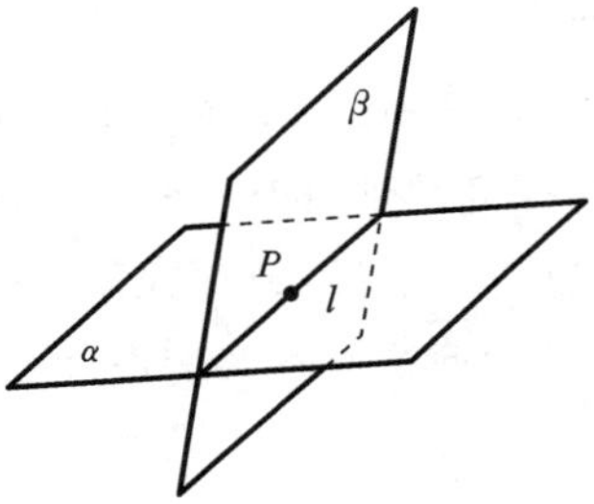

图 5-10

探究活动三(基本事实 3)　请同学们拿起一本书,用一根手指头能否把它平稳地顶起来?

生　不能.

追问 1　用两根手指头呢?

生　也不能.

追问 2　用三根手指头呢?

生　能.

追问 3　一定能吗?

演示不能的情况.

生　如果三根手指头在同一条直线上,也不能.

问题 4　如果把一本书看成一个平面,把书与手指头接触的地方看成一个点,那么可以怎样描述这个事实?

生　不共线的三点可以固定一个平面.

基本事实 3　经过不在同一直线上的三点有且只有一个平面.

(1) 基本事实 3 的图形表示(见图 5-11).

说明：过不共线的三点 A,B,C 的平面，通常记作“平面 ABC”.

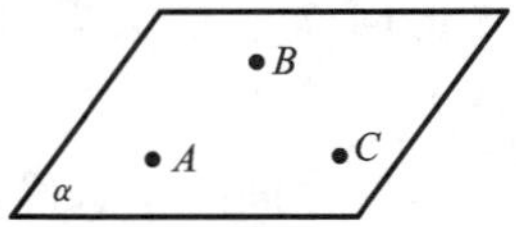

图 5-11

（2）基本事实 3 的理解.

① 基本事实 3 有两层含义：一是经过不共线的三点有一个平面，二是经过不共线的三点只有一个平面.

② 基本事实 3 也可以表述为“不共线的三点确定一个平面”.

③ 基本事实 3 是确定平面的依据.

（3）基本事实 3 的符号表示：若 $A\notin BC$，则存在唯一平面 α，使得 $A\in\alpha,B\in\alpha,C\in\alpha$.

评注：这三个基本事实都是先从直观出发，表达一种数学意向，然后在多个问题（探究活动）的引导下，自然“生成”出相关的数学概念或结论. 所以，设计合理的问题进行引导（或探究活动）是一种比较提倡的做法.

详见第 6 章课例设计 7.

5.2 问题驱动教学法在高中数学复习课中的应用

高中数学复习课的一个重要任务是帮助学生建构知识网络和方法网络，提高学生的解题能力，波利亚在《怎样解题》一书中阐述了数学解题的思维过程，得到了“怎样解题表”，包括弄清问题、拟定计划、实施计划和回顾等四个步骤．这四步分别是：第一步解决思路问题，第二步拟定计划问题，第三步解决运算问题，第四步解决结论问题. 那么在高中数学复习课上，如何通过问题驱动的方式达成这些目标呢？笔者做了以下尝试.

5.2.1 设置渐进性问题，帮助学生梳理与巩固知识

在高中数学复习教学中，尤其在高三第一轮复习中，不少学生对一些常规问题的解决还一知半解. 这通常需要一定的训练与强化. 所以，在总结出一类问题的解题原理与解题方法之后，教师应设置渐进性的问题让学生及时巩固.

案例　设不等式 $mx^2-2x-m<0$ 对满足 $-2\leqslant m\leqslant 2$ 的 m 都成立，求 x 的取值范围.

教师通常都会给学生介绍下面的解法.

分析：把 mx^2-2x-m 看成关于 m 的一次函数，原问题等价于当 $-2\leqslant m\leqslant 2$ 时，$f(m)$的图象为一条线段，对应的两个端点都应该在 m 轴下方即可.

解　由于

$$f(m)=(x^2-1)m-2x+1,\quad mx^2-2x-m+1<0\Leftrightarrow f(m)<0$$

因为 $f(m)$ 的图象是一条直线，所以当 $m\in[-2,2]$时，有 $f(m)<0$，当且仅当

$$\begin{cases}f(-2)<0\\ f(2)<0\end{cases}\Rightarrow\frac{-1+\sqrt{7}}{2}<x<\frac{1+\sqrt{3}}{2}$$

这种解法思路巧妙，过程简洁.但在教学中发现，能真正掌握这一方法的学生很少，说明看似很好的方法直接灌输给学生，其教学的有效性是很低的，学生对解题方法的认识仅停留在欣赏的层面上，没能真正理解并掌握.本题中，学生理解的难处是 x 与 m 的复杂关系，那就从剖析问题的结构、把握 x 的特点以及它与 m 的关系入手设计一连串有逻辑关系的问题，为学生铺设一条通向本质性理解的线路.本题的另一个难点在于把关于 x 的不等式化为关于 m 的不等式，然后再把关于 m 的不等式化为函数 $f(m)$的图象在 x 轴下方.既然两次转化是难点，那就通过设置问题帮助学生与原有的知识经验发生实质性的非人为的联系，让学生自己伴随着渐趋深入的设问来推动问题的解决和数学思想的应用.

问题1　本题涉及哪几个量？相对于 m 的变化，你认为 x 应看成静止的还是运动的？为什么？

师生探讨结果：涉及 x 和 m 两个独立的变量，相对于 m 的变化，x 应看成静止的.

问题2　题目的要求是“求 x 的取值范围”，看来 x 是可以在某一范围内变化的，你对此怎么理解？x 的取值范围究竟是哪个条件决定的？

师生探讨结果：x 的值是不确定的，因为满足条件 $mx^2-2x-m+1<0$ 的 x 值一般不唯一，而是可以在某一范围内变化的.

问题3　对于每一个确定的 m 的值，$mx^2-2x-m+1$ 的值也紧跟着唯一确定了吗？你为什么这么说？由此可知，$mx^2-2x-m+1$ 与 m 是什么关系？

师生探讨结果：x 和 m 是相互独立的两个变量，当 m 变化时，$mx^2-2x-m+1$ 的值也紧跟着唯一确定了，$mx^2-2x-m+1$ 与 m 是函数关系.

问题4 记 $f(m)=mx^2-2x-m+1$，你能用函数语言重新叙述题目的条件和目标吗？

师生探讨结果：不等式 $mx^2-2x-m+1<0(-2\leqslant m\leqslant 2)$ 恒成立，问题就等价于函数 $f(m)=mx^2-2x-m+1=(x^2-1)m-2x+1(-2\leqslant m\leqslant 2)$ 的函数值恒为负的问题，也等价于 $f(m)_{max}<0(-2\leqslant m\leqslant 2)$ 的问题. 这是函数思想，最后得到最前面的解题思路.

评注：设计上述系列渐近性的问题是为了帮助学生固化处理含参问题，同时在设问基础上，教师的讲述和点拨更注重传授数学思想，引导学生领悟思维本质，在一定程度上可以增强学生的解题能力.

5.2.2 设置规律性问题，启发学生思考与总结[2]

在高三数学复习教学中，要挖掘知识的内在联系，可设置一连串具有某种规律性的问题，通过具体的案例（可采用“问题1，问题2，…”的形式），让学生循序渐进地探究问题，把学生的探究活动步步引向深入，启发学生去思考、总结和提升.

案例 在“复习一元二次不等式及其解法”时，笔者做如下设问.

问题1 解不等式 $-x^2+2x+3>0$.

生 原不等式等价于 $x^2-2x-3<0$，方程 $x^2-2x-3=0$ 的两个根为 $x_1=-1, x_2=3$. 结合 $y=x^2-2x-3$ 的图象知，原不等式的解集为 $-1<x<3$.

师 很好. 你能说出解一元二次不等式有几个步骤吗（启发学生回答）？

生 解一元二次不等式一般按照“三部曲”进行，即第一步，化二次项的系数为正数；第二步，求解相应的一元二次方程的根；第三步，根据根的情况结合二次函数的图象写出一元二次不等式的解集.

问题2 若不等式 $(1-a)x^2-4x+6>0$ 的解集是 $\{x\mid -3<x<1\}$，求 a 的值.

生 由题意知方程 $(1-a)x^2-4x+6=0$ 的两个根分别为 $x_1=-3, x_2=1$，由根与系数的关系知 $-3+1=\dfrac{4}{1-a}$，$(-3)\times 1=\dfrac{6}{1-a}$，得 $a=3$.

问题3 若不等式 $ax^2+bx+c\geqslant 0$ 的解集是 $\left\{x\,\middle|\,-\dfrac{1}{3}\leqslant x\leqslant 2\right\}$，求不等式 $cx^2+bx+a<0$ 的解集.

生　由不等式 $ax^2+bx+c\geqslant 0$ 的解集是 $\left\{x\middle|-\frac{1}{3}\leqslant x\leqslant 2\right\}$ 知 $-\frac{1}{3}$，2 是方程 $ax^2+bx+c=0$ 的两个根，且 $a<0$. 由根与系数关系得 $\begin{cases}-\frac{1}{3}+2=-\frac{b}{a}\\ \left(-\frac{1}{3}\right)\times 2=\frac{c}{a}\end{cases}\Rightarrow\begin{cases}\frac{b}{a}=-\frac{5}{3}\\ \frac{c}{a}=-\frac{2}{3}\end{cases}$，因为 $a<0$，所以 $cx^2+bx+a<0$ 可化为 $\frac{c}{a}x^2+\frac{b}{a}x+1>0$，即 $-\frac{2}{3}x^2-\frac{5}{3}x+1>0$，亦即 $2x^2+5x-3<0\Rightarrow(2x-1)(x+3)<0$，所以原不等式的解集为 $\left\{x\middle|-3<x<\frac{1}{2}\right\}$.

师　很好！你能归纳一下“三个二次”之间的内在联系吗(启发学生回答)？

生

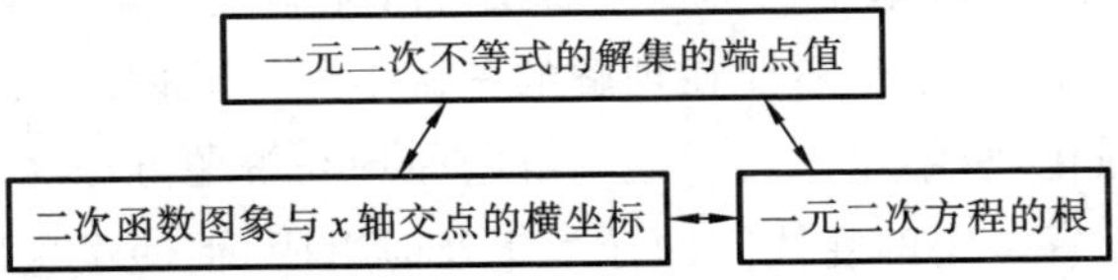

问题4　解关于 x 的不等式 $ax^2-(1+a)x+1<0(a>0)$.

生　方程 $ax^2-(1+a)x+1=0(a>0)$ 的两个根分别为 $x_1=\frac{1}{a}$，$x_2=1$.

① 当 $\frac{1}{a}>1$，即 $0<a<1$ 时，不等式解集为 $\left\{x\middle|1<x<\frac{1}{a}\right\}$；

② 当 $\frac{1}{a}=1$，即 $a=1$ 时，不等式解集为 ϕ；

③ 当 $\frac{1}{a}<1$，即 $a>1$ 时，不等式解集为 $\left\{x\middle|\frac{1}{a}<x<1\right\}$.

师　非常好，对参数 a 进行分类讨论，我们再看下一个问题.

问题5　当 a 为何值时，不等式 $(a^2-1)x^2-(a-1)x-1<0$ 的解集为 $\mathbf{R}$.

生　(1) 当 $(a^2-1)=0$ 时，得 $a=\pm 1$.

① 当 $a=1$ 时，原不等式的解集为 $\mathbf{R}$；

② 当 $a=-1$ 时，原不等式变为 $2x-1<0$，解集不是 $\mathbf{R}$.

(2) 当 $(a^2-1)\neq 0$ 时，令 $f(x)=(a^2-1)x^2-(a-1)x-1$.

因为不等式 $(a^2-1)x^2-(a-1)x-1<0$ 的解集为 $\mathbf{R}$，所以 $f(x)$ 的图象在 x 轴下方，即

$$\begin{cases}(a^2-1)<0\\ \Delta=[-(a-1)]^2-4\times(a^2-1)\times 1<0\end{cases}\quad\Rightarrow\quad -\frac{3}{5}<a<1.$$

师　非常棒！你能总结一下吗(启发回答)?

生　原不等式对所有的实数 x 都成立，即原不等式(关于 x)的解集为 $\mathbf{R}$，注意到二次项的系数为参数 a，故应分 $a=0$ 或 $a\neq0$ 两种情况进行讨论．当 $a\neq0$ 时，可借助"三个二次"关系求解．

点评：上述问题层次阶梯化的设置遵循由浅入深、由易到难、循序渐进的原则，使学生在问题的探究中不断获得成功，逐步增强学生的数学认知水平．

5.2.3　设置变式性问题，帮助学生巩固与内化知识

波利亚特别重视发展学生的数学思维能力，强调数学教学要加强思维训练．在高中数学复习教学中，学生需要在理解的基础上熟练掌握知识和技能．这通常需要一定的训练与强化，总结出一类问题的解题原理与解题方法之后，给出一定的范式．同时，教师应设置一定的变式问题让学生及时巩固，促使学生内化．

案例　利用基本不等式 $\frac{a+b}{2}\geqslant\sqrt{ab}(a>0,b>0)$ 求最值问题时，教师可以引导学生做如下总结．

(1) 利用基本不等式求最值需要注意的问题：一是各数(或式)均为正；二是和或积其中之一为定值；三是等号能否成立，即"一正、二定、三相等"这三个条件缺一不可．

(2) 创设应用基本不等式的条件：一是合理拆分项或凑因式，而拆与凑的目的是使等号成立，且每一项为正值，必要时需出现和或积为定值；二是多次使用基本不等式时，一定要注意每次是否能保证等号成立，并且取等号的条件一致，否则就会出错．因此，利用基本不等式处理问题时，列出等号成立的条件不仅是解题的必要步骤，也是检验转化是否有误的一种方法．

要使学生真正掌握本节知识，总结之后还需要提供一些巩固性问题来强化学生的认知，因此教师可设计以下问题．

问题 1　若 $x>0$，求 $f(x)=3x+\frac{12}{x}$ 的最小值．

注意 $x>0$ 和 $3x\cdot\frac{12}{x}=36$ 为定值．

问题 2　若 $x<0$，求 $f(x)=3x+\frac{12}{x}$ 的最大值．

注意将 $x<0$ 转化为 $-x>0$，再用基本不等式的性质.

问题3　已知 $x>2$，求 $f(x)=x+\frac{4}{x-2}$ 的最小值.

注意利用拆的方法，$f(x)=x+\frac{4}{x-2}=(x-2)+\frac{4}{x-2}+2$.

问题4　已知 $0<x<\frac{1}{2}$，　求 $f(x)=\sqrt{8x(1-2x)}$ 的最大值.

注意 $\sqrt{8x(1-2x)}=2\sqrt{2x(1-2x)}$ 和 $2x+(1-2x)=1$，利用基本不等式的性质求解.

问题5　已知 $a>0,b>0$，且 $4a+b=1$，求 ab 的最大值.

注意利用 $1=4a+b\geqslant 2\sqrt{4a\times b}=4\sqrt{ab}(a>0,b>0)$，当且仅当 $4a=b=\frac{1}{2}$ 时等号成立.

问题6　已知正数 x,y 满足 $x+2y=1$，求函数 $x+\frac{1}{x}$ 的最小值.

注意利用“1”的代换.

正确解析：因为 x,y 为正数，且 $x+2y=1$，所以

$$x+\frac{1}{x}=(x+2y)(x+\frac{1}{x})=3+\frac{2y}{x}+\frac{x}{y}\geqslant 3+2\sqrt{2}$$

当且仅当 $\frac{2y}{x}=\frac{x}{y}$，即 $x=\sqrt{2}-1,y=1-\frac{\sqrt{2}}{2}$ 时，等号成立.

错误解析：由于 $1=x+2y\geqslant 2\sqrt{2xy}$，得

$$\frac{1}{\sqrt{xy}}\geqslant 2\sqrt{2},x+\frac{1}{x}\geqslant 2\sqrt{\frac{1}{xy}}=\frac{2}{\sqrt{xy}}\geqslant 4\sqrt{2}$$

这是错误的，因为前一个不等式成立的条件是 $x=2y=\frac{1}{2}$，后一个不等式成立的条件是 $x=y$，从而导致错误.

5.2.4　设置发散性问题，拓宽学生的思维视野

在高三数学复习教学中，将一题多解的数学问题作为驱动性问题，能发展学生的思维和拓宽学生的视野. 如果同一问题能有多种不同的解法，学生在思考问题时

就能从多方面、多角度、多途径入手,思路也就不会只局限于书本或教师现成的理解,在常规解法的基础上就会尽可能多地提出新颖的见解.

案例(2018 全国Ⅱ) 记 s_n 为等差数列 $\{a_n\}$ 的前 n 项和,已知 $a_1=-7,s_3=-15$,求 s_n 的最小值.

学生小组合作探究,教师巡视后,找学生代表回答.

生 1 通项法.设 $\{a_n\}$ 公差为 d,由 $s_3=3a_1+3d=-15,a_1=-7$ 得 $d=2$,所以 $a_n=2n-9$.由于

$$\begin{cases}a_n=2n-9\leqslant 0\\ a_{n+1}=2(n+1)-9\geqslant 0\end{cases}\Rightarrow \frac{7}{2}\leqslant n\leqslant \frac{9}{2}$$

且 $n\in\mathbf{N}^*$,所以 $n=4$,s_n 的最小值为 $s_4=-16$.

生 2 二次函数法.同生 1 一样求得 $d=2,a_n=2n-9$,则

$$s_n=na_1+\frac{n(n-1)}{2}d=\frac{d}{2}n^2+(a_1-\frac{d}{2})n=n^2-8n=(n-4)^2-16$$

所以当 $n=4$ 时,s_n 取最小值 -16.

生 3 不等式组法.同生 1 一样求得 $d=2,a_n=2n-9,s_n=\frac{n(a_1+a_n)}{2}=n^2-8n$.由于

$$\begin{cases}s_n\leqslant s_{n-1}\\ s_n\leqslant s_{n+1}\end{cases}(n\geqslant 2)\Rightarrow\begin{cases}n^2-8n\leqslant(n-1)^2-8(n-1)\\ n^2-8n\leqslant(n+1)^2-8(n+1)\end{cases}\Rightarrow \frac{7}{2}\leqslant n\leqslant \frac{9}{2}$$

且 $n\in\mathbf{N}^*$,所以 $n=4$,s_n 的最小值为 $s_4=-16$.

由此可见,只要创设好问题情境,给予学生合作探究的机会,学生会有更多的展示和发挥.

点评:新教材比较注重学生的合作、探究、交流活动.本题是一道高考题,通过课堂开展小组讨论,学生能充分展示自己的能力,拓宽学生视野,丰富学生知识,有利于增强学生学习数学的信心,培养学生发散性思维.

5.2.5 设置启发性问题,促进学生树立创新精神

课堂上教师会不会问、问什么、怎么问,直接关系到课堂教学效果.设置富有启发性的问题不但可以激发学生的思维、活跃课堂气氛,还可以帮助学生巩固所学知识、提高学生的数学学习能力、培养学生的创新意识.

案例　在讲授简单线性规划问题时,可以设置问题如下.

问题1　若实数 x,y 满足 $\begin{cases}x-y+1\leqslant 0\\ x\geqslant 0\\ y\leqslant 2\end{cases}$,求 $\frac{y}{x}$ 的取值范围.

生　作出不等式组所表示的可行域,如图5-12中的阴影部分.

$z=\frac{y}{x}$ 表示可行域内任意点与坐标原点连线的斜率. 由 $\begin{cases}x-y+1=0\\ y=2\end{cases}$ 得 $B(1,2)$,$k_{OB}=2$,所以 $\frac{y}{x}\geqslant 2$.

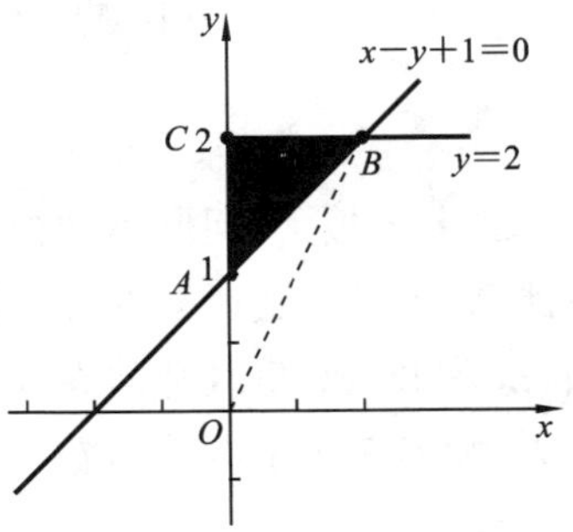

图5-12

问题2(启发变问)　本例条件不变,则目标函数 $z=\frac{y-1}{x-1}$ 的取值范围为______.

生　$z=\frac{y-1}{x-1}$ 可以看作点 $P(1,1)$ 与可行域内任意点 $M(x,y)$ 的斜率,易求得 $k_{PM}\leqslant 0$,所以 $z=\frac{y-1}{x-1}$ 的取值范围为 $(-\infty,0]$.

问题3(启发变问)　本例条件不变,则目标函数 $z=x^2+y^2$ 的取值范围为______.

生　$z=x^2+y^2$ 表示可行域内任意点 $M(x,y)$ 与原点之间的距离的平方,因此 x^2+y^2 的最小值为 $|OA|^2$,最大值为 $|OB|^2$,易求 $A(0,1)$,所以 $|OA|^2=1$. 又 $|OB|^2=1^2+2^2=5$,所以 z 的范围为 $[1,5]$.

问题4(启发变问)　本例条件不变,则目标函数 $z=2x-y$ 的取值范围为______.

生　$z=2x-y$ 变形为截距式 $y=2x-z$,作出直线 $y=2x$,平行移动该直线,易知当直线经过点 $C(0,2)$ 时,$z_{\min}=-2$,当直线经过点 $B(1,2)$ 时,$z_{\max}=0$,所以 z 的取值范围为 $[-2,0]$.

师　很好!你能用一两句口诀归纳此类问题的解法吗(启发回答)?

生　线性规划三类题,截距斜率和距离;目标函数看特征,数形结合来解题.

点评:启发性的问题创设,为学生提供了广阔的思维空间,激发学生积极地进行思维活动,并且学生之间会不断碰撞出智慧的火花,有利于培养学生的创新性思维和创新精神.

5.3 "问题驱动"高中数学教学问卷调查[3]

笔者申报了"问题驱动视野下高中数学主干知识的教学设计与实践研究"的省级课题,为了课题研究的针对性,笔者对广东省惠州市四所市直高中学校进行问卷调查,发出200份教师问卷调查表,收回174份有效问卷;发出1000份学生问卷调查表,收回861份有效问卷.

5.3.1 调查研究思路

(1) 通过问卷设计,收集高中数学教师的基本情况、课前问题的设计、课中提问方式、课后反思等方面的具体情况,调查高中数学教师的教学理念、教学方法和课堂教学效果等.

(2) 通过问卷设计,调查高中学生数学学习的兴趣现状及方法、主动学习数学的状况、课堂学习的主要行为、对课堂老师提问的要求、对教师的教学方法行为的反馈等.

5.3.2 问卷调查表

美国数学家哈尔莫斯曾经说过:"数学真正的组成部分应该是问题和解,问题才是数学的心脏."问题可以激发学生的求知欲望,促使学生自觉探索.在问题驱动教学中,教师提问是首要环节,设计问题是关键.创设有吸引力的问题情境,就能不断激发学生强烈的求知欲望和参与热情,形成主动解决问题的意识.问题驱动教学法是建立在弗赖登塔尔数学教育理论基础上的教学方法,它是以学生为主体、以专业领域内的各种问题为学习起点、以问题为核心规划学习内容,让学生围绕问题寻求解决方案的一种学习方法.

1. 教师问卷调查[4]

亲爱的老师们：为了了解教师教学行为的现状，了解教师对问题驱动教学模式的认知和感受，尤其了解课堂提问的现状，现对教师的课堂提问情况做一问卷调查，此问卷仅为我校省级课题“问题驱动视野下高中数学教学设计与实践研究”提供研究资料，为保证数据的科学性和有效性，此问卷不计姓名，无准确答案，可以放心填写. 谢谢各位老师的大力支持！

您的性别是：　男□　女□

您所教年级：　高一□　高二□　高三□

您的教龄：　5 年以下□　5～15 年□　15～25 年□　25 年以上□

(1) 您认为设计教学问题对整个教学过程重要吗？（　　）.

A. 非常重要　B. 重要　C. 还可以　D. 无所谓

(2) 在设计问题时，您考虑最多的因素是（　　）.

A. 教材　B. 考试　C. 学生　D. 新课程标准

(3) 大多数情况下您是怎样设计问题的？（　　）.

A. 直接采用教材中的问题设计　B. 直接使用别人现成的问题

C. 参考教材和别人的设计，稍做修改　D. 自己设计

(4) 您会经常提什么类型的问题？（　　）.

A. 记忆型　B. 理解型　C. 评价型　D. 创造型

(5) 您在课堂教学中使用提问这一行为的情况怎样？（　　）.

A. 每节课都提问　B. 大多数课上有提问

C. 多数课上没有提问　D. 从不提问

(6) 您感觉一节课内，最佳提问次数应该是多少次？（　　）.

A. 35～45 次　B. 25～35 次　C. 25 次以下　D. 不清楚

(7) 您觉得提问后，留给学生的最佳思考时间为多少？（　　）.

A. 10～20 秒　B. 5～10 秒　C. 5 秒以下　D. 不清楚

(8) 您通常采用提问的方式有哪些？（　　）.

A. 全面了解学生，分层提问　B. 抓住关键，比较提问

C. 新旧知识联系，综合提问　D. 把握课堂时机，及时提问

(9) 在您提问后，学生对您的问题有什么反应？（　　）.

A. 大部分学生没有兴趣，自己做自己的，不回答问题

B. 兴趣不大，有些学生偶尔会回答

C. 有兴趣，大部分学生会回答问题

D. 兴趣浓厚，除了极少数学生外，其他同学都会积极回答问题

(10) 学生答错时，您一般怎么做？(　　).

A. 重复问题

B. 逐步启发，直至问题解决，然后再举类似的例子让学生继续作答

C. 鼓励学生说出他是怎么想的，再加以引导

D. 让学生坐下继续思考，并请其他同学回答，然后再举例让他回答

E. 直接改叫其他学生回答

(11) 在学生的答案正确时，您还会关注他的推理过程吗？(　　).

A. 经常　　B. 偶尔　　C. 从不

(12) 您认为影响教师课堂提问效果的最主要因素是以下哪几项？(　　).

① 教师对问题的设计　② 教师的提问方式　③ 提问后留的候答时间

④ 提问的时机

A. ①　　B. ①②　　C. ①②③　　D. ①②③④

(13) 与传统教学方法相比，您觉得问题驱动教学模式的学习效果怎样？(　　).

A. 非常明显　　B. 比较明显　　C. 不明显　　D. 不如传统教学法

(14) 您认为问题驱动教学模式能提高学生的自学能力吗？(　　).

A. 能　　B. 不能　　C. 一般　　D. 不知道

(15) 您认为问题驱动教学模式对培养学生的创新能力有没有帮助？(　　).

A. 有　　B. 没有　　C. 一般　　D. 不知道

2. 学生问卷调查

亲爱的同学们：培养学生的学习兴趣、提高学生的思维能力是教师教学追求的目标. 为了了解你的学习状态及对教师提问的一些看法，以便于能准确地针对问题驱动教学中的教师提问提出策略，实施本次问卷调查. 此问卷仅为我校省级课题"问题驱动视野下高中数学教学设计与实践研究"提供研究资料，与日常学习成绩毫无关联. 所以，不必担心此次调查会给你带来影响与不利之处，并且所有的问卷都会保密，希望你能结合自身实际情况，如实填写问卷，你的意见将为我们更好地了解本校实际应用问题驱动教学模式的状况，帮助学生树立良好的思维逻辑习惯，更好地参与到学习中来，感谢你的参与和配合！

你的性别是：　　男□　　女□

你就读年级：　　高一□　　高二□　　高三□

请将符合你情况的选项填入括号内.

(1) 在高中数学课中,你是不是经常回答老师的问题?(　　).

A. 经常回答　　B. 有时回答　　C. 从来不回答

(2) 老师课堂提问频率高吗?(　　).

A. 高　　B. 不高　　C. 适中

(3) 老师提问后,会给时间让你们思考吗?(　　).

A. 会让我们思考,而且有足够的时间让我们思考

B. 会让我们思考,但是时间不够

C. 提问后就让我们回答,没有时间思考

(4) 你觉得老师的提问是循序渐进的吗?(　　).

A. 是　　B. 有时候是　　C. 不是

(5) 你觉得老师最喜欢提哪种类型的问题?(　　).

A. 记忆型　　B. 理解型　　C. 应用型　　D. 探究型

(6) 在老师的提问中,你对哪些问题最感兴趣?(　　).

A. 简单的,容易回答的　　B. 非常难的

C. 难易程度适中的　　D. 其他

(7) 在数学课上,你不思考老师提出的问题的原因是什么?(　　).

A. 对问题没有兴趣　　B. 老师每次都问几个人,感觉跟自己无关

C. 没有思路,不知道怎么回答　　D. 给我们思考的时间太少

(8) 课上不举手提问的原因是(　　).

A. 自己没有把握　　B. 怕说错了老师批评

C. 怕说错了,同学瞧不起　　D. 没有原因,就是不想问

(9) 在运用问题驱动教学模式的课堂中,你的学习兴趣(　　).

A. 很浓　　B. 浓　　C. 一般　　D. 淡

(10) 在运用问题驱动教学模式的课堂中,你的学习效果(　　).

A. 很好　　B. 较好　　C. 一般　　D. 差

(11) 你认为问题驱动教学模式给你带来的最大收获是哪些?(　　).

A. 使我真正了解并体会了数学中的知识点来源于实际意义

B. 提高了我利用数学课本知识解决实际问题的能力,即实际应用能力

C. 改变了我对数学学科的态度,使我对数学学科有了更加浓厚的兴趣

D. 培养了我自主学习、自主探索和协作学习的能力

5.3.3 调查结果分析

1. 教师问卷调查结果分析

(1) 教师基本情况(见表 5-1).

表 5-1

任教年级	高一	64 人	高二	63 人	高三	47 人	
性别	男		85 人		女	89 人	
教龄	5 年以下	35 人	5～15 年	71 人	15～25 年	46 人	25 年以上	22 人

(2) 您认为设计教学问题对整个教学过程重要吗(见表 5-2)?

表 5-2

选项	非常重要	重要	还可以	还可以
百分比	59.8%	37.9%	1.3%	1.0%

结论:97.7%的教师认为设计教学问题对整个教学过程重要.

(3) 在设计问题时,您考虑最多的因素是(　　)(见表 5-3).

表 5-3

选项	教材	考试	学生	新课程标准
百分比	11.2%	12.94%	60.92%	14.94%

结论:在设计问题时,多数老师考虑因材施教.

(4) 大多数情况下您是怎样设计问题的(见表 5-4)?

表 5-4

选项	直接采用教材中的问题设计	直接使用别人现成的问题	参考教材和别人的设计	自己设计
百分比	11.47%	13.24%	45.4%	29.89%

结论:大多数情况下,老师设计问题以参考教材和别人的设计为主.

(5) 您在课堂提问的类型是哪些(见表 5-5)?

表 5-5

选项	记性型	理解型	评价型	创造型
百分比	9.52%	58.05%	9.32%	23.11%

结论：理解型和创造型提问居多.

(6) 您在课堂教学中使用提问这一行为的情况怎样(见表 5-6)?

表 5-6

选项	每节课都提问	大多数课上有提问	多数课上没有提问	从不提问
百分比	47.7%	41.95%	7.47%	2.88%

结论：提问是课堂上的主要行为.

(7) 您认为一节课提问最适宜的次数是多少(见表 5-7)?

表 5-7

选项	35～45 次	25～35 次	25 次以下	不清楚
百分比	14.79%	15.09%	53.45%	16.67%

结论：一节课提问控制在 25 次左右比较适宜.

(8) 您觉得提问后，留给学生的最佳思考时间为多少秒(见表 5-8)?

表 5-8

选项	10～20 秒	5～10 秒	5 秒以下	不清楚
百分比	41.38%	45.4%	10.92%	2.3%

结论：提问后让学生思考控制在 10 秒左右.

(9) 您通常采用提问的方式有哪些(见表 5-9)?

表 5-9

选项	全面了解学生，分层提问	抓住关键，比较提问	新旧知识联系，综合提问	把握课堂时机，及时提问
百分比	27.59%	25.24%	21.88%	25.29%

结论：提问时要因材施教，及时提问.

(10) 学生对您的提问有什么反应(见表 5-10)?

表 5-10

选项	一部分学生没有兴趣，不回答问题	兴趣不大，有些学生偶尔会回答	有兴趣，大部分学生会回答问题	兴趣浓厚，除了极少数学生外，其他学生都会积极回答问题
百分比	5.47%	19.82%	55.17%	19.54%

结论：学生对教师课堂提问感兴趣，大部分学生会回答.

(11) 学生答错时，您一般怎么做(见表 5-11)?

表 5-11

选项	重复问题	逐步启发，直至问题解决，然后再举类似的例子让学生继续作答	鼓励学生说出他是怎么想的，再加以引导	让学生坐下继续思考，并请其他同学回答，然后再举例让他回答	直接改叫其他学生回答
百分比	9.2%	39.66%	38.27%	6.15%	6.72%

结论：绝大部分教师在学生答错问题时采用逐步启发、鼓励和引导方式.

(12) 在学生回答问题正确时，您还会让学生讲出推理过程吗(见表 5-12)?

表 5-12

选项	经常	偶尔	从不
百分比	72.99%	23.56%	3.45%

结论：教师会注重学生的推理过程.

(13) 您认为影响教师课堂提问效果的最主要因素是哪些? ① 问题的设计; ② 提问方式; ③ 提问后留给的候答时间; ④ 提问的时机(见表 5-13).

表 5-13

选项	①	①②	①②③	①②③④
百分比	12.64%	6.75%	7.62%	72.99%

结论：以上四个因素直接影响课堂提问效果.

(14) 与传统教学方法相比，您觉得问题驱动教学模式的学习效果怎样(见表 5-14)?

表 5-14

选项	非常明显	比较明显	不明显	不如传统教学法
百分比	31.04%	60.92%	6.32%	1.72%

结论：多数教师认为问题驱动教学模式教学效果明显.

(15) 您认为问题驱动教学模式能提高学生的自学能力吗(见表 5-15)?

表 5-15

选项	能	不能	一般	不知道
百分比	72.11%	6.9%	17.54%	3.45%

结论：多数教师认为问题驱动教学模式能提高学生的自学能力.

(16) 您认为问题驱动教学模式对培养学生的创新能力有没有帮助(见表5-16)?

表 5-16

选项	有	没有	一般	不知道
百分比	78.74%	5.17%	10.34%	5.75%

结论：78.74%的教师认为问题驱动教学模式有利于培养学生的创新能力.

2. 学生问卷调查结果分析

(1) 学生基本情况(见表 5-17).

表 5-17

<table>
<tr><td>就读年级</td><td>高一</td><td>229 人</td><td>高二</td><td>296 人</td><td>高三</td><td>336 人</td></tr>
<tr><td>性别</td><td colspan="2">男</td><td colspan="2">354 人</td><td>女</td><td>507 人</td></tr>
</table>

(2) 在高中数学课中，你回答老师问题的情况如何(见表 5-18)?

表 5-18

选项	经常回答	有时回答	从来不回答
百分比	19.75%	71.31%	8.94%

结论：多数学生会回答老师的提问.

(3) 老师课堂提问频率高吗(见表 5-19)?

表 5-19

选项	高	不高	适中
百分比	37.91%	7.08%	55.01%

结论：老师的课堂提问以适中为好.

(4) 老师提问后，会留时间给你们思考吗(见表 5-20)？

表 5-20

选项	会让我们思考，而且有足够的时间让我们思考	会让我们思考，但是时间不够	提问后就让我们回答，没有时间思考
百分比	71.66%	26.13%	2.21%

结论：老师提问后应该有足够的时间让学生思考.

(5) 你觉得老师的提问是循序渐进的吗(见表 5-21)？

表 5-21

选项	是	有时候是	不是
百分比	73.05%	23%	3.95%

结论：老师的提问应该遵循循序渐进原则.

(6) 你最喜欢老师提哪种类型的问题(见表 5-22)？

表 5-22

选项	记忆型	理解型	应用型	探究型
百分比	13.17%	39.49%	23.93%	23%

结论：学生喜欢理解型、应用型、探究型的问题.

(7) 在老师的提问中，你对哪些问题最感兴趣(见表 5-23)？

表 5-23

选项	简单的，容易回答的	非常难的	难易程度适中的	其他
百分比	9.87%	10.20%	74.22%	5.71%

结论：学生对难易程度适中的问题比较感兴趣.

(8) 在数学课上，你不思考老师提出的问题的原因是什么(见表 5-24)？

表 5-24

选项	对问题没有兴趣	老师每次都问几个人，感觉跟自己无关	没有思路，不知道怎么回答	给我们思考的时间太少
百分比	13.24%	3.6%	71.89%	11.27%

结论：老师提问应该注重学生的实际情况，注重学生的思路.

(9) 课上不举手提问的原因是什么(见表 5-25)?

表 5-25

选项	自己没有把握	怕说错了老师批评	怕说错了同学瞧不起	没有原因，就是不想问
百分比	58.42%	5.34%	4.3%	31.94%

结论：高中学生不举手提问的多数原因是自己没有把握.

(10) 在运用问题驱动教学模式的课堂中，你的学习兴趣情况(见表 5-26).

表 5-26

选项	很浓	浓	一般	淡
百分比	43.40%	39.41%	12.43%	4.76%

结论：多数学生对问题驱动教学模式比较感兴趣.

(11) 在运用问题驱动教学模式的课堂中，你的学习效果怎么样(见表 5-27)?

表 5-27

选项	很好	较好	一般	差
百分比	42.97%	41.11%	12.66%	3.26%

结论：超过 80% 的学生认为问题驱动教学模式效果好.

(12) 你认为问题驱动教学模式给你带来的最大收获是哪些(见表 5-28)?

表 5-28

选项	体会了数学中知识点来源于实际意义	提高了实际应用能力	改变了对数学学科的态度，增加了浓厚的学习兴趣	培养了自主学习和合作探究的能力
百分比	23.36%	32.98%	13.35%	30.31%

结论：多数学生认为问题驱动教学模式给他们带来的最大收获是提高了实际应用能力，培养了自主学习和合作探究的能力.

5.3.4 问卷调查结论

(1) 超过80%的学生认为问题驱动教学效果好,多数学生认为问题驱动教学模式给他们带来的最大收获是提高了利用数学课本知识解决实际问题的能力;培养了自主学习、自主探索和协作学习的能力.

(2) 97.7%的教师认为课前问题的设计对整个教学过程重要;78.74%的教师认为采用问题驱动教学法对培养学生的创新能力有帮助;89%的教师认为问题驱动教学模式教学效果明显.这提醒课题组活动的主题应侧重课堂教学设计、教学手段与教学策略的研究,为探究问题驱动教学中教师的提问策略提供参考.

参考文献

[1] 刘剑锋.问题驱动教学——“函数的单调性”的课堂实录与思考[J].中学数学教学参考,2020(1):71-74.

[2] 刘剑锋.问题驱动下高中数学课堂教学的问题创设[J].中学数学教学参考(上旬),2020.3.

[3] 刘剑锋.问题驱动教学设计与实践的调查研究报告[J].文渊(中学版),2019(6):322-323.

[4] 沈娅.初中数学问题驱动式教学中教师提问的策略研究[D].重庆:重庆师范大学,2018.

第 6 章　问题驱动下高中课堂数学教学课例设计

6.1　课例 1:函数的单调性

6.1.1　设计思路

对于函数的单调性,学生在初中已有一定的认知基础,只不过当时没有提到增(减)函数这个名称,也没有用严格的数学语言来阐述,所以教学中要用好学生已有的认知.到了高中阶段,学生学习了函数概念之后,需要在此基础上进一步用符号语言来表述函数的单调性,如“给定区间”“任意”“都”这些符号语言在使用过程中成为学生学习的一个难点,同时函数单调性证明过程中的运算也是一个难点.因此,对于“函数单调性”这一内容的教学,本教学设计抓住已出现过的气温变化图,在四个问题及其子问题的驱动下,从增函数“形”的表征形式出发,先回顾初中“描述性”的表征语言,再通过逐步转译,最终得到增函数严格的“数”的表征形式;从“几何直观”到“代数推理”,渗透数形结合思想,培养学生的核心素养.

6.1.2 教学设计

1. 教学目标

(1) 理解函数单调性及其几何意义,能判断或证明一些简单函数的单调性.

(2) 学会运用函数图象理解和研究函数的单调性.

(3) 培养数学抽象、逻辑推理和数学运算等核心素养.

2. 教学重点和难点

(1) 教学重点:函数单调性定义及其本质.

(2) 教学难点:利用函数单调性的定义判断(证明)函数的单调性.

3. 教学过程

1) 问题情境创设

师 请同学们看某气象台提供的某地某天气温变化图(见图 6-1),你能根据该图描述一下这天从 0 时到 24 时的气温变化趋势吗(从日常生活中的实例引入新课,激发学生好奇心)?

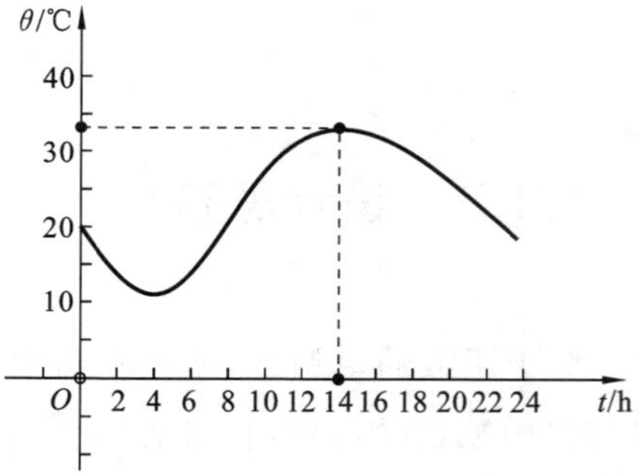

图 6-1

生 在 0 时到 4 时这段时间内,气温逐步降低,在 4 时到 14 时这段时间内气温逐步升高;在 14 时至 24 时这段时间内,气温又逐步降低.

师 现实生活中有许多事物时刻在变化,了解其变化规律对我们的生活非常有用.在数学上,我们通常把“图象呈上升趋势”的这一段函数称为增函数,把“图象呈下降趋势”的这一段函数称为减函数.这就是我们这节课研究的核心问题——“函数的单调性”(板书课题).

2) 探究建构

问题 1 怎样用数学语言来刻画增函数和减函数?

师 在初中,我们学过一元一次函数、反比例函数和一元二次函数,请分别看以下三个函数图象(见图 6-2、图 6-3、图 6-4).

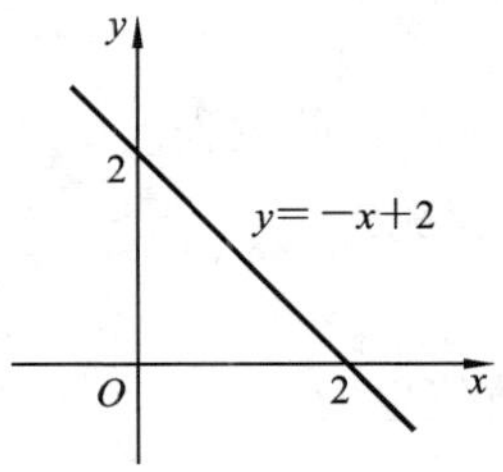

图 6-2

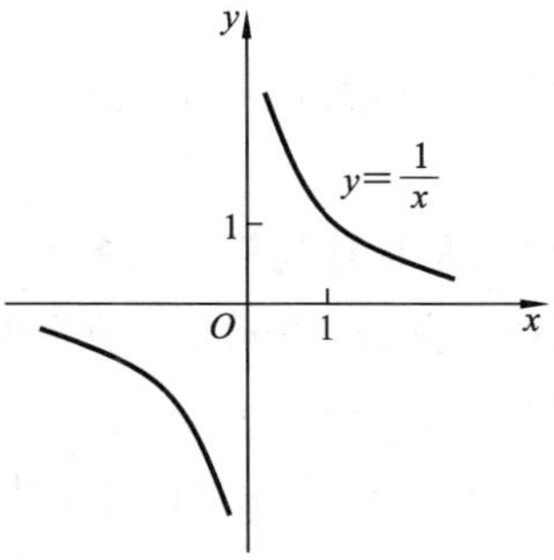

图 6-3

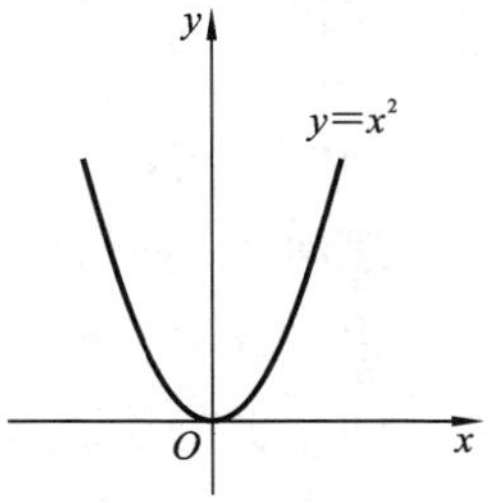

图 6-4

追问 你能根据图象分别述说它们的变化情况吗?

小组合作探究.

生 从左往右看,图 6-2 的图象逐渐下降.

生 从左往右看,图 6-3 在 y 轴的左边图象逐渐下降,在 y 轴的右边图象也逐渐下降.

生 从左往右看,图 6-4 在 y 轴的左边图象逐渐下降,在 y 轴的右边图象逐渐上升.

师 很好!看来同学们对初中学过的知识比较熟悉.

问题 2 在初中,对于"图象呈上升趋势"(见图 6-4)这种状态,我们已经有了相应的描述,就以此作为增函数的定义可以吗?

追问 1 初中如何描述"图象上升趋势"这种状态?

生 y 随 x 的增大而增大.

板书:增函数图象呈上升趋势,y 随 x 的增大而增大.

追问 2 如果就以此作为增函数的定义,能证明函数 $f(x)=x^2$ 在$(0,+\infty)$上是增函数吗(见图 6-4)?

学生思考,小组合作探究.

师 谁能证明?

生 感觉棘手.

师 根据定义解题是数学中常见的一种方法,这里为何不行呢?因为这个定义本身不够精确,只是描述性语言,无法进行运算,所以为了精确研究函数的增(减)情况,我们必须有一个严格的定义.

当然,下定义也是有根据的,这里下定义的根据应该是刚才的"y 随 x 的增大而增大”这句话.

追问 3 如何根据“y 随 x 的增大而增大”这句话给增函数下一个严格的定义呢?

师 其实,下定义的过程就是将这句话“翻译”成数学符号语言的过程.

追问 4 如何用数学符号语言表述“y 随 x 的增大而增大”呢?

生 取两个量,后一个量比前一个量大.

师 也就是说,取两个自变量,然后说明自变量大的函数值也大.

追问 5 取哪两个自变量呢? 下面说法对吗?

取自变量 $1<2$,因为 $f(1)<f(2)$,所以 $f(x)$ 在 $(0,+\infty)$ 上是增函数.

生 不对,仅有这两个不能保证其他的也成立,如不能保证 $f(1)<f(3)$ 也成立.

追问 6 多取一些自变量行吗? 如取自变量 $1<2<3<\cdots$,因为 $f(1)<f(2)<f(3)<\cdots$,所以 $f(x)$ 在 $(0,+\infty)$ 上是增函数.

生 也不对,这也不能保证“当自变量大时函数值一定大”.

追问 7 怎样保证“当自变量大时函数值一定大”呢?

生 取任意两个自变量来比较.

师 刚才我们取 1 和 2,就是随便取的两个自变量,为何不行?

生 1 和 2 是两个确定的值,不能代表任意值.

追问 8 如何取值才能保证所取自变量的任意性?

生 用字母来表示.

师 非常棒! 我们不妨取 x_1,x_2 这两个自变量.

追问 9 为了体现“随”字,对应的函数值 y_1,y_2 如何表示?

生 $y_1=f(x_1)$,$y_2=f(x_2)$.

追问 10 如此一来,你应该如何给增函数下定义呢?

生 当任取 $x_1,x_2\in(0,+\infty)$ 且 $x_1<x_2$ 时,有 $f(x_1)<f(x_2)$.

追问 11 如果以此作为增函数的定义,你能证明 $f(x)$ 在 $(0,+\infty)$ 上是增函数吗?

小组讨论.

生 任取 $x_1,x_2\in(0,+\infty)$,当 $x_1<x_2$ 时,有

$$f(x_1)-f(x_2)=x_1^2-x_2^2=(x_1+x_2)(x_1-x_2)$$

因为 $x_1,x_2\in(0,+\infty)$,则

$$x_1+x_2>0$$

又因为 $x_1<x_2$，即

$$x_1-x_2<0$$

则有

$$f(x_1)-f(x_2)=x_1^2-x_2^2=(x_1+x_2)(x_1-x_2)<0$$

即
$$f(x_1)<f(x_2).$$

故 $f(x)=x^2$ 在 $(0,+\infty)$ 上是增函数.

师 非常好！

追问12 对于一般函数 $f(x)$ 而言(见图6-5)，它在定义域 $I(I=(-\infty,+\infty))$ 内可能不是增函数，但在 I 的某个子集 $D(D=(-\infty,2)$ 或 $D=[2,+\infty))$ 内却可能是增函数，如何进一步完善定义呢？

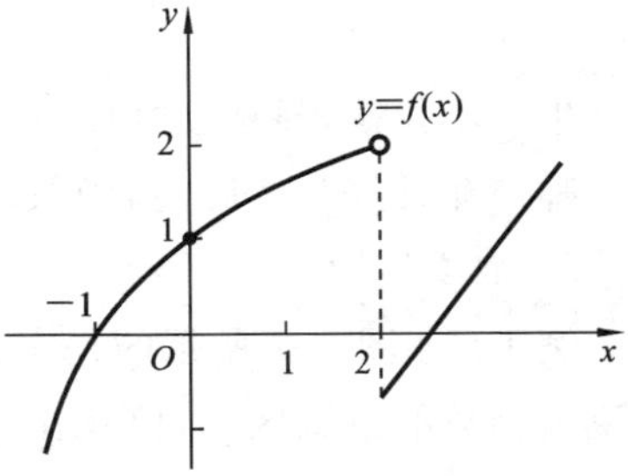

图6-5

生 限定 $x_1,x_2\in D$.

师 非常好！如此就能得到书上的单调增函数的定义了，具体如下.

(1) 单调增函数与单调递增区间的概念.

定义域为 I，如果对于定义域 I 某个区间 D 上的任意两个自变量 x_1,x_2，当 $x_1<x_2$ 时，都有 $f(x_1)<f(x_2)$，那么就说函数 $f(x)$ 在区间 D 上是单调增函数. D 为函数 $y=f(x)$ 的单调递增区间.

问题3 类似地，你能给减函数下一个严格的定义吗？

生 只是将 $f(x_1)<f(x_2)$ 改成 $f(x_1)>f(x_2)$ 就可以了.

(2) 单调减函数与单调递减区间的概念.

一般地，设函数 $y=f(x)$ 的定义域为 I，如果对于定义域 I 某个区间 D 上的任意两个自变量 x_1,x_2，当 $x_1<x_2$ 时，都有 $f(x_1)>f(x_2)$，那么就说函数 $f(x)$ 在区间 D 上是单调减函数. 区间 D 为函数 $y=f(x)$ 的单调递减区间.

(3) 函数的单调性与单调区间的概念.

如果函数 $y=f(x)$ 在区间 D 上是单调增函数或单调减函数，那么就说函数 $y=f(x)$ 在区间 D 上具有单调性，单调递增区间或单调递减区间统称为单调区间.

(4) 辨析概念，加深认识.

问题4 判断下列说法是否正确.

如图 6-6 所示，$f(-2)<f(2)<f(5)$，则 $f(x)$ 在 $[-2,5]$ 上是增函数(　　).

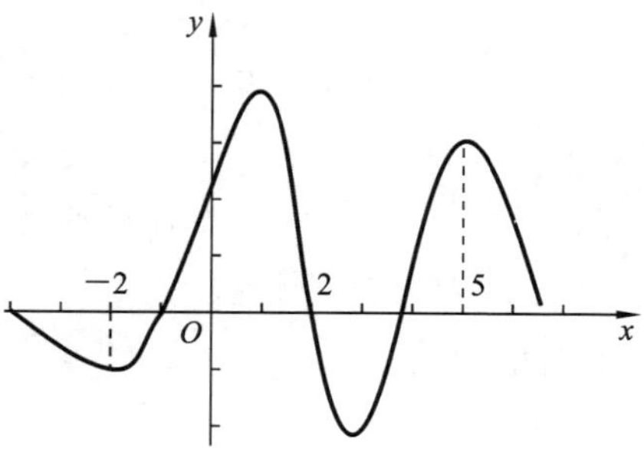

图 6-6

生　不正确，显然 $f(1)>f(2)$.

师　非常好！实际上，函数的单调性只能在某个局部区间内讨论.

3）数学运用

例 1　如图 6-7 所示的是定义在区间 $[-5,5]$ 上的函数 $y=f(x)$，根据函数图象说出函数的单调区间，以及在每一个区间上，判断它是增函数还是减函数.

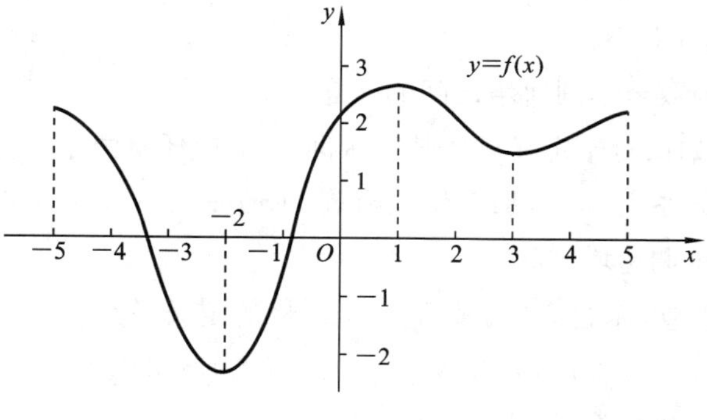

图 6-7

师生　函数 $y=f(x)$ 的单调区间有 $[-5,-2)$，$[-2,1)$，$[1,3)$，$[3,5]$. 其中，函数 $y=f(x)$ 在 $[-5,-2)$，$[1,3)$ 上是减函数，在 $[-2,1)$，$[3,5]$ 上是增函数.

提炼　① 函数图象能直观反映函数的单调性，所以可以借助函数图象来研究函数的单调性；② 并列的单调区间之间不可以随便用"∪"号连接，通常用"和"或","连接.

练习：画出下列函数的图象，写出单调区间.

(1) $y=|x|$；　　(2) $y=-\dfrac{4}{x}(x\neq 0)$.

让学生小组合作探究，然后将两个小组学生代表的作业投影.

(1) 递减区间为$(-\infty,0]$，递增区间为$[0,+\infty)$；

(2) 递增区间为$(-\infty,0)$，$(0,+\infty)$.

提炼 ① 化简函数解析式；② 画出函数图象；③ 确定单调区间.

例 2 用定义证明 $f(x)=1+\dfrac{a}{x}(a>0)$在$(0,+\infty)$上是减函数.

学生分小组讨论，老师巡视，收集不同层次学生的解答，投影出来，让学生评议，最后规范解答.

证明 任取 $x_1,x_2\in(0,+\infty)$且 $x_1<x_2$，则有 (设元)

$$f(x_1)-f(x_2)=\left(1+\frac{a}{x_1}\right)-\left(1+\frac{a}{x_2}\right) \quad \text{(作差)}$$

$$=\frac{a}{x_1}-\frac{a}{x_2}=\frac{a(x_2-x_1)}{x_1x_2} \quad \text{(变形)}$$

由于 $0<x_1<x_2$，得 $x_2-x_1>0$，$x_1x_2>0$，则有

$$f(x_1)-f(x_2)>0$$

即

$$f(x_1)>f(x_2) \quad \text{(定号)}$$

故 $f(x)=1+\dfrac{a}{x}(a>0)$在$(0,+\infty)$上是减函数. (结论)

师 (启发学生归纳)用定义证明函数单调性的一般步骤：① 设元；② 作差；③ 变形；④ 定号；⑤ 结论.

练习：(1) 求证函数 $f(x)=x+\dfrac{1}{x}$在区间$(0,1)$上是单调减函数；

(2) 求证 $f(x)=x^3$ 在 $\mathbf{R}$ 上是增函数.

让两个学生上台板演.

师 引导学生提炼，常见变形策略：① 分类作差，结构相同的式子通常放在一起运算；② 提取因式，有公因式的优先提取公因式；③ 配方定号，有配方条件的，尽量配成完全平方的形式.

4) 课堂小结

(1) 增函数与减函数的定义是我们学习数学以来一个严格定义的典范，非常抽象，同学们一定要把握它的实质.

(2) 函数的单调性描述的是函数区间的性质，所以是局部性质.

(3) 定义中的不等式 $f(x_1)<f(x_2)$(或 $f(x_1)>f(x_2)$)要求对区间 D 上任意两个自变量 x_1,x_2($x_1<x_2$)都成立,所以其本质是“不等式恒成立”.

6.1.3 教学反思

课题引入的问题主要是老师提出来的,学生没有主动提出问题.但引入问题后,学生通过小组合作、讨论、交流,主动提出问题,其主体地位才得以显现.

课堂上对学生的评价方式有待改进,评价方式比较单一,在评价时教师必须有很好的评价意识,评价过程要重视学生的主体地位,同时也要正视差异,充分肯定学生在学习过程中的进步点.

本课例让我深刻认识到,巧妙设计能引导学生主动参与,让学生在合作探究中学习,才能不断激发学生的学习热情,在知识传授的同时加强能力训练,培养学生的数学核心素养.

6.1.4 教学评价

从教学设计上看,本节课通过学生熟悉的气温变化图引入课题,围绕教学目标,通过一系列的设问,突出了数形结合这个重点,突破了函数单调性、抽象性这个难点,学生合作探究使教学问题化难为易,体现了面向全体学生的教学思想.

从教学方法看,本节课注重了新旧知识的延续性,将教学目标分解成一个个小问题,用问题链的形式启发学生,通过问题驱动的方法,观察、归纳、自主探究、合作交流,展示了新知识的产生、发展及提升,培养了学生的数学抽象、逻辑推理和数学运算的数学核心素养.

从教学效果看,教师从熟悉的教学素材出发,营造了宽松的教学氛围,激发学生内在的驱动力,给学生更多的思考空间、展示机会,而教师提纲挈领的提问让师生合作更顺利,教学基本达到预期目标.

综上,这节课从整体来看,本着“让学生围绕设计的问题,充分经历知识的形成、发展和应用”的教学理念,在展示新知识的产生、发展的过程中,培养了学生数学抽象和逻辑推理的数学核心素养.

6.2　课例2:函数模型的应用实例

6.2.1　设计思路

《普通高中数学课程标准(2017年版)》指出,数学学科有包含数学建模和数据分析两大类的六大核心素养.《高中数学》(必修一)的“3.2 函数模型的应用实例”是培养学生数学建模和数据分析两大数学核心素养很好的素材.本课设计从四个问题及其子问题出发,通过一些实例感受一次函数、二次函数、指数函数、对数函数以及幂函数的广泛应用,体会解决实际问题中建立函数模型的过程,从而进一步加深对这些函数的理解与应用,初步了解对统计数据表的分析与处理,培养学生数学建模和数据分析的数学核心素养.

6.2.2　教学设计

1. 教学目标

(1) 能根据函数图象和表格提供的有关信息和数据,建立函数模型.

(2) 会利用建立的函数模型解决实际问题.

(3) 培养学生阅读理解、抽象概括、数据处理、语言转换、数学建模等数学能力.

2. 教学重点与难点

(1) 教学重点.

① 把实际问题加以抽象,建立相应的数学模型.

② 确立利用这些模型来研究实际问题的一般方法,数学建模原则是把实际问题数学化.

③ 根据图、表信息建立函数模型,解决实际问题.

（2）教学难点.

将实际问题用数学语言抽象概括，建立数学模型，再从数学的角度来反映或近似反映实际问题所得出的关于实际问题的数学描述.

3. 教学过程

1）问题情境创设

师　德国心理学家艾宾浩斯研究发现了记忆遗忘规律，如表 6-1 和图 6-8 所示.

表 6-1

时间间隔	记忆量/(%)
刚刚记忆完毕	58.2
1 小时之后	44.2
8～9 小时	35.8
1 天后	33.7
2 天后	27.8
6 天后	25.4
一个月	21.1

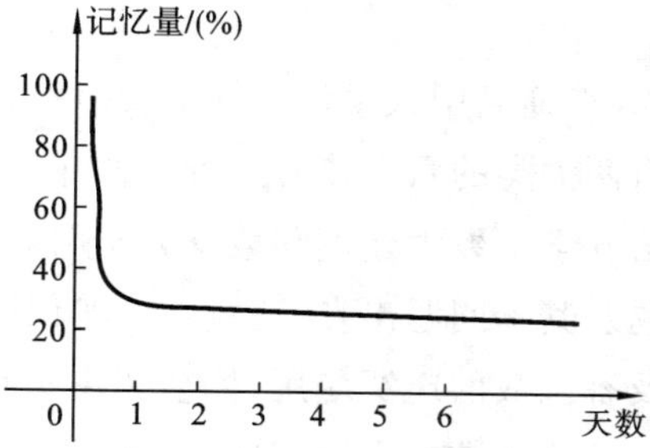

图 6-8

问题 1　从这个表和这幅图来看，你能发现它与哪个函数模型比较接近？

2）探究建构

问题 2　我们常见的几种函数模型是哪些？

生　一次函数、正比例函数、反比例函数、二次函数、指数函数、对数函数、幂函数.

师　很好！

追问　寻找出最能反映实际问题的函数模型，解题过程的四个步骤是什么？

生　① 设出函数模型；② 列表；③ 画出函数图象；④ 比较确定函数模型.

师　不错，今天我们一起探讨几种基本函数模型的建构.

问题 3　一次函数模型问题.

例 1　一个等腰三角形周长为 20，则底边长 y 关于腰长 x 的函数解析式是（　　）.

A. $y=20-2x(x\leqslant 10)$　　　B. $y=20-2x(x<10)$

C. $y=20-2x(5\leqslant x\leqslant 10)$　　　　D. $y=20-2x(5<x<10)$

生　$y=20-2x$，由$\begin{cases}0<x<20\\20-2x>0\\x+x>20-2x\end{cases}\Rightarrow 5<x<10$，选 D.

提炼　本题关键环节是不要忘记三角形两边之和大于第三边.

问题 4　二次函数模型问题.

例 2　用一根长为 12 米的铁丝折成一个矩形铁框架，则能折成框架的最大面积是(　　).

A. 9 平方米　　B. 36 平方米　　C. 4.5 平方米　　D. 最大面积不存在

生　设矩形框架一边长 x 米，则另一边长$\dfrac{12-2x}{2}=6-x$(米)，面积 $s=x(6-x)=-x^2+6x=-(x-3)^2+9\leqslant 9$(平方米)，所以选 A.

例 3　某种商品原来定价为每件 a 元，每天可销售出 m 件；现在把定价降低 x 个百分点(即 $x\%$)后，销售数量增加 y 个百分点，且每天销售额是原来的 k 倍.

(1) 设 $y=nx$，其中 n 是大于 1 的常数，试将 k 写成 x 的函数；

(2) 求销售额最大时 x 的值(结果用含 n 的式子表示)；

(3) 当 $n=2$ 时，要使销售额比原来有所增加，求 x 的范围.

生　(1) 依题意有 $a(1-x\%)\cdot m(1+y\%)=kam$，将 $y=nx$ 代入，化简得

$$k=-\frac{nx^2}{10000}+\frac{(n-1)x}{100}+1$$

(2) 由(1)知，当 $x=\dfrac{50(n-1)}{n}$时，k 值最大，因为销售额为 kam，所以此时销售额最大，且销售额最大为$\dfrac{(n+1)^2ma}{4n}$元.

(3) 当 $n=2$ 时，$k=-\dfrac{x^2}{5000}+\dfrac{x}{100}+1$，所以$-\dfrac{x^2}{5000}+\dfrac{x}{100}>0$，故 $x\in(0,50)$.

这就是说，当销售额比原来有所增加，降价幅度范围要在原来价格的一半以内.

提炼　让学生体验解决实际问题的过程和方法，培养学生分析、概括能力，从而初步体验解应用题的规律和方法. 通过本例的教学，学生可感知提取数表信息、抽象函数关系的思维过程，领悟建立函数模型解决最值问题的基本方法，渗透化归转换的数学思想.

问题 5 分段函数模型问题.

例 4 为了尽快改善职工住房，鼓励个人购房和积累建房基金，要求职工必须按基本工资的高低缴纳建房基金，办法如表 6-2 所示.

表 6-2

每月工资	公积金
1000 元以下	不缴纳
1000～2000 元	缴纳超过 1000 元部分的 5%
2000～3000 元	1000～2000 元的部分缴纳 5%，超过 2000 元部分缴纳 10%
3000 元以上	1000～2000 元的部分缴纳 5%，2000～3000 元部分缴纳 10%，3000 元以上部分按 15%缴纳

设职工每月工资为 x 元，缴纳公积金后实得工资为 y 元，求 y 与 x 之间的关系式.

生 ① 当 $0<x<1000$ 时，$y=x$.

② 当 $1000\leqslant x<2000$ 时，$y=1000+(x-1000)(1-5\%)=0.95x+50$.

③ 当 $2000\leqslant x<3000$ 时，$y=1000+(2000-1000)(1-5\%)+(x-2000)(1-10\%)=0.9x+150$.

④ 当 $x\geqslant 3000$ 时，$y=1000+(2000-1000)(1-5\%)+(3000-2000)(1-10\%)+(x-3000)(1-15\%)=0.85x+300$.

因此 y 与 x 之间的关系可用分段函数表示为

$$y=\begin{cases}x(0<x<1000)\\0.95x+50(1000\leqslant x<2000)\\0.9x+150(2000\leqslant x<3000)\\0.85x+300(x\geqslant 3000)\end{cases}$$

提炼 通过本例的教学，学生体会建立分段函数模型的思维过程，培养分类整合的数学思想，养成自主探究与合作交流相结合的学习习惯.

问题 6 指数函数的应用与复利问题.

例 5 (1) 某种储蓄的月利率是 0.36%，今存入本金 100 元，求本金与利息的和(即本息和)y 元与所存月数 x 之间的函数关系式，并计算 5 个月后的本息和(不计复利).

（2）按复利计算利息的一种储蓄，本金为 a 元，每期利率为 r，设本利和为 y，存期为 x，写出本利和 y 随存期 x 变化的函数式. 如果存入本金 1000 元，每期利率 2.25%，试计算 5 期后的本利和.

生　（1）由于利息＝本金×月利率×月数，所以有

$$y=100+100\times 0.36\%\cdot x=100+0.36x$$

当 $x=5$ 时，$y=101.8$，所以 5 个月后的本息和为 101.8 元.

（2）已知本金为 a 元，则

1 期后的本息和为

$$y_1=a+a\times r=a(1+r)$$

2 期后的本息和为

$$y_2=y_1+y_1\times r=a(1+r)^2$$

3 期后的本息和为

$$y_3=y_2+y_2\times r=a(1+r)^3$$

⋮

x 期后的本息和为

$$y=a(1+r)^x$$

将 $a=1000$，$r=2.25\%$，$x=5$ 代入上式得

$$y=1000(1+2.25\%)^5=1117.68\ (\text{元})$$

所以复利函数为 $y=a(1+r)^x$，5 期后的本利和为 1117.68 元.

提炼　在实际问题中，常常遇到平均增长率的问题，如果产值的基础数为 N，平均增长率为 p，则对时间 x 的总产值 y 可以用公式 $y=N(1+p)^x$ 表示，解决平均增长率的问题，要用到这个函数.

问题 7　函数模型的选择问题.

例 6　今有一组数据如表 6-3 所示.

表 6-3

t	1.99	3.0	4.0	5.1	6.12
v	1.5	4.04	7.5	12	18.01

现准备用下列函数中的一个近似地表示这些数据满足的规律，其中最接近的一个是（　　）.

A. $v=\log_2 t$　　B. $v=\log_{\frac{1}{2}} t$　　C. $v=\dfrac{t^2-1}{2}$　　D. $v=2t-2$

生　从表中数据观察到，v 是 t 的增函数，故 B 不正确；把 t 的值看作均匀增长的，如 $3.1-1.99\approx1$，$4.0-3.0=1$，$5.1-4.0=1.1$，而函数值的变化越来越大，相应地 $4.04-1.5\approx2.5$，$7.5-4.04\approx3.5$，$12-7.5\approx4.5$，所以函数图象应是下凹的曲线，故选 C.

提炼　利用从局部到整体、从特殊到一般的思想分析问题，从而化解难点，教会学生分析问题的方法.

3）归纳小结，深化认知

引导学生从总结解题方法、提炼数学思想等方面对本节课所学内容进行归纳小结.

（1）建立函数模型解决实际问题的基本步骤如图 6-9 所示.

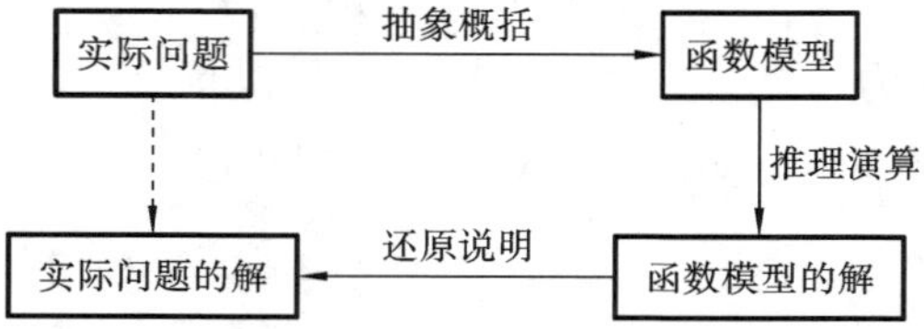

图 6-9

（2）在本节课的学习过程中，运用了哪些数学思想方法？

数形结合、分类讨论、化归转换等数学思想方法，提高了学生数学建模、数据分析等核心素养.

6.2.3　教学反思

学生已掌握了一些基本初等函数的相关知识，并在上一节课“几类不同增长的函数模型”的学习中，初步体会了建立函数模型解决实际问题的过程，这为本节课的学习奠定了基础. 让学生体验成功解决问题的喜悦，激发学生学习数学的兴趣，增强学好数学的自信心；培养学生的应用意识、创新意识和探索精神，优化学生的理性思维和求真务实的科学态度；学生经历建立函数模型、解决实际问题的过程，领悟“认识来源于实践又服务于实践”的辩证观点.

学生的应用意识、应用能力比较弱，且正确运用数学知识解决实际问题需要有较高的抽象概括能力、整体驾驭能力和局部处理能力，这些能力要求对学生的学习造成了一定的困难.

6.2.4　教学评价

数学模型来源于实际,它是对实际问题抽象概括并加以数学描述后的产物,它要回到实际中去检验,因此对实际问题有深刻的理解是运用数学模型方法的前提.

函数是描述客观世界变化的基本数学模型,不同的变化现象需要不同的函数来描述,数学应用题的建模过程就是信息的获取、存储、处理、综合、输出的过程.熟悉一些基本的数学模型,有助于提高我们解决实际问题的能力.

本节课主要学习一次函数、二次函数、指数函数、对数函数、分段函数等重要函数的模型,本节课的教学难点是将实际问题抽象为数学问题,完成从文字语言、图表语言向符号语言的转化,并建立函数模型,通过教学使学生掌握了数学建模的基本流程,培养了学生阅读理解、抽象概括、数据处理、语言转换、数学建模等数学能力;同时提高了学生数学建模、数据分析等核心素养.

6.3　课例3:任意角的三角函数

6.3.1　设计思路

三角函数是高中数学主干知识的一个重要组成部分,任意角的三角函数的定义是“三角函数”的核心概念,其概念本身的重要性和建立概念的过程与方法对学生学习本节知识非常关键.本课例的设计从一个圆上的点运动这一基本模型,以及初中已经学过的锐角三角函数的定义出发,通过四个问题及其子问题的驱动,引导学生建构出任意角的正弦、余弦和正切的定义,并得到这三种函数的符号.

6.3.2 教学设计

1. 教学目标

(1) 掌握任意角的正弦、余弦、正切的定义.

(2) 掌握任意角的正弦、余弦、正切的定义域和符号.

(3) 经历任意角的三角函数定义的形成过程,理解其合理性.

2. 教学重点和难点

(1) 教学重点:任意角的三角函数的定义.

(2) 教学难点:任意角的三角函数定义的形成过程,三种函数的符号.

3. 教学过程

1) 问题情境创设

师　如图 6-10 所示,在直角坐标系 xOy 中,设点 P 在以 O 为圆心、r 为半径的圆上旋转,当$\angle\alpha$ 确定时,点 P 就确定了,所以可以用 $P(\alpha,r)$ 和 $P(x,y)$ 来表示 P,那么这两种表示就有某种内在联系,怎样来刻画它们呢?这就是今天我们将要学习的知识(板书:任意角的三角函数).

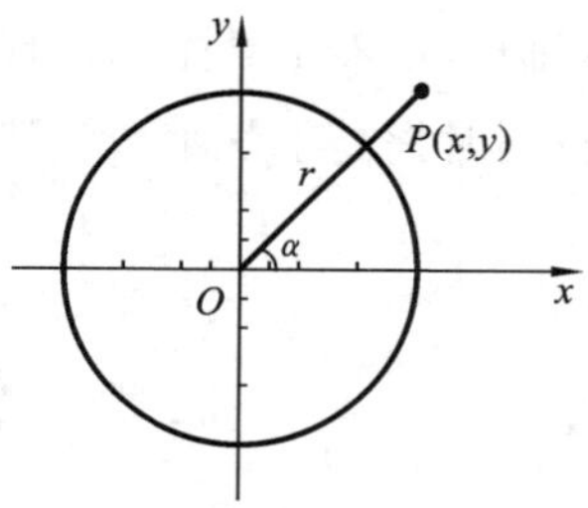

图 6-10

2) 探究建构,形成概念

问题 1　我们在初中学过的锐角三角函数是哪几种函数?它们分别是如何定义的?

生　我们学习过锐角正弦、余弦、正切三种函数,它们都是在直角三角形中定义的,正弦等于对边比斜边,余弦等于邻边比斜边,正切等于对边比邻边.

追问 1　如图 6-11 所示,在 Rt$\triangle POM$ 中,$\angle M$ 为直角,那么$\angle\alpha$ 的正弦、余弦、正切分别等于什么呢?

生　$\sin\alpha=\dfrac{PM}{OP}$,$\cos\alpha=\dfrac{OM}{OP}$,$\tan\alpha=\dfrac{PM}{OM}$

追问 2　如图 6-12 所示,若只给出锐角 α,其两边分别为 OP,OM,你打算如何求$\angle\alpha$ 的三角函数值呢?

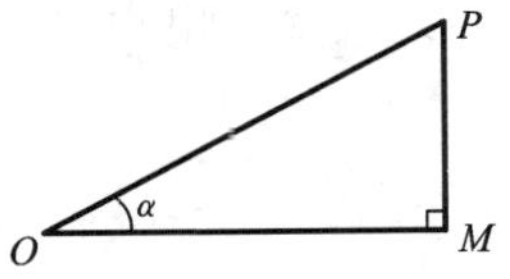

图 6-11

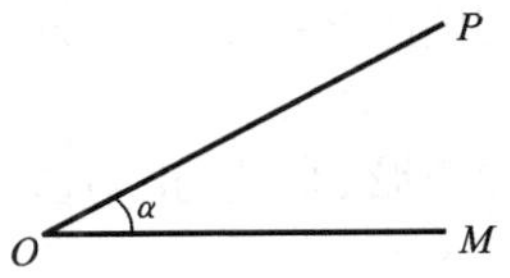

图 6-12

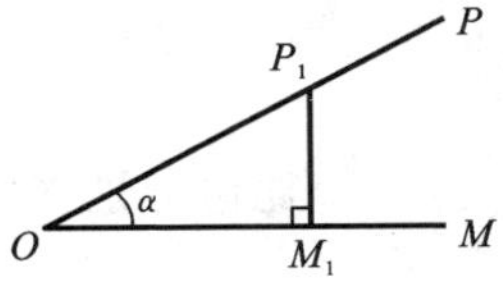

图 6-13

生　构造直角三角形，如图 6-13 所示，可在 OP 上取一点 P_1，作 $P_1M_1 \perp OM$ 于 M_1，则 $\sin\alpha=\dfrac{P_1M_1}{OP_1}$，$\cos\alpha=\dfrac{OM_1}{OP_1}$，$\tan\alpha=\dfrac{P_1M_1}{OM_1}$.

追问 3　所得三角函数值的大小与所取的点 P_1 的位置有关吗？理由是什么？

生　无关，如图 6-14 所示，在 OP 上再取一点 P_2，作 $P_2M_2 \perp OM$ 于 M_2，因为 $\triangle P_1OM_1$ 与 $\triangle P_2OM_2$ 相似，所以 $\sin\alpha=\dfrac{P_1M_1}{OP_1}=\dfrac{P_2M_2}{OP_2}$，$\cos\alpha=\dfrac{OM_1}{OP_1}=\dfrac{OM_2}{OP_2}$，$\tan\alpha=\dfrac{P_1M_1}{OM_1}=\dfrac{P_2M_2}{OM_2}$.

追问 4　通常，我们把任意角放在直角坐标系中研究，如图 6-15 所示，如果把锐角 α 也放进直角坐标系中，那么三角函数又怎样解释呢？

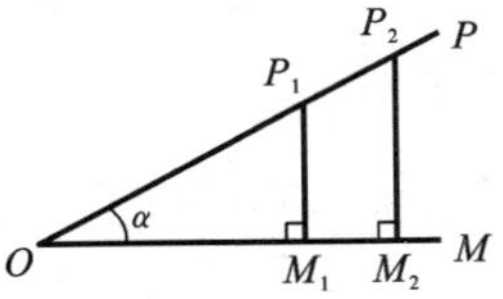

图 6-14

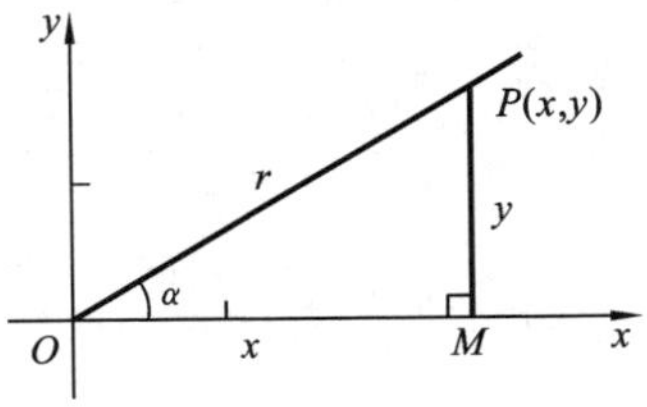

图 6-15

生　设点 $P(x,y)$ 是锐角 $\angle\alpha$ 终边上的一点，$r=OP=\sqrt{x^2+y^2}>0$ 构成直角三角形 POM（见图 6-15），则 $OM=x$，$MP=y$，$OP=r$，故 $\sin\alpha=\dfrac{y}{r}$，$\cos\alpha=\dfrac{x}{r}$，$\tan\alpha=\dfrac{y}{x}$.

锐角三角形的三角函数可以用其终边上一点的坐标 $P(x,y)$ 以及该点到坐标原点的距离 r 的比值来定义.

问题 2　任意角的三角函数可以类似来定义吗？如果可以，你打算如何定义任意角的正弦、余弦、正切？

生　设点 $P(x,y)$ 是 $\angle\alpha$ 终边上的一点，$r=OP=\sqrt{x^2+y^2}>0$，然后用 $\frac{y}{r}$，$\frac{x}{r}$，$\frac{y}{x}$ 这三个比值分别来定义 $\angle\alpha$ 的正弦、余弦、正切值.

师　任意 $\angle\alpha$ 的正弦、余弦、正切值概念形成(板书).

一般地，对于任意 $\angle\alpha$，设点 $P(x,y)$ 是 $\angle\alpha$ 终边上的任意一点，$r=OP=\sqrt{x^2+y^2}>0$(见图 6-16)，规定：

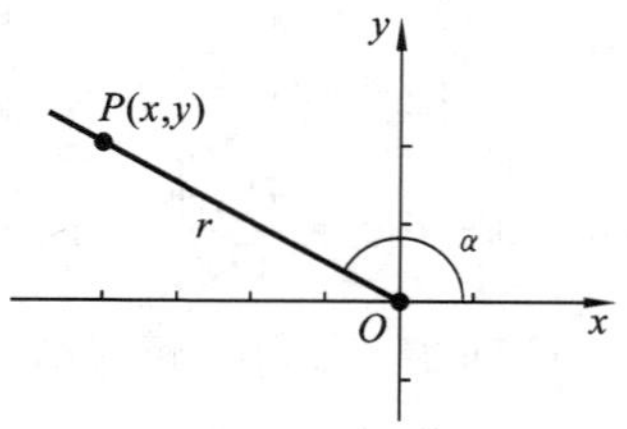

图 6-16

(1) 比值 $\frac{y}{r}$ 称为 α 的正弦，记作 $\sin\alpha$，即 $\sin\alpha=\frac{y}{r}$；

(2) 比值 $\frac{x}{r}$ 称为 α 的余弦，记作 $\cos\alpha$，即 $\cos\alpha=\frac{x}{r}$；

(3) 比值 $\frac{y}{x}$ 称为 α 的正切，记作 $\tan\alpha$，即 $\tan\alpha=\frac{y}{x}$.

3) 数学运用

例 1　已知 $\angle\alpha$ 的终边经过点 $P(1,-2)$，求 $\angle\alpha$ 的正弦、余弦、正切值.

解析　因为 $x=1$，$y=-2$，所以

$$r=\sqrt{x^2+y^2}=\sqrt{1^2+(-2)^2}=\sqrt{5}$$

$$\sin\alpha=\frac{y}{r}=-\frac{2\sqrt{5}}{5},\quad \cos\alpha=\frac{x}{r}=\frac{\sqrt{5}}{5},\quad \tan\alpha=\frac{y}{x}=-2$$

变式 1　已知 $\angle\alpha$ 的终边经过点 $P(m,-2m)(m<0)$，求 α 的正弦、余弦、正切值.

答案　$\sin\alpha=\frac{2\sqrt{5}}{5}$，$\cos\alpha=-\frac{\sqrt{5}}{5}$，$\tan\alpha=-2$.

变式 2　已知 $\angle\alpha$ 的终边经过点 $P(m,-2m)(m\neq 0)$，求 α 的正弦、余弦、正切值.

答案　当 $m<0$ 时，$\sin\alpha=\frac{2\sqrt{5}}{5}$，$\cos\alpha=-\frac{\sqrt{5}}{5}$，$\tan\alpha=-2$；

当 $m>0$ 时，$\sin\alpha=-\frac{2\sqrt{5}}{5}$，$\cos\alpha=\frac{\sqrt{5}}{5}$，$\tan\alpha=-2$.

提炼　① 运用定义；② 当不能确定角终边所在的象限时，要分开讨论.

例 2　求下列角的正弦、余弦、正切值.

(1) $\frac{\pi}{6}$；　　(2) $\frac{5\pi}{6}$.

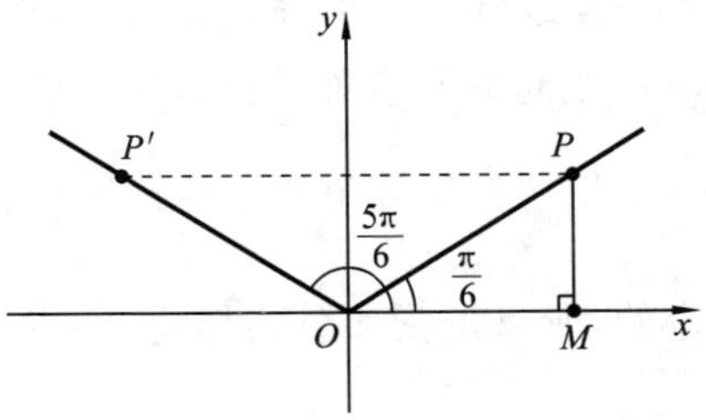

图 6-17

解析　(1) 如图 6-17 所示，在角$\frac{\pi}{6}$的终边上取一点 P，使得 $OP=2$，过点 P 作 $PM\perp x$ 轴于 M，在 $\mathrm{Rt}\triangle POM$ 中，因为$\angle POM=\frac{\pi}{6}$，$OP=2$，所以 $PM=1$，$OM=\sqrt{3}$，故 $P(\sqrt{3},1)$，即可取 $x=\sqrt{3}$，$y=1$，$r=2$，所以有 $\sin\alpha=\frac{y}{r}=\frac{1}{2}$，$\cos\alpha=\frac{x}{r}=\frac{\sqrt{3}}{2}$，$\tan\alpha=\frac{\sqrt{3}}{3}$.

(2) 如图 6-17 所示，因为$\angle\frac{5\pi}{6}$与$\angle\frac{\pi}{6}$的终边关于 y 轴对称，所以 $P'(-\sqrt{3},1)$ 在$\angle\frac{5\pi}{6}$的终边上，即可取 $x=-\sqrt{3}$，$y=1$，$r=2$，所以 $\sin\alpha=\frac{y}{r}=\frac{1}{2}$，$\cos\alpha=\frac{x}{r}=-\frac{\sqrt{3}}{2}$，$\tan\alpha=-\frac{\sqrt{3}}{3}$.

变式　求下列角的正弦、余弦、正切值：

(1) $\frac{7\pi}{6}$；　　(2) $-\frac{\pi}{6}$.

答案　(1) $\sin\frac{7\pi}{6}=-\frac{1}{2}$，$\cos\frac{7\pi}{6}=-\frac{\sqrt{3}}{2}$，$\tan\frac{7\pi}{6}=\frac{\sqrt{3}}{3}$.

(2) $\sin\left(-\frac{\pi}{6}\right)=-\frac{1}{2}$，$\cos\left(-\frac{\pi}{6}\right)=\frac{\sqrt{3}}{2}$，$\tan\left(-\frac{\pi}{6}\right)=-\frac{\sqrt{3}}{3}$.

提炼　① 给定角求其正弦、余弦、正切，关键是求出角的终边上一点的坐标；② 利用角的终边的对称性可以求点的坐标.

师生共同填表(见表 6-4).

表 6-4

α	0	$\frac{\pi}{6}$	$\frac{\pi}{4}$	$\frac{\pi}{2}$	π	$\frac{3\pi}{2}$
$\sin\alpha$						
$\cos\alpha$						
$\tan\alpha$						

答案略.

问题 3　对于确定的$\angle\alpha$，$\sin\alpha$，$\cos\alpha$，$\tan\alpha$ 的值唯一确定吗？$\angle\alpha$，$\sin\alpha$，$\cos\alpha$，$\tan\alpha$ 之间的对应关系符合定义的要求吗？

生　对于确定的$\angle\alpha$，比值$\frac{y}{r}$和$\frac{x}{r}$都是唯一确定的，即 $\sin\alpha$，$\cos\alpha$ 的值是唯一确定的，所以正弦和余弦都是$\angle\alpha$ 的函数；当 $\alpha=\frac{\pi}{2}+2k\pi(k\in\mathbf{Z})$时，$\angle\alpha$ 终边在 y 轴上，故有 $x=0$，此时 $\tan\alpha$ 无意义. 除此之外，对于确定的$\angle\alpha\left(\alpha\neq\frac{\pi}{2}+2k\pi(k\in\mathbf{Z})\right)$，比值$\frac{y}{x}$是唯一确定的，即 $\tan\alpha$ 的值是唯一确定的，所以正切也是$\angle\alpha$ 的函数.

$\angle\alpha$ 的三角函数概念：$\sin\alpha$，$\cos\alpha$，$\tan\alpha$ 分别称为$\angle\alpha$ 的正弦函数、余弦函数、正切函数. 这三种函数称为三角函数.

追问　$\sin\alpha$，$\cos\alpha$，$\tan\alpha$ 的定义域分别是什么呢？

生　正弦函数 $\sin\alpha$、余弦函数 $\cos\alpha$ 的定义域都是 $\mathbf{R}$，正切函数 $\tan\alpha$ 的定义域为 $\alpha\left\{\alpha\,\middle|\,\alpha\neq\frac{\pi}{2}+2k\pi(k\in\mathbf{Z})\right\}$.

问题 4　$\sin\alpha$，$\cos\alpha$，$\tan\alpha$ 在各象限内的符号如何？

生　由定义可知，正弦函数、余弦函数、正切函数在各象限内的符号如图 6-18 所示.

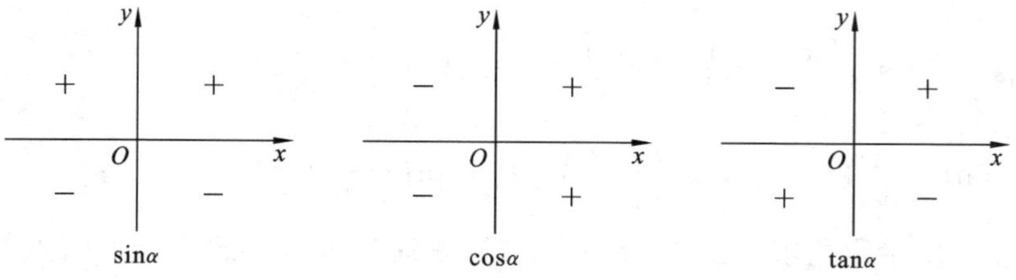

图 6-18

例 3　确定下列三角函数值的符号.

(1) $\sin(-405°)$；　(2) $\cos\frac{25\pi}{6}$；　(3) $\tan\frac{11\pi}{3}$.

答案　(1) 负；　(2) 正；　(3) 负.

变式 1　若 $\cos\alpha\tan\alpha>0$，则$\angle\alpha$ 是第______象限角.

答案　一或三.

变式 2　函数 $y=\frac{\sin x}{|\sin x|}+\frac{|\cos x|}{\cos x}+\frac{\tan x}{|\tan x|}$的值域为______.

答案　$\{-1,1,3\}$.

提炼　① 熟记三角函数在各象限内的符号；② 注重划归思想的运用.

例 4　设 $P(x,-4)$在$\angle\alpha$ 终边上，且满足 $\cos\alpha<0,\sin\alpha=-\frac{4}{5}$，求 $\tan\alpha$.

解　因 $\cos\alpha<0,\sin\alpha=-\frac{4}{5}<0$，所以$\angle\alpha$ 是第三象限的角，故 $x<0$.

又因为 $P(x,-4)$在$\angle\alpha$ 终边上，所以

$$\sin\alpha=\frac{-4}{\sqrt{x^2+(-4)^2}}=-\frac{4}{5}$$

解得 $x=3$(舍去)，$x=-3$，所以

$$\tan\alpha=\frac{4}{3}.$$

变式　已知$\angle\alpha$ 的始边为 x 轴正半轴，终边在直线 $y=kx$ 上，若 $\cos\alpha=\frac{\sqrt{5}}{5}$，且 $\sin\alpha<0$，试求实数 k.

答案　-2.

提炼　用等式的条件求值，用不等式的条件验根.

4）课堂小结

(1) 本节课上，我们在熟悉的锐角三角函数的基础上研究任意角的三角函数，新的定义对以前的知识仍然适用，它们之间是和谐的.

(2) 三角函数也是函数，它是一种特殊的函数，我们既要像以前研究基本初等函数那样来研究三角函数，又要研究三角函数独特的性质.

(3) 已知$\angle\alpha$ 终边上一点 P 的坐标求三角函数值，先求出点 P 到原点的距离，然后利用三角函数定义来求解.

(4) 判断三角函数值的符号问题，先判断角所在的象限，再根据各象限角的符号规律判断.

6.3.3　教学反思

通过本节的教学实践，本课例的设计从一个圆上的点运动这一基本模型，以

及初中已经学过的锐角三角函数的定义出发，通过四个问题及其子问题的驱动，来引导学生建构出任意角的正弦、余弦和正切的定义，并得到这三种函数的符号.

成功之处：一是教学设计独到而新颖，打破常规，设计一个问题即可用任意角的三角函数这样的数学模型来刻画(α,r)与(x,y)之间的关系，具体为$\sin\alpha=\frac{y}{r}$，$\cos\alpha=\frac{x}{r}$，$\tan\alpha=\frac{y}{x}$，通过四个问题及其子问题的驱动，突出了以学生为主体，以教师为引导者的课堂模式，帮助学生完成知识体系建构；二是教态自然，能和谐驾驭课堂，积极调动学生的思考方向；三是多媒体课件的内容丰富又简洁，体现了课堂教学的高效性.

改进之处：一是时间关系，这堂课在完成知识体系建构后，没有时间梳理本节知识的易错点和易混点；二是课堂容量偏多了一点，导致学生同步练习的时间少了一些.

6.3.4 教学评析

本课例设计理念前卫.本节课是三角函数的一个重要概念课，通过一个问题的探究，紧紧围绕重点展开，采用问题情境创设——探究建构，形成概念——数学运用，将教学目标转化成问题，围绕设计的问题，有效地完成教学任务.

运用变式和追问形式教学，确保学生参与教学活动持续热情.这种教学对数学中的定理和命题进行不同角度、不同层次、不同情形、不同背景的变式以暴露问题的本质特征，揭示不同知识点的内在联系.通过变式教学，一题多解、多题重组，给人新鲜感，能唤起学生的好奇心和求知欲望，因而产生主动参与的动力.本课例中问题1让学生回顾初中学过的锐角三角函数，再通过设计的几个追问顺利地引入任意角三角函数；问题2完成概念建构后，由例题1和几个变式将概念进行巩固提高，达到预期目的；问题3对三角函数的定义完整表述；问题4及其几个变式解决了三角函数的符号这个难点问题.通过问题驱动教学方法，学生在愉快的探究中很好地接受了新知识.

6.4 课例4:三角函数求值(复习小结)

6.4.1 设计思路

三角函数是高中一个重要的主干知识,三角函数公式众多,学生对有关三角函数求值、化简和证明问题有时一筹莫展.本课例的设计根据三角函数的恒等变形来选择合适的公式求值、求角,引导学生对三角函数求值进行分析和探索,寻求题目中条件与目标,以及各个部分在结构、函数名称、角的形式等方面的差异,然后寻求消除差异的途径、实现结构同化.在此过程中,教师通过三个问题及其子问题的驱动,充分调动学生的积极性,扮演着"促进者"和"帮助者"的角色,指导和激励学生全面发展,提高学生数学核心素养.

6.4.2 教学设计

1. 教学目标

(1) 掌握同角三角函数关系,并利用公式化简和求值.

(2) 掌握两角和与差的正弦、余弦和正切公式,并利用公式化简和求值.

(3) 掌握二倍角的正弦、余弦和正切公式,并利用公式化简和求值.

2. 教学重点与难点

(1) 教学重点:掌握公式.

(2) 教学难点:灵活运用公式.

3. 教学过程

1) 梳理知识

复习三角函数公式及公式间的相互转化关系.

问题 三角恒等变形中常考的题型有三类,是哪三类?

生　①“给角求值”，即在不查表的前提下，通过三角恒等变形来求三角函数的值；②“给值求值”，即给出一些三角函数(或三角函数式)的值，求与之有关的其他三角函数的值；③“给值求角”，即给出三角函数的值，求出符合条件的角.

师　很好！这一节我们一起来探讨这三类问题.

问题1　给角求值问题.

例1　(2012年高考(重庆文)) $\frac{\sin 47^\circ-\sin 17^\circ\cos 30^\circ}{\cos 17^\circ}=(\quad)$.

A. $-\frac{\sqrt{3}}{2}$　　B. $-\frac{1}{2}$　　C. $\frac{1}{2}$　　D. $\frac{\sqrt{3}}{2}$

师　这些给出的角有什么关系？

生　$47^\circ=30^\circ+17^\circ$，原式可化为

$$\frac{\sin(30^\circ+17^\circ)-\sin 17^\circ\cos 30^\circ}{\cos 17^\circ}=\frac{\sin 30^\circ\cos 17^\circ+\cos 30^\circ\sin 17^\circ-\sin 17^\circ\cos 30^\circ}{\cos 17^\circ}$$

$$=\sin 30^\circ=\frac{1}{2}$$

师　不错！请同学们小组合作完成下面这道练习题.

过关练习1：$\left[2\sin 50^\circ+\sin 10^\circ(1+\sqrt{3}\tan 10^\circ)\right]\sqrt{2\sin^2 80^\circ}=$______.

师　观察这道题，题中有正弦、余弦还有正切，怎么办？

生　先把正切化成正弦和余弦，则

$$原式=\left(2\sin 50^\circ+\sin 10^\circ\frac{\cos 10^\circ+\sqrt{3}\sin 10^\circ}{\cos 10^\circ}\right)\sqrt{2}\sin 80^\circ$$

$$=\left(2\sin 50^\circ+2\sin 10^\circ\frac{\frac{1}{2}\cos 10^\circ+\frac{\sqrt{3}}{2}\sin 10^\circ}{\cos 10^\circ}\right)\sqrt{2}\cos 10^\circ$$

$$=2\sqrt{2}[\sin 50^\circ\cos 10^\circ+\sin 10^\circ\cos(60^\circ-10^\circ)]$$

$$=2\sqrt{2}\sin(50^\circ+10^\circ)=2\sqrt{2}\times\frac{\sqrt{3}}{2}=\sqrt{6}$$

师　解决这类问题的关键是什么？

生　观察给出角之间的关系.

师　一般有什么关系？

生　这些角的和或差为特殊角，还有题中若有正切，需要将正切化成正弦和余弦，再结合三角恒等式转化为特殊角并消除非特殊角的三角函数得到结果.

问题 2　给值求值问题.

例 2　设 $\cos\left(\alpha-\frac{\beta}{2}\right)=-\frac{1}{9}$，$\sin\left(\frac{\alpha}{2}-\beta\right)=\frac{2}{3}\left(\frac{\pi}{2}<\alpha<\pi,0<\beta<\frac{\pi}{2}\right)$，求 $\cos\left(\frac{\alpha+\beta}{2}\right)$的值.

师　这道题待求角和已知角有什么关系？

生　$\frac{\alpha+\beta}{2}=\left(\alpha-\frac{\beta}{2}\right)-\left(\frac{\alpha}{2}-\beta\right)$.

师　现在要求 $\cos\left(\frac{\alpha+\beta}{2}\right)$的值，只要求出什么？

生　根据 $\cos\left(\frac{\alpha+\beta}{2}\right)=\cos\left[\left(\alpha-\frac{\beta}{2}\right)-\left(\frac{\alpha}{2}-\beta\right)\right]=\cos\left(\alpha-\frac{\beta}{2}\right)\cos\left(\frac{\alpha}{2}-\beta\right)+\sin\left(\alpha-\frac{\beta}{2}\right)\sin\left(\frac{\alpha}{2}-\beta\right)$，只要求出 $\sin\left(\alpha-\frac{\beta}{2}\right)$，$\cos\left(\frac{\alpha}{2}-\beta\right)$的值.

师　用什么来求这两个值，要注意什么？

生　用同角三角函数的平方关系来求，要根据角的范围决定符号.

师　请同学们检查自己的解题过程是否正确，书写是否规范？

生　由于$\frac{\pi}{2}<\alpha<\pi,0<\beta<\frac{\pi}{2}$，则有

$$\frac{\pi}{4}<\alpha-\frac{\beta}{2}<\pi,\quad -\frac{\pi}{4}<\frac{\alpha}{2}-\beta<\frac{\pi}{2}$$

又由于 $\cos\left(\alpha-\frac{\beta}{2}\right)=-\frac{1}{9}$，$\sin\left(\frac{\alpha}{2}-\beta\right)=\frac{2}{3}$，则有

$$\sin\left(\alpha-\frac{\beta}{2}\right)=\sqrt{1-\cos\left(\alpha-\frac{\beta}{2}\right)^2}=\frac{4\sqrt{5}}{9},\quad \cos\left(\frac{\alpha}{2}-\beta\right)=\sqrt{1-\sin\left(\frac{\alpha}{2}-\beta\right)^2}=\frac{\sqrt{5}}{3}$$

故
$$\begin{aligned}\cos\left(\frac{\alpha+\beta}{2}\right)&=\cos\left[\left(\alpha-\frac{\beta}{2}\right)-\left(\frac{\alpha}{2}-\beta\right)\right]\\&=\cos\left(\alpha-\frac{\beta}{2}\right)\cos\left(\frac{\alpha}{2}-\beta\right)+\sin\left(\alpha-\frac{\beta}{2}\right)\sin\left(\frac{\alpha}{2}-\beta\right)=\frac{7\sqrt{5}}{27}\end{aligned}$$

师　很好！求解这类题关键是什么？

生　找到待求的角和已知角的联系.

师　有哪些联系？

生　和、差、二倍角，还有与特殊角的和、差.

师　非常好！请完成下面的练习.

过关练习 2：已知 $\cos\left(\frac{\pi}{4}+x\right)=\frac{3}{5}$，若 $\frac{17\pi}{12}<x<\frac{7\pi}{4}$，求 $\frac{\sin 2x+2\sin^2 x}{1-\tan x}$ 的值.

师　该题中 x 与 $\left(\frac{\pi}{4}+x\right)$ 有什么联系？怎样求出其值？

生　$x=\left(\frac{\pi}{4}+x\right)-\frac{\pi}{4}$.

由于 $\frac{17\pi}{12}<x<\frac{7\pi}{4}$，则有

$$\frac{5\pi}{3}<\frac{\pi}{4}+x<2\pi$$

又由于 $\cos\left(\frac{\pi}{4}+x\right)=\frac{3}{5}$，则有

$$\sin\left(\frac{\pi}{4}+x\right)=-\frac{4}{5}$$

$$\begin{aligned}\cos x &=\cos\left[\left(\frac{\pi}{4}+x\right)-\frac{\pi}{4}\right]=\cos\left(\frac{\pi}{4}+x\right)\cos\frac{\pi}{4}+\sin\left(\frac{\pi}{4}+x\right)\sin\frac{\pi}{4}\\ &=\frac{3}{5}\times\frac{\sqrt{2}}{2}-\frac{4}{5}\times\frac{\sqrt{2}}{2}=-\frac{\sqrt{2}}{10}\end{aligned}$$

从而 $\sin x=-\frac{7\sqrt{2}}{10}$，$\sin 2x=2\sin x\cos x=\frac{14}{5}$，$\tan x=7$，故原式 $=-\frac{28}{75}$.

师　很棒！解决这类题关键是什么？

生　关键是“变角”，使相关角相同或具有某种关系.

问题 3　给值求角问题.

例 3　若 $\sin(2\alpha)=\frac{\sqrt{5}}{5}$，$\sin(\beta-\alpha)=\frac{\sqrt{10}}{10}$，且 $\alpha\in\left[\frac{\pi}{4},\pi\right]$，$\beta\in\left[\pi,\frac{3\pi}{2}\right]$，则 $\alpha+\beta$ 的值是______.

师　这道题待求角和已知角有什么联系？

生　$\alpha+\beta=2\alpha+(\beta-\alpha)$.

师　现在要求 $\alpha+\beta$ 的值，只要求什么？

生　根据 $\cos(\alpha+\beta)=\cos[2\alpha+(\beta-\alpha)]=\cos(2\alpha)\cos(\beta-\alpha)-\sin(2\alpha)\sin(\beta-\alpha)$，先求 $\cos(2\alpha)$，$\cos(\beta-\alpha)$.

师　利用同角三角函数结合角的范围求 $\cos(2\alpha)$，$\cos(\beta-\alpha)$ 时，这两个角范围有什么变化？

生　可以将角的范围缩小.

师 很好！我们一起来规范一下解题.

生 由于 $\alpha\in\left[\frac{\pi}{4},\pi\right]$，则 $2\alpha\in\left[\frac{\pi}{2},2\pi\right]$，又由于 $\sin2\alpha=\frac{\sqrt{5}}{5}$，则 $2\alpha\in\left(\frac{\pi}{2},\pi\right)$，$\cos2\alpha=-\frac{2\sqrt{5}}{5}$，故 $\alpha\in\left(\frac{\pi}{4},\frac{\pi}{2}\right)$. 又由于 $\sin(\beta-\alpha)=\frac{\sqrt{10}}{10}$，$\beta\in\left[\pi,\frac{3\pi}{2}\right]$，则

$$\beta-\alpha\in\left(\frac{\pi}{2},\pi\right),\quad \cos(\beta-\alpha)=-\frac{3\sqrt{10}}{10}$$

故 $$\cos(\alpha+\beta)=\cos[(\beta-\alpha)+2\alpha]$$

$$=\cos(\beta-\alpha)\cos(2\alpha)-\sin(\beta-\alpha)\sin\cos(2\alpha)=\frac{\sqrt{2}}{2}.$$

又由于 $\alpha+\beta\in\left(\frac{5\pi}{4},2\pi\right)$，则 $\alpha+\beta=\frac{7\pi}{4}$.

师 很棒！我们再练习一题.

过关练习 3：已知 $\alpha,\beta\in(0,\pi)$，且 $\tan(\alpha-\beta)=\frac{1}{2}$，$\tan\beta=-\frac{1}{7}$，则 $2\alpha-\beta$ 的值为______.

师 这道题待求角和已知角有什么联系？

生 $\alpha=(\alpha-\beta)+\beta$ 或者 $2\alpha-\beta=2(\alpha-\beta)+\beta$.

师 不错！请大家按照例题模式做一下.

生 由于 $\tan\alpha=\tan[(\alpha-\beta)+\beta]=\frac{\tan(\alpha-\beta)+\tan\beta}{1-\tan(\alpha-\beta)\tan\beta}=\frac{\frac{1}{2}-\frac{1}{7}}{1+\frac{1}{2}\times\frac{1}{7}}=\frac{1}{3}>0$，则

$$0<\alpha<\frac{\pi}{2}$$

又由于 $\tan2\alpha=\frac{2\tan\alpha}{1-\tan^2\alpha}=\frac{2\times\frac{1}{3}}{1-\left(\frac{1}{3}\right)^2}=\frac{3}{4}>0$，则

$$0<2\alpha<\frac{\pi}{2},\quad \tan(2\alpha-\beta)=\frac{\tan2\alpha-\tan\beta}{1+\tan2\alpha\tan\beta}=\frac{\frac{3}{4}+\frac{1}{7}}{1-\frac{3}{4}\times\frac{1}{7}}=1$$

由于 $\tan\beta=-\frac{1}{7}<0$，则

$$\frac{\pi}{2}<\beta<\pi,\quad -\pi<2\alpha-\beta<0$$

故
$$2\alpha-\beta=-\frac{3\pi}{4}$$

提炼 “给值求角问题”实质上可以转化为“给值求值”，即通过求角的某个三角函数值来求角(注意角的范围). 在选取函数时，应遵循以下原则：① 已知正切函数值，选正切函数；② 已知正弦、余弦函数值，选正弦或余弦函数，若角的范围是$\left(0,\frac{\pi}{2}\right)$，则选正弦、余弦函数均可；若角的范围是$(0,\pi)$，则选余弦函数；若角的范围是$\left(-\frac{\pi}{2},\frac{\pi}{2}\right)$，则选正弦函数；③ 谨记“给值求角”问题口诀，“求角大小象限定，函数转化标准型”.

2）课堂小结

研究三角函数的求值问题，解题的关键是找条件中的角与结论中的角的联系，依据函数名称的变换特点选择合适的公式求解.

3）课后练习

(1) 已知$\alpha\in\left(\frac{\pi}{2},\pi\right)$，$\cos\alpha=-\frac{4}{5}$，求$\sin\left(\alpha+\frac{\pi}{3}\right)$.

(2) 已知$\alpha,\beta\in\left(0,\frac{\pi}{2}\right)$，$\sin\alpha=\frac{4}{5}$，$\cos(\alpha+\beta)=\frac{5}{12}$，求$\sin\beta$.

(3) 已知$\alpha,\beta\in\left(0,\frac{\pi}{2}\right)$，$\cos\left(\alpha-\frac{\beta}{2}\right)=\frac{\sqrt{3}}{2}$，$\sin\left(\frac{\alpha}{2}-\beta\right)=-\frac{1}{2}$，求$\cos(\alpha+\beta)$.

6.4.3 教学反思

数学教学的本质是培养学生的数学核心素养，充分发挥学生的主动性，教师是一个扮演者，帮助学生全面发展. 本节课是三角函数求值复习课，在三个问题驱动下，顺利地完成了教学任务，本节课有以下几个反思.

课堂教学可以再开放一些. 在“给角求值和给值求值”问题上，在新课教学中学生练习比较多，相对比较容易掌握. 因此，可以让学生小组合作、探究思考，让学生讲出自己的解题思路，教师只是点评一下就可以了，同时可以多设置一些追问，让学生思维更发散一些.

对学生的能力把握不足. 在“给值求角”问题上，发掘题目中的隐含条件以缩小角的范围的难度相对大了一些，特别是多次用缩小角的范围，学生很吃力，通过教师不断引导问题才得以解决，在以后教学设计和课堂教学中，要因材施教地设计教学内容.

6.4.4 教学评析

通过三个问题及其子问题的驱动，充分调动学生的积极性，引导学生对三角函数求值进行分析和探索，寻求题目中的条件与目标，以及各个部分在结构、函数名称、角的形式等方面的差异，然后寻求消除差异的途径，实现结构同化，最终根据三角函数的恒等变形选择合适的公式来求值、求角. 在此过程中，教师扮演着“促进者”和“帮助者”的角色，学生的主体地位得到充分的展现.

创造人人参与、个个体验的课堂环境，将教学目标以问题的形式体现，学生围绕设计的问题循序渐进、层层深入，最后达到预期目的. 在问题的驱动下，整节课学生独立思考、小组讨论，参与程度很高，班级讨论氛围浓厚，教学效果好，体现了新课改的精神，也提高了学生数学核心素养.

6.5 课例5：等比数列的前 n 项和

6.5.1 设计思路

在公式新授课时，重结论、轻过程的现象很普遍，它忽视了学生的主体地位，淡化了对学生的逻辑推理、数学运算等核心素养的培养，这与新课程改革背道而驰. 本课例在教学中采用问题驱动教学方法，将教学目标转化为问题，以问题为基点，创设教学情境，把整个课堂设计为呈现问题、探求公式、归纳证明、辨析应用等四个阶段. 借助多媒体和 PPT 软件进行辅助教学，扩大课堂容量，直观反映教学内容，从问题出发，充分拓展学生思维，引导学生探索、提炼和归纳求和公式，理解公式的特征、成立条件,从而实现教学目标.

6.5.2 教学设计

1. 教学目标

理解错位相减法的本质,并通过推导等比数列前 n 项和公式,识记并理解等比数列前 n 项和公式及其特征,解决与之相关的简单问题.

2. 教学重点和难点

(1) 教学重点:等比数列前 n 项和公式的证明及应用.

(2) 教学难点:等比数列前 n 项和公式的发现及理解.

3. 教学过程

1) 问题情境创设

周末,王明去表弟家做客,表弟给王明出了一道难题——从今年起,他每年年初存 100 元,直到第十年底一并取出,一共是多少元(年利率 0.05)? 王明想,只要算出每年存入 100 元本利和,然后再求和就行了,于是他拿笔列式计算:

第一年初存入 100 元到第十年底取出的本利和为 $100(1+0.05)^{10}$,

第二年初存入 100 元到第十年底取出的本利和为 $100(1+0.05)^{9}$,

⋮

第十年初存入 100 元到第十年底取出的本利和为 $100(1+0.05)$.

一共有 $s=100(1+0.05)+100(1+0.05)^2+\cdots+100(1+0.05)^{10}$.

王明发现借助计算器能计算出 s 的值,但非常麻烦、费时,他感到束手无策了.今天,我请同学们一起来帮助王明解决这一难题.

2) 探究建构

问题 1 如果把这 10 年内每年存款到期的本利和看成一个数列,则得到一个等比数列,首项为 $100(1+0.05)$,公比为 1.05,王明要计算这个等比数列前 10 项的和,怎样计算呢?

生 (犹豫中) ……

师 上述例子其实是等比数列求和的一个特例,类似的等比数列求和的例子很多,课本上奖励国际象棋发明人的小故事,涉及等比数列求和. 历史上等比数列求和出现很早，古巴比伦泥版 M7858 上记载有 99，891，8019，72171，649539 的求和问题，如莱茵德草纸有 $7,7^2,7^3,7^4,7^5$ 的求和问题；中国和古印度的文献上也有等比数列求和的记载，但没有给出相关公式. 许多数学家推导了求和公式，最早是塞留斯时期的泥版 AO6484 上求 $1,2,2^2,\cdots,2^9$ 的和.

师　我们不妨在一般情况下，探索求等比数列的前 n 项和（板书标题），然后求具体的数列和. 设等比数列 $\{a_n\}$ 的前 n 项和为 s_n，则 $s_n=a_1+a_2+a_3+\cdots+a_n$，因 $a_n=a_1q^{n-1}$，故 $s_n=a_1(1+q+q^2+\cdots+q^{n-1})$，求等比数列的前 n 项和即转化为如何求 $1+q+q^2+\cdots+q^{n-1}$ 的值.

问题 2　$1+q+q^2+\cdots+q^{n-1}$ 等于多少呢？能否用一个公式来表示？

生　……

师　历史上许多数学家研究了等比数列的前 n 项和问题，并得出了结论. 公元前 3 世纪欧几里得利用比例性质推导求和公式；9 世纪印度数学家马哈维拉给出了求和公式，但没有给出证明；近代数学家欧拉 18 世纪也推导了求和公式. 同学们想知道欧拉是怎么推导的吗？

生　想（齐声）.

师　碰到问题一筹莫展时，你会怎么办？例如，求 $1+q+q^2+\cdots+q^{n-1}$ 的值，怎么做？

生　（声音很小）取特殊值.

师　不错，这个同学回答不错，声音要大点，不要怕错，鼓励一下（掌声）. 这就是特殊与一般思想，一般性问题不会做时，可以先选择特殊情形试一试. 那么 q 取什么呢？

当 $q=1$ 时，能计算吗？结果是多少？

生　n.

当 $q=2$ 时，能计算吗？结果是多少？

生　2^n-1.

追问 1　如何求到的？

生　对 $1+2+2^2+\cdots+2^{n-1}$ 加上 1，$1+1=2$，$2+2=4$，以此类推，最后得到 $2^{n-1}+2^{n-1}=2^n$，所以 $1+2+2^2+\cdots+2^{n-1}=2^n-1$.

师　不错. 当 $q=3$ 时，结果是多少？是 3^n-1 吗？

生　不是.

师　能否将结果表示为 3^n-1？

生　……

展示表格，让学生填空(见表 6-5).

表 6-5

	$n=1$	$n=2$	$n=3$	$n=4$	$n=5$	…	n
$q=3$	1	4	21				
表示为 3^n-1 的形式							

追问 2　当 $q=\frac{1}{2}$ 时，能否将结果表示为 $\left(\frac{1}{2}\right)^n-1$(见表 6-6)?

表 6-6

	$n=1$	$n=2$	$n=3$	$n=4$	$n=5$	…	n
$q=\frac{1}{2}$							
表示为 $\left(\frac{1}{2}\right)^n-1$ 的形式							

追问 3　由以上例子，你能得出什么结论？当 $q=-1$ 时，结论成立吗？

追问 4　综上，你能归纳出 $1+q+q^2+\cdots+q^n$ 的结果吗？请证明你的结论.

生　$1+q+q^2+\cdots+q^{n-1}=\frac{1-q^n}{1-q}(q\neq1)$(教师板书).

生　因 $1+q+q^2+\cdots+q^{n-1}=\frac{1-q^n}{1-q}(q\neq1)$ 等价于 $(1+q+q^2+\cdots+q^{n-1})-q(1+q+q^2+\cdots+q^{n-1})=1-q^n$，要求得 $1+q+q^2+\cdots+q^{n-1}$ 的值，只需将 $1+q+q^2+\cdots+q^{n-1}$ 乘以 q，相减即可.

师　这种方法就是错位相减法. $1+q+q^2+\cdots+q^{n-1}$ 的值是什么？

生　$1+q+q^2+\cdots+q^{n-1}=\begin{cases}\frac{1-q^n}{1-q}(q\neq1)\\ n(q=1)\end{cases}$.

追问 5　等比数列 $\{a_n\}$ 前 n 项和的公式是什么？

生　(相互探究，教师板书)等比数列 $\{a_n\}$ 前 n 项和的公式为

$$s_n=\begin{cases}\frac{a_1(1-q^n)}{1-q}(q\neq1)\\ na_1(q=1)\end{cases}=\begin{cases}\frac{a_1-a_1q}{1-q}(q\neq1)\\ na_1(q=1)\end{cases}=\begin{cases}\frac{a_1-a_{n+1}}{1-q}(q\neq1)\\ na_1(q=1)\end{cases}.$$

追问 6　你能证明一下吗？

生　设 $s_n=a_1+a_2+\cdots+a_n$，两边同乘以 q 得 $qs_n=a_2+a_3+\cdots+a_n+a_{n+1}$，相减后得 $(1-q)s_n=a_1-a_{n+1}$. 当 $q\neq1$ 时，$s_n=\dfrac{a_1(1-q^n)}{1-q}(q\neq1)$；当 $q=1$ 时，$s_n=na_1$. 综合以上得证.

追问 7　在等式 $s_n=a_1+a_2+\cdots+a_n$ 两边同乘以 q 相减，其目的是什么？错位相减法的本质是什么？

生　消掉两个等式的公共项 $a_2+a_3+\cdots+a_n$，本质是消除差异.

师　证明等比数列求和公式还有其他方法吗？

生　……

师　错位相减法是消去公共项 $a_2+a_3+\cdots+a_n$，针对公共项，老师介绍一种方法——提取公因式法：$s_n=a_1+a_2+\cdots+a_n=a_1+q(a_1+a_2+\cdots+a_{n-1})=a_1+q(s_n-a_n)$，当 $q\neq1$ 时，$s_n=\dfrac{a_1(1-q^n)}{1-q}(q\neq1)$.

3）数学运用

师　通过求和公式我们能帮王明算出本利和吗？

生　$s_{10}=\dfrac{105\times(1-1.05^{10})}{1-1.05}=1320.68$（用计算器）.

师　这相当于已知 a_1、q 和 n，计算 s_n，请同学们看下面的例题.

例 1　已知等比数列 $\dfrac{1}{2},\dfrac{1}{4},\dfrac{1}{8},\cdots$

(1) 求 s_8；(2) 求第 4 项到第 9 项的和.

例 2　等比数列 $\{a_n\}$ 中，已知 $a_3=\dfrac{3}{2}$，$s_3=\dfrac{9}{2}$，求 a_1 与 q.

解答过程略.

师　由求和公式还可以求哪些项呢？

生　由 s_n、q 和 n 可以计算出 a_1；由 a_1、q 和 s_n 可以计算出 n；由 a_1、n 和 s_n 可以计算出 q.

问题 3　由 a_1、n 和 s_n 可以计算出 a_n 吗？怎样算？

生（犹豫了一下）　可以，由通项公式 $a_n=a_1q^{n-1}$ 和求和公式 $s_n=\dfrac{a_1(1-q^n)}{1-q}(q\neq1)$ 解方程组求得.

追问　等比数列 $\{a_n\}$ 共涉及五个量：a_1、q、n、a_n 和 s_n. 由通项公式 $a_n=a_1q^{n-1}$

和求和公式，同学们可得出什么结论？

生　知道其中三个，可求另外两个——知三求二.

4. 课堂小结

(1) 通过等比数列的前 n 和的公式推导，让学生掌握错位相减的方法.

(2) 掌握等比数列基本量的运算，等比数列有 a_1,n,q,a_n,s_n 五个基本量，一般可以“知三求二”，通过列方程（方程组）求解.

(3) 等比数列的前 n 项和及公比 q 的分类讨论. 当 $q=1$ 时，$\{a_n\}$ 的前 n 项和 $s_n=na_1$；当 $q\neq1$ 时，$\{a_n\}$ 的前 n 项和 $s_n=\frac{a_1(1-q^n)}{1-q}=\frac{a_1-a_nq}{1-q}$.

6.5.3 教学反思

本节课采用问题驱动教学方法，用问题启发学生，通过“观察、归纳、自主探究、合作交流”的认知过程，充分体现了以学生为主体、以教师为主导的新课改理念，同时营造了宽松、愉快的教学氛围，通过问题引导学生体验新知识的生成、发展，润物无声地培养了学生的数学核心素养.

在教学过程中，教师“包办”的地方还是多了一点，问题提出后，教师不要忙于解释，可以让学生有更多的时间思考，突出思想和方法：错位相减，分类讨论.

6.5.4 教学评析

从教学设计上看，本节课通过“银行存款本利和”的情境引入课题，面向全体学生，通过问题驱动，突破了等比数列的前 n 项和公式的归纳及错位相减法证明这个难点，使教学问题化难为易，体现了“以学生为主体”的教学思想.

从教学方法看，本节课注重新旧知识的延续性，采用问题驱动方法，将教学目标分解成一个个小问题，用问题启发学生观察、归纳、自主探究、合作交流，展示新知识的产生、发展及其提升，培养了学生的数学抽象、逻辑推理和数学运算的数学核心素养.

从教学效果看，教师从熟悉的日常生活出发，营造了宽松的教学氛围，激发了学生的内在驱动力,给学生更多的思考空间、展示机会,教师通过HPM知识的渗入、提纲挈领的提问和及时的点评让师生合作更顺利,从而很好地完成了教学目标.

6.6　课例6:导数的概念

6.6.1　设计思路

导数是高中数学主干知识一个重要的组成部分,导数的概念是“导数”这一章的核心知识,其概念本身和建立概念的过程与方法对学生理解导数、应用导数解决相关问题都非常关键.本课例的设计是从学生熟悉的平均速度、瞬时速度出发,引导学生通过计算逐步了解平均变化率、瞬时变化率,类比引出导数的概念,让学生参与并体验知识生成、发展、提升的过程,激发学生学习兴趣.

6.6.2　教学设计

1. 教学目标

(1) 从多个角度深刻认识导数的内涵,并熟练掌握、应用函数概念计算某一点的导数值.

(2) 将生活中的“导数现象”转化为理论知识,实现“感性”到“理性”的延伸与拓展,激发学生学习的积极性,培养学生的数学核心素养.

(3) 深刻理解“无限接近”这一抽象概念,将所学知识整合,建构简单的数学模型,并渗透函数思想.

2. 教学重点和难点

(1) 教学重点:导数的概念及其建立概念的过程,在建构基础概念模型的过程中,让学生感知逼近的数学思想,熟练掌握计算方法.

(2) 教学难点:将生活实例与理性概念相结合,通过数形结合、归纳总结,提炼出导数概念,并在此基础上进行深化与延伸.

3. 教学过程

1) 问题情境创设

问题 1 函数 $y=f(x)$ 从 x_1 到 x_2 的平均变化率是怎样定义的?

生 $\frac{\Delta y}{\Delta x}=\frac{f(x_1)-f(x_2)}{x_1-x_2}$.

问题 2 高台跳水运动中,运动员相对于水面的高度与时间的关系式为 $h(t)=-4.9t^2+6.5t+10$. 通过上一堂课的学习,怎么计算运动员在某一段时间内的平均速度?

例如,运动员在 $0\leqslant t\leqslant\frac{65}{49}$ 这段时间的平均速度 $\bar{v}=\frac{h\left(\frac{65}{49}\right)-h(0)}{\frac{65}{49}}=0$.

追问 1 运动员在这段时间内是静止的吗? 怎么解释平均速度为 0 这一现象?

生 不是静止的,是因为高度差为 0,所以速度为 0.

追问 2 用平均速度描述运动员的运动状态有什么问题吗?

生 平均速度不能描述运动员在每一时刻的运动状态.

师 由物理学知识,瞬时速度能够描述运动员在某一时刻的运动状态.

追问 3 如何求出物体在某时刻的瞬时速度呢? 例如,$t=2$ 时的瞬时速度怎么求?

生 根据物理学习的经验,可以先求平均速度.

追问 4 求哪一段时间内的平均速度呢?

生 $t=2$ 附近这段时间,时间段越短越好.

追问 5 为什么这样理解? 谈谈你的想法.

生 时间段越短,速度变化越小,平均速度就越接近 $t=2$ 时的瞬时速度.

追问 6 太棒了! 那么又如何表示 $t=2$ 附近的时间段呢?

生 时间选取在 $t=2$ 之前或之后.

追问 7 能不能说一些具体时间段?

生 例如,[2,2.1],[2,2.001],[1.99,2],….

师 好的,为了方便研究,我们分别用 $\overline{v_1}$、$\overline{v_2}$、$\overline{v_3}$ 表示上面三个时间段的平均速

度，大家想想，哪一个更接近 $t=2$ 时的瞬时速度？为什么？

生：$\overline{v_2}$，因为第二个时间段最短为 0.001.

师　非常好！为了验证大家的想法，我们选取了如下时间段，大家选取一个时间段，分工合作，利用计算器计算，完成如下表格（表 6-7，表 6-8，为了方便研究：时间段统一用 Δt 表示，高度差用 Δh 表示，平均速度用 $\bar{v}$ 表示）.

表 6-7

时　间　段	Δt	$\bar{v}=\frac{\Delta h}{\Delta t}$
[2,2.1]	0.1	−13.59
[2,2.01]	0.01	−13.149
[2,2.001]	0.001	−13.1049
[2,2.0001]	0.0001	−13.10049
[2,2.00001]	0.00001	−13.100049
[2,2.000001]	0.000001	−13.1000049
…	…	…

表 6-8

时　间　段	Δt	$\bar{v}=\frac{\Delta h}{\Delta t}$
[1.9,2]	−0.1	−12.61
[1.99,2]	−0.01	−13.051
[1.999,2]	−0.001	−13.0951
[1.9999,2]	−0.0001	−13.09951
[1.99999,2]	−0.00001	−13.099951
[1.999999,2]	−0.000001	−13.0999951
…	…	…

追问 8　当时间段 Δt 越来越小，趋近于 0 时，平均速度 $\bar{v}$ 有怎样的变化趋势？

生　当 Δt 趋近于 0，即无论 t 从小于 2 的一边，还是从大于 2 的一边趋近于

2 时，平均速度都趋近于一个确定的值(−13.1).

2）探究建构

问题 3 上述过程有统一的表达式吗?

生 可以将时间段统一写成$[2,2+\Delta t](\Delta t>0)$或$[2+\Delta t,2](\Delta t<0)$，对应的平均速度是$\Delta\bar{v}=\frac{h(2+\Delta t)-h(2)}{\Delta t}$或$\Delta\bar{v}=\frac{h(2)-h(2+\Delta t)}{\Delta t}$，将$h(t)=-4.9t^2+6.5t+10$代入，化简得$\Delta\bar{v}=-4.9\Delta t-13.1$. 当$\Delta t$无限趋近于 0 时，无论$\Delta t$是正数还是负数，平均速度都趋近于一个确定的值(−13.1).

师 这个同学的回答特别有思想，他把刚才的过程做了高度的概括归纳，找出了数据运算的共性，简化了运算，也建立了一个物理模型，我们把这个模型记为

$$\lim_{\Delta t\to 0}\frac{h(2+\Delta t)-h(2)}{\Delta t}=-13.1$$

表示"当$t=2$，Δt趋近于 0 时，平均速度趋近于一个确定值−13.1". 我们称确定值−13.1 是$\frac{h(2+\Delta t)-h(2)}{\Delta t}$中当$\Delta t$趋近于 0 时的极限.

从物理的角度看，时间间隔$|\Delta t|$无限变小时，平均速度就无限趋近于$t=2$时的瞬时速度. 因此，运动员在$t=2$时的瞬时速度是−13.1.

追问 1 运动员在某一时刻t_0的瞬时速度是怎样表示的? 请完成表 6-9.

表 6-9

$y=h(t)$	平均速度	瞬时速度
$t=2$	$\bar{v}=\frac{h(2+\Delta t)-h(2)}{\Delta t}$	$\lim_{\Delta t\to 0}\frac{h(2+\Delta t)-h(2)}{\Delta t}$
$t=t_0$	$\bar{v}=\frac{h(t_0+\Delta t)-h(t_0)}{\Delta t}$	$\lim_{\Delta t\to 0}\frac{h(t_0+\Delta t)-h(t_0)}{\Delta t}$

师 类似地，当$t=t_0$时，Δt趋近于 0 时，平均速度$\bar{v}=\frac{h(t_0+\Delta t)-h(t_0)}{\Delta t}$趋近于一个确定值，我们把这个确定值称为$t=t_0$时的瞬时速度，记作$\lim_{\Delta t\to 0}\frac{h(t_0+\Delta t)-h(t_0)}{\Delta t}$，也称为$t=t_0$时的导数.

追问 2 通过以上分析，在高台跳水运动中，高度对于时间的瞬时变化率就是瞬时速度. 若将$h(t)=-4.9t^2+6.5t+10$用函数$y=f(x)$表示，则怎样表示函数在$x=x_0$时的瞬时变化率? 请完成表 6-10.

表 6-10

变化率	高台跳水 $y=h(t)$	函数 $y=f(x)$
平均变化率	$\dfrac{h(t_0+\Delta t)-h(t_0)}{\Delta t}$	$\dfrac{f(x_0+\Delta x)-f(x_0)}{\Delta x}$
瞬时变化率	$\lim\limits_{\Delta t\to 0}\dfrac{h(t_0+\Delta t)-h(t_0)}{\Delta t}$	$\lim\limits_{\Delta t\to 0}\dfrac{f(x_0+\Delta x)-f(x_0)}{\Delta x}$

追问 3　你能用自己的语言说一下，什么是函数 $y=f(x)$ 在 $x=x_0$ 处的瞬时变化率吗？

生　把函数 $y=f(x)$ 在 $x=x_0$ 处的平均变化率 $\dfrac{\Delta y}{\Delta x}=\dfrac{f(x_0+\Delta x)-f(x_0)}{\Delta x}$ 取极限，就是瞬时变化率.

师　非常好！我们也把这个极限称为函数 $y=f(x)$ 在 $x=x_0$ 处的导数.

导数的概念：一般地，函数 $y=f(x)$ 在 $x=x_0$ 处的瞬时变化率是

$$\lim_{\Delta x\to 0}\frac{\Delta y}{\Delta x}=\frac{f(x_0+\Delta x)-f(x_0)}{\Delta x}$$

我们称它为函数 $y=f(x)$ 在 $x=x_0$ 处的**导数**，记作 $f'(x_0)$ 或 $y'|x=x_0$，即

$$f'(x_0)=\lim_{\Delta x\to 0}\frac{\Delta y}{\Delta x}=\frac{f(x_0+\Delta x)-f(x_0)}{\Delta x}$$

3）数学应用

例 1　求函数 $f(x)=x^2$ 在 $x=1,2,3$ 附近的平均变化率，取 $\Delta x=\dfrac{1}{3}$，则在哪一点附近的平均变化率最大？

解　在 $x=1$ 附近的平均变化率为

$$k_1=\frac{f(1+\Delta x)-f(1)}{\Delta x}=\frac{(1+\Delta x)^2-1^2}{\Delta x}=2+\Delta x$$

在 $x=2$ 附近的平均变化率为

$$k_2=\frac{f(2+\Delta x)-f(2)}{\Delta x}=\frac{(2+\Delta x)^2-2^2}{\Delta x}=4+\Delta x$$

在 $x=3$ 附近的平均变化率为

$$k_3=\frac{f(3+\Delta x)-f(3)}{\Delta x}=\frac{(3+\Delta x)^2-3^2}{\Delta x}=6+\Delta x$$

若 $\Delta x=\frac{1}{3}$，则

$$k_1=2+\frac{1}{3}=\frac{7}{3},\quad k_2=4+\frac{1}{3}=\frac{13}{3},\quad k_3=6+\frac{1}{3}=\frac{19}{3}$$

由于 $k_1<k_2<k_3$，所以在 $x=3$ 附近的平均变化率最大.

提炼　求平均变化率的步骤：① 计算函数值的改变量 $\Delta y=f(x_1)-f(x_0)$；② 计算自变量的改变量 $\Delta x=x_1-x_0$；③ 求平均变化率 $\frac{\Delta y}{\Delta x}=\frac{f(x_1)-f(x_0)}{x_1-x_0}$.

例 2　求函数 $f(x)=\frac{1}{2+3x}$ 在 $x=1$ 处的导数.

解　因为

$$\frac{\Delta y}{\Delta x}=\frac{f(1+\Delta x)-f(1)}{\Delta x}=\frac{\frac{1}{2+3(1+\Delta x)}-\frac{1}{2+3\times 1}}{\Delta x}=\frac{-3}{5(5+3\Delta x)}$$

所以

$$f'(1)=\lim_{\Delta x\to 0}\frac{\Delta y}{\Delta x}=\lim_{\Delta x\to 0}\frac{-3}{5(5+3\Delta x)}=-\frac{3}{25}$$

提炼　用导数定义求函数在某一点处的导数的步骤：① 求函数的增量 $\Delta y=f(x_0+\Delta x)-f(x_0)$；② 求函数的平均变化率 $\frac{\Delta y}{\Delta x}=\frac{f(x_0+\Delta x)-f(x_0)}{\Delta x}$；③ 取极限，得导数 $f'(x_0)=\lim_{\Delta x\to 0}\frac{\Delta y}{\Delta x}=\lim_{\Delta x\to 0}\frac{f(x_0+\Delta x)-f(x_0)}{\Delta x}$. 简称“一差，二比，三极限”.

4）课堂小结

（1）学生理解平均速度、瞬时速度、平均变化率、瞬时变化率的联系与区别.

（2）理解导数的概念.

6.6.3　教学反思

数学是高中阶段培养学生逻辑思维能力的关键学科，“导数的概念”可以说是高中数学教学中的重点内容. 为了进一步培养学生数学核心素养，教师应当明确教学目标，坚持“以生为本”，引导学生展开深度分析与探究，在概念课的教学中充分再现概念的发生与发展过程，让学生参与并体验知识的再现.

若课堂引导时间过长，则课堂组织语言可以更精炼些，知识的呈现可以更自然些，从而多留时间给学生练习以巩固知识.

6.6.4　教学评析

本节是导数章节的一个重要概念课.本节课从学生熟悉的平均速度、瞬时速度出发，将教学目标转化成问题，围绕问题，逐步引导学生通过类比、计算了解平均变化率、瞬时变化率，从而引出导数的概念，有效地完成了教学任务.

6.7　课例7：平面的基本性质

6.7.1　教学设计

平面的基本性质是研究空间中点、直线与平面三者位置关系的基础，是学生学习立体几何中图形、文字、符号三种语言相互转化的重要载体.平面的基本性质的三个基本事实虽然简单，但初学者往往较难理解，也难以运用到位.本课例选择问题驱动法，拟通过创设一些合理的情境或活动，以问题为主线，引导学生领悟平面的基本性质的三个基本事实.

6.7.2　教学设计

1. 教学目标

(1) 了解平面的含义.

(2) 理解平面的基本性质，能准确把握基本事实1、基本事实2、基本事实3的含义.

(3) 能正确使用集合符号表示点、线、面的位置关系.

(4) 能运用平面的基本性质解决一些简单问题.

2. 教学重点与难点

(1) 教学重点:平面的基本性质.

(2) 教学难点:正确使用图形语言、符号语言表示平面的基本性质.

3. 教学过程

1) 问题情境创设

师　在前面的学习中,我们已经对简单的几何体有了一些直观的认识,简单的几何体是由空间的点、线、面构成的,下面我们对点、线、面的位置关系进行讨论.

通过学习我们知道,"点动成线、线动成面",所得的面可能是平面,也可能是曲面,那么什么是平面?平面又具有怎样的性质?这是本节课我们要研究的问题——平面的基本性质(板书课题).

2) 探究建构

师　在日常生活或电视中,同学们一定见过以下一些事物或场景,广阔的草原、平静的湖面、穿衣镜面、平滑的桌面、教室的墙面等.

生　是的.

问题 1　上述事物有何共同的特征?

生　其表面是平坦的,给人们以平面的感觉.

师　对,这就是平面的含义.

(1) 平面的含义.

广阔的草原、平静的湖面都给我们以平面的形象.

说明:① 与点、直线一样,平面也是从现实世界中抽象出来的几何概念,它是一个原始概念,不便下定义;② 平面没有厚度;③ 平面具有无限延伸性;④ 平面既可以看成是直线的集合,也可以看成是点的集合.

(2) 平面的表示.

① 图形语言:通常用平行四边形表示平面,特别是水平放置时,一般用水平放置的正方形的直观图作为平面的直观图.

② 符号语言:通常用希腊字母 $\alpha,\beta,\gamma,\cdots$ 表示平面,也可以用平行四边形的两个相对顶点的字母表示平面.如图 6-19 所示,该平面可以表示为平面 α、平面 AC 等.

说明：① 用希腊字母表示平面时，不要在图上标上“角”的记号，这是一个易错点；② 空间中的点、直线、平面的位置关系可以借助集合中的符号来表示. 例如，图6-20所示的长方体 $ABCD-A_1B_1C_1D_1$ 中的位置关系与符号表示如表6-11所示.

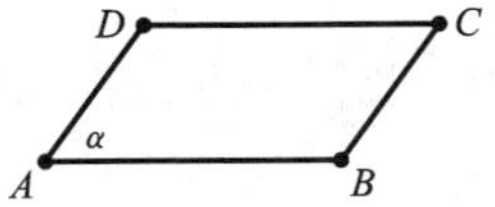

图 6-19

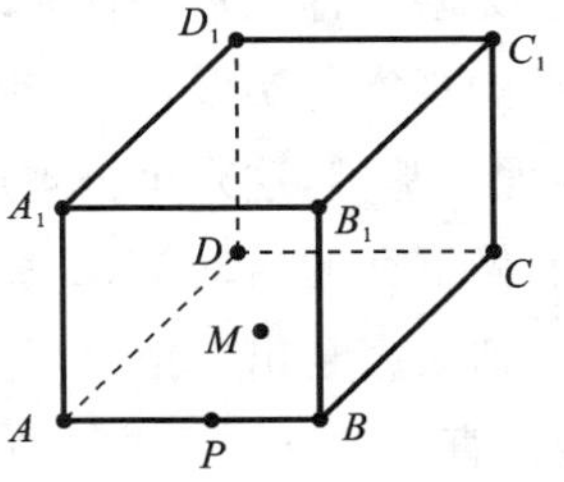

图 6-20

表 6-11

位置关系	符号表示
点 P 在直线 AB 上	$P\in AB$
点 C 不在直线 AB 上	$C\notin AB$
点 M 在平面 AC 内	$M\in$ 平面 AC
点 A_1 不在平面 AC 内	$A_1\notin$ 平面 AC
直线 AB 与直线 BC 相交于点 B	$AB\cap BC=B$
直线 AB 在平面 AC 内	$AB\subset$ 平面 AC
直线 AA_1 不在平面 AC 内	$AA_1\not\subset$ 平面 AC

练习1　用符号表示下列语句：

(1) 点 A 在直线 l 上，l 在平面 α 内；

(2) 平面 α 和平面 β 的交线是直线 l，直线 m 在平面 α 内；

(3) 点 A 在平面 α 内，直线 l 经过点 A，且直线 l 在平面 α 外；

(4) 直线 l 经过平面 α 外一点 M.

答案　(1) $A\in l,l\subset\alpha$；(2) $\alpha\cap\beta=l,m\subset\alpha$；(3) $A\in\alpha,A\in l,l\not\subset\alpha$；(4) $M\notin\alpha,M\in l$.

练习2　画图表示下列语句（其中 P,M 表示点，l,m 表示直线，α,β 表示平面）：

(1) $P\in l,P\notin\alpha,l\cap\alpha=M$；　　(2) $\alpha\cap\beta=m,P\in\alpha,P\notin m$；

(3) $l\not\subset\alpha$，$l\subset\beta$；　　　　(4) $P\in\alpha$，$P\in\beta$，$\alpha\cap\beta=m$.

学生上讲台板演.

(3) 平面的基本性质.

师　除了无限延伸性这一性质之外，平面还有哪些性质呢？在生产与生活中，人们经过长期的观察与实践，总结出关于平面的几个基本性质，并把它们作为基本事实，作为推理的基础，这几个公理的内容是什么呢？下面我们一起来探究一下，首先请同学们做下面的活动.

活动一　请大家拿出一把直尺，在直尺的一边上找两个点，然后把这两个点放在桌面上，观察直尺的这一边与桌面是什么位置关系？

生　这边在桌面内.

问题 2　如果把直尺的这条边看作一条直线，把桌面看成一个平面，那么可怎样描述这一事实？

生　当一条直线上有两个点在一个平面内时，这条直线就在这个平面内.

师　对，这就是基本事实 1 要表述的含义.

基本事实 1　如果一条直线上的两点在一个平面内，那么这条直线上的所有点都在这个平面内.

基本事实 1 的图形表示如图 6-21 所示.

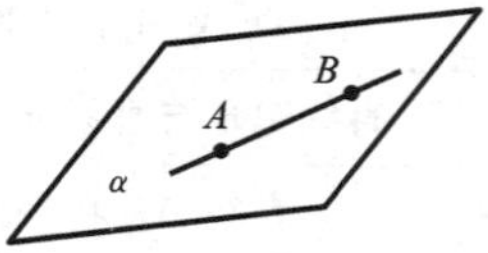

图 6-21

基本事实 1 的理解.

① 基本事实 1 说明平面是“平的”，当一条直线在平面内时，这条直线上就不会有离开这个平面的点.

② 基本事实 1 的结论也可以表述为“这条直线在这个平面内”或“这个平面经过这条直线”.

③ 基本事实 1 是判断直线在平面内的依据.

基本事实 1 的符号表示：$A\in\alpha$，$B\in\alpha\Rightarrow AB\subset\alpha$.

练习　若 $A\in\alpha$，$B\notin\alpha$，$B\in l$，$A\in l$，则直线 l 与平面 α 有多少个公共点？为什么？

答案　有且仅有一个公共点 A. 若还有其他公共点，则 $l\subset\alpha$. 而 $B\in l$，所以 $B\in\alpha$，这与已知矛盾.

活动二　请大家看，这里有两块纸板，它们分别表示平面 α 与平面 β(在平面 α 的纸板上事先挖了一条很窄的直线槽). 现将它们摆成如图 6-22 的样子，其中表示平面 β 的矩形的一个顶点落在直线槽上的点 P 处.

问题3　在图6-22的这种状态下,平面β和平面α有多少个公共点?

生　无数个.

追问1　它们不是只有一个公共点P吗?哪里来的无数个公共点呢?

生　因为平面具有无限延伸性,它们还应有其他公共点.

在学生回答的同时,老师将平面β向下插进事先挖好的直线槽中,如图6-23所示.

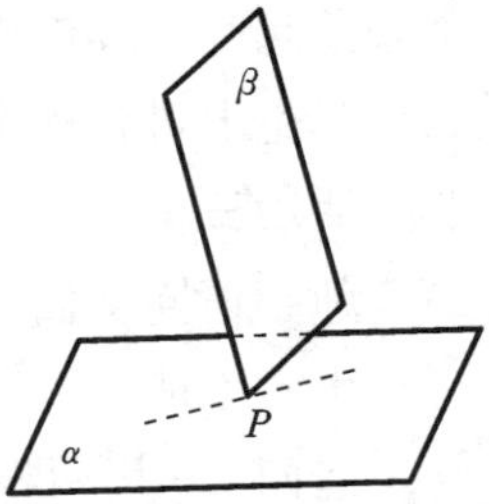

图6-22

师　对的,这两个平面的确是有无数个公共点.

追问2　这无数个公共点的分布规律有何规律?

生　在同一条直线上.

追问3　这条直线和点P是什么位置关系?

生　点P在这条直线上或这条直线经过点P.

追问4　如何描述这个事实?

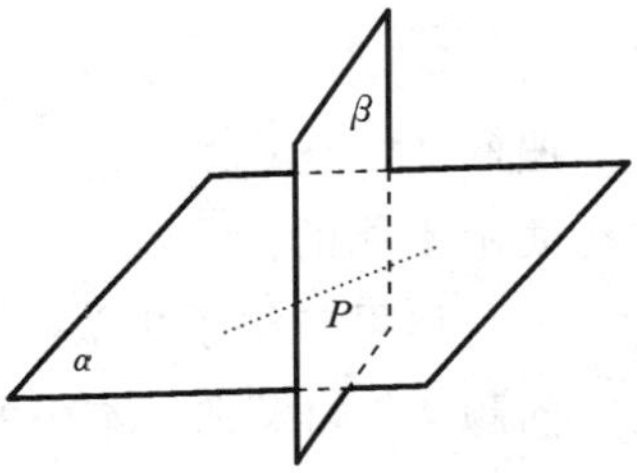

图6-23

生　如果两个平面有一个公共点,那么这两个平面相交于过这一点的直线.

师　非常好!这就是基本事实2要表述的含义.

基本事实2　如果两个平面有一个公共点,那么这两个平面相交于过这一点的直线.

基本事实2的图形表示如图6-24所示.

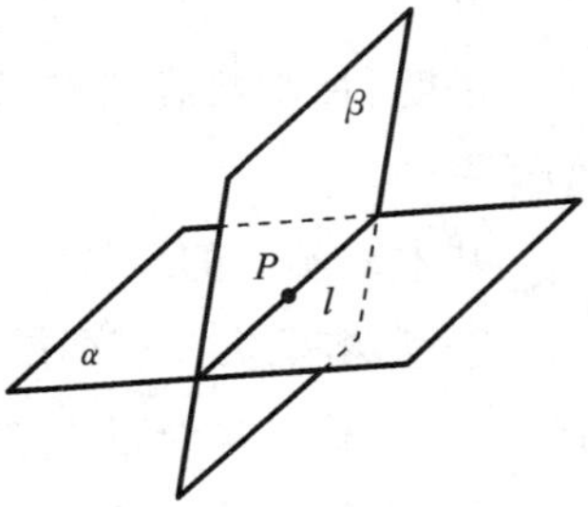

图6-24

基本事实2的理解.

① 两个不重合的平面只要有一个公共点,它们就有一条公共直线.

② 两个平面只要有一个公共点,这两个平面就是相交的,它们的公共部分就是这两个平面的交线.

③ 基本事实2是判断两个平面相交的依据.

基本事实2的符号表示:$P\in\alpha,P\in\beta\Rightarrow\alpha\cap\beta=l$且$P\in l$.

练习　如图6-25所示,$\triangle ABC$的顶点B在平面α内,顶点A、C都在平面α外,设ΔABC所在平面为β,那么除了点B以外,你能画出平面α与平面β的一

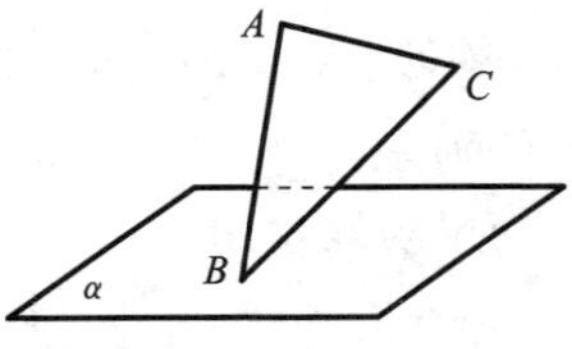

图6-25

个公共点吗？你能画出平面 α 与平面 β 的交线吗？

学生上讲台板书.

活动三

师　请同学们拿起一本书，你用一根手指头能否把它平稳顶起来吗？

生　不能.

追问 1　用两根手指头呢？

生　也不能.

追问 2　用三根手指头呢？

生　能.

追问 3　一定能吗？

演示不能的情况.

生　如果三根手指头在同一条直线上，也不能.

问题 4　如果把一本书看成一个平面，把书与手指头接触的地方看成一个点，那么可以怎样描述这个事实？

生　不共线的三点可以固定一个平面.

基本事实 3　经过不在同一直线上的三点有且只有一个平面.

基本事实 3 的图形表示如图 6-26 所示.

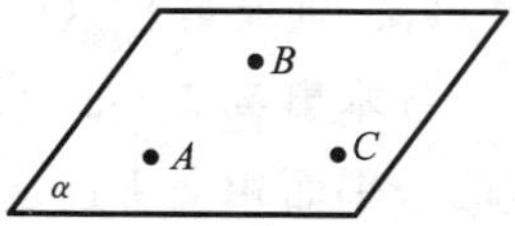

图 6-26

说明：过不共线三点 A,B,C 的平面通常记作“平面 ABC”.

基本事实 3 的理解.

① 基本事实 3 有两层含义：一是经过不共线的三点有一个平面，二是经过不共线的三点只有一个平面.

② 基本事实 3 也可以表述为“不共线的三点确定一个平面”.

③ 基本事实 3 是确定平面的依据.

基本事实 3 的符号表示：若 $A\notin BC$，则存在唯一平面 α，使得 $A\in\alpha, B\in\alpha, C\in\alpha$.

练习　$\triangle ABC$ 的三条边 AB,AC,BC 在同一个平面吗？

3）数学运用

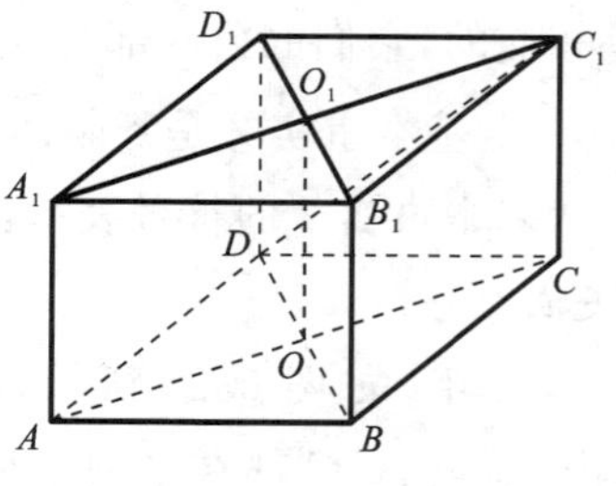

图 6-27

例 1　如图 6-27 所示，在长方体 $ABCD-A_1B_1C_1D_1$ 中，下列命题是否正确？并说明理由.

(1) AC_1 在平面 CC_1B_1B 内；

(2) 若 O,O_1 分别为平面 $ABCD$，$A_1B_1C_1D_1$ 的中心，则平面 $ABCD$ 与平面 $A_1B_1C_1D_1$ 的交线为 OO_1；

(3) 由点 A,O,C 可以确定平面；

(4) 设直线 $l\subset$平面 AC，直线 $m\subset$平面 D_1C，若 l 与 m 相交，则交点一定在直线 CD 上；

(5) 由点 A,O,C_1 确定的平面与点 A,C,C_1 确定的平面是同一个平面.

解　(1) 错误. 因为 $A\notin$平面 CC_1B_1B.

(2) 正确. 因为 O,O_1 是平面 AA_1C_1C 与平面 BB_1D_1D 的公共点.

(3) 错误. 因为 A,O,C 三点共线.

(4) 正确. 因为 l 与 m 的交点是平面 AC 与平面 D_1C 的公共点，而直线 CD 是平面 AC 与平面 D_1C 的交线.

(5) 正确. 因为这两个平面都经过不共线的三点 A,O,C_1，所以它们必定重合.

提炼　(1) 如果一条直线有一个点不在某一个平面内，那么这条直线就不在这个平面内；

(2) 若 P,Q 是两个平面的交点，则直线 PQ 就是这两个平面的交线；

(3) 共线的三点不能确定一个平面，不共线的三点才能确定一个平面；

(4) 两个平面的公共点一定在这两个平面的交线上；

(5) 若两个平面都经过不同在一条直线上的某三点，则这两个平面重合.

4）课堂小结

(1) 本节课我们学习了平面的含义、平面的表示及平面的基本性质，其中平面的基本性质部分我们主要学习了三个基本事实，我们要理解这三个基本事实的含义，同时能用图形语言和符号语言表示出这三个基本事实.

(2) 平面的基本性质是人们在生产与生活中经过长期观察与实践总结出来的，这进一步证明了数学源于生活.

(3) 不共线的三点能确定一个平面，在此基础上，还能得到确定平面的其他几个推论. 这是我们下一节课将要进一步研究的问题，有兴趣的同学不妨课后先探究一下.

6.7.3　教学反思

成功之处：一是教学设计流程清晰，从实际生活和生产中创设平面问题情境，问题1启发学生从具体事物中抽象出几何(平面)知识,认识平面的图形语言和符号语言,问题2让学生体会基本事实1,问题3让学生理解基本事实2,问题4让学生认识基本事实3;二是通过四个问题及其子问题的驱动,从实际生活或生产(草原、穿衣镜面等)中认识新知识,又在实践(通过三个活动让学生动手操作)中归纳知识,以学生为主体,以教师为引导者,帮助学生完成了知识体系建构;三是教学围绕教学目标设计的问题,环环相扣,积极调动学生思考方向,大大地提高了学生学习数学的兴趣.

改进之处:一是在教学中在完成知识体系建构后,让学生多画图,从学生的画图中看出,学生对立体几何直观图的画法存在问题;二是课堂容量偏大了一点,导致学生同步练习的时间少了一些,应该让学生板书一下立体几何的说理,提高学生逻辑推理的素养.

6.7.4 教学评析

本课例设计理念科学,运用变式和追问形式教学,确保学生参与教学活动持续热情.这种教学设计对数学中的定理和命题进行不同角度、不同层次、不同情形、不同背景的变式以暴露问题的本质特征,能揭示不同知识点内在联系,提高学生的学习效率.通过变式教学,使一题多解、多题重组,能给人新鲜感,能唤起学生的好奇心和求知欲望,因而产生主动参与的动力.本设计中问题1让学生从现实生活中感受平面知识,再通过设计的几个追问顺利地引入平面;问题4让学生借助身边的事物,通过动手操作认识平面的确定和平面的唯一性,课堂非常活跃,体现了新课改的精神,也体现了数学来自实际生活和生产中,同时体现数学为生活和生产实践服务.

6.8 课例8:球与几何体的切、接问题

6.8.1 设计思路

人教版必修2教材中有一段意味深长的话:观察一件实物,说出它属于哪种几

何体,并分析它的结构特征,注意它与平面图形的联系,注意观察组成几何体的每个面的特点,以及面与面之间的关系.这段话从一个侧面揭示了立体几何教学的根本规律和方法,那就是“空间问题平面化”.我们认为空间问题平面化是学习立体几何的关键,是整个立体几何的出发点和归宿,是可以贯彻始终的东西,不仅用在认识空间几何体的结构特征中,也用在各种证明和计算问题的最终解决中.

研究球与几何体的切、接问题同样离不开空间问题平面化这种思想,这也是我们准备这节课的基本思路.求解空间几何体的接、切问题时,一般过球心及接、切点作截面,将空间问题化为平面图形与圆的接、切问题,再利用平面几何知识寻找几何元素之间的关系求解.最关键的地方毫无疑问在球心,这也是此类问题的关键所在.对于几何体的外接球,确定球心位置的依据在于:① 球心到各接点的距离相等,即为球的半径;② 球心与球的小圆圆心的连线与小圆所在的平面垂直,迁移到多面体的外接球问题中,球的小圆的圆心即是多面体底面和侧面的外接圆的圆心,因此球心应该在这个面过其外接圆圆心(若是三角形则为外心)的那条垂线上.这是确定球心比较惯用的手段.

6.8.2　教学设计

1. 教学目标

用表面积、体积公式求球的切、接问题.

2. 教学重点和难点

(1) 重点:球与几何体的切、接问题.

(2) 难点:球与几何体的切、接问题及割补法的应用.

3. 教学过程

1) 问题情境创设

师　这节课我们一起来研究球与几何体的切、接问题,即几何体的内切球和外接球的问题,请同学们先完成下面相关知识点的回顾、梳理.

(1) 球的表面积、体积公式.

$S_{球}=$______;

$V_{球}=$______.

(2) 球与几何体的切、接问题中的重要结论.

① 边长为 a 的正方体:

外接球半径 $R=$______;

内切球半径 $r=$______.

② 边长为 a 的正四面体:

外接球半径 $R=$______;

内切球半径 $r=$______.

正四面体的外接球和内切球的球心是其高的四等分点,外接球的半径 R 与内切球的半径 r 之比为 3∶1,即 $R=\frac{3}{4}h, r=\frac{1}{4}h$.

2) 探究建构

问题 1 我们一起来完善以下几个要点.

(1) 球的结构特征:$r=\sqrt{R^2-d^2}$(见图 6-28).

(2) 类似于用面积法求三角形内切圆半径的求法,我们可以用体积法求三棱锥的内切球的半径(见图 6-29).

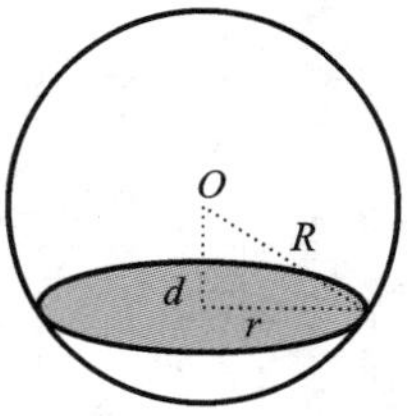

图 6-28

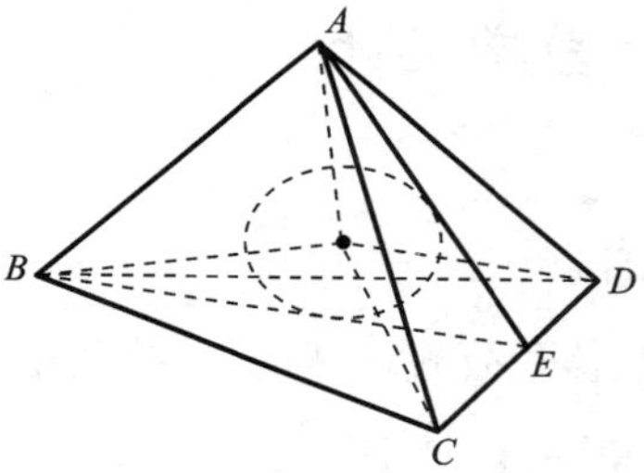

图 6-29

由于 $V_{A\text{-}BCD}=\frac{1}{3}S_1R+\frac{1}{3}S_2R+\frac{1}{3}S_3R+\frac{1}{3}S_4R$,则有

$$R=\frac{3V_{A\text{-}BCD}}{S_1+S_2+S_3+S_4}$$

3) 数学运用

问题 2 若圆锥的高等于其内切球半径长的 3 倍,则圆锥侧面积与球的表面积之比是(   ).

A. $\frac{3}{2}$　　B. $\frac{2}{3}$　　C. $\frac{1}{2}$　　D. $\frac{1}{3}$

教师在黑板上画出相应的平面图形，圆内切于一个等腰三角形（见图 6-30），引导学生用平面图形来解决空间问题. 弄清楚问题后，再提问学生如何求解.

生　通过投影或黑板演示的方式呈现画图和演算过程. 设球的半径为 R，圆锥的半径为 r，母线长为 l，高为 h，依题意 $h=3R$，可得 $l=\sqrt{3}R+r$，代入 $h^2+r^2=l^2$ 可以解得 $r=\sqrt{3}R$，$l=2\sqrt{3}R$，…，不难得到答案为 A.

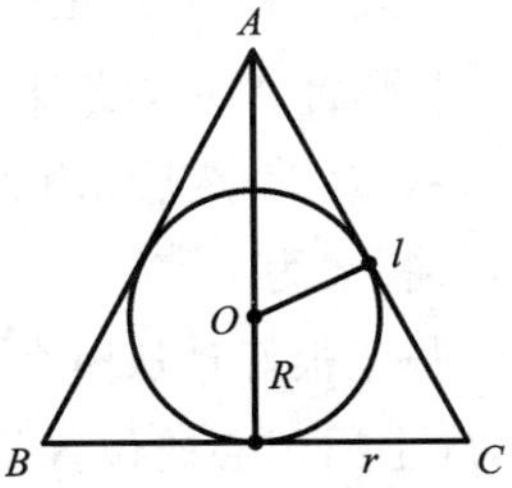

图 6-30

师　很好！

提炼　求解空间几何体的接、切问题时，一般过球心及接、切点作截面，将空间问题化为平面图形与圆的接、切问题，再利用平面几何知识寻找几何元素之间的关系. 最关键的地方毫无疑问在球心，这也是此类问题的灵感所在. 如何确定球心的位置？有些题比较明显，有些题则需要学生懂得一些规律、方法和技巧. 下面我们主要以三棱锥为例来加以探讨（以下几个题都与三棱锥的外接球有关，之所以这样选择，是因为所有的多面体最终都可以分割为四面体，也就是三棱锥，就像平面几何中所有的多边形最终都可以分割为三角形一样，先弄清楚与三棱锥有关的此类问题）.

问题 3　正三棱锥 $P\text{-}ABC$ 中，$PA=PB=PC=2\sqrt{5}$，$AB=AC=BC=2\sqrt{3}$，则三棱锥 $P\text{-}ABC$ 外接球的体积是（　　）.

A. 36π　　B. $\frac{125\pi}{6}$　　C. $\frac{32\pi}{3}$　　D. 50π

师　画出正三棱锥的直观图，如图 6-31 所示.

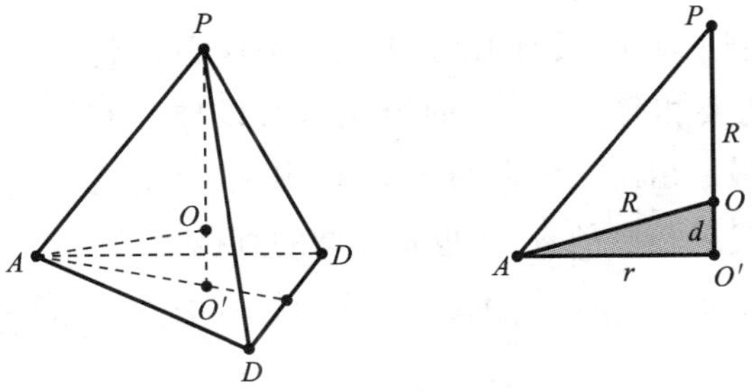

图 6-31

学生经过认真分析、思考和演算后，通过实物投影展示、呈现学生的解答过程，再让学生讨论，并请学生说出其想法和思路.

生　三棱锥 $P\text{-}ABC$ 是正三棱锥，取 O' 为$\triangle ABC$ 外接圆的圆心，连接 PO'，则 $PO'\perp$平面 ABC，设 O 为三棱锥 $P\text{-}ABC$ 外接球的球心，外接球的半径为 R，可求出 $O'A$，PO'，然后由 $OO'^2+O'A^2=OA^2=R^2$ 可求出半径，进而求出外接球的体积，故答案为 B.

师　很好！从整个问题的解决来看，大家知道这个问题的关键在哪里吗？对了，确定出球心的位置是此类问题的关键(即矛盾的焦点). 以这个题为例，怎样确定这个三棱锥的外接球的球心呢？(强调!)我们通常的做法是先选定三棱锥的一个面，当然这个面最好是比较特殊的，等边三角形或直角三角形肯定不能放过. 然后找出这个三角形的外接圆的圆心，即外心，过外心作出这个面的垂线，则垂心一定在这条垂线上，如这个题里面的 PO'，为什么？球的结构特点和性质是这类题目的惯用的方法，我们可以再看下面几道题.

问题 4　已知三棱锥 $P\text{-}ABC$ 中，$PA=1$，$PB=\sqrt{7}$，$AB=2\sqrt{2}$，$CA=CB=\sqrt{5}$，面 $PAB\perp$面 ABC，则此三棱锥的外接球的表面积为(　　).

A. $\dfrac{20\pi}{9}$　　B. $\dfrac{25\pi}{12}$　　C. $\dfrac{25\pi}{3}$　　D. $\dfrac{5\pi}{3}$

师　画出图形，结合已知条件，可以发现该三棱锥的特征，有两个面互相垂直，并且这两个互相垂直的面，一个是直角三角形，即面 PAB；另一个是等腰三角形，即面 ABC. 再来分析问题，这是一个三棱锥的外接球的问题，还记得上一道题怎么确定球心吗？球心应该在过每一个面的外接圆的圆心的这个面的垂线上.

生　因为这里有一个直角三角形，即 RT$\triangle PAB$(见图 6-32)，它的外心为斜边 AB 的中点 D，又因为后侧面 $PAB\perp$下底面 ABC，所以过点 D 作后侧面 PAB 的垂线，即为 CD，那么球心在直线 CD 上. 设球心为 O，又因为球心 O 到 A、B、C 各点的距离要相等(等于球的半径)，所以球心 O 为$\triangle ABC$ 的外心. 最后由解三角形的知识(即由正、余弦定理)可以求得$\triangle ABC$ 外接圆的直径，也就是球的直径.

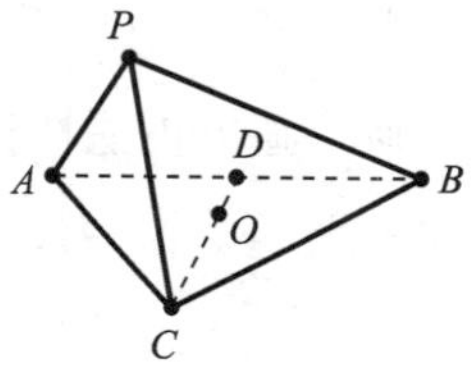

图 6-32

解题过程如下：在$\triangle ABC$ 中，$AB=2\sqrt{2}$，$CA=CB=\sqrt{5}$，由余弦定理得

$$\cos\angle ACB=\frac{5+5-8}{2\times\sqrt{5}\times\sqrt{5}}=\frac{1}{5},\quad \sin\angle ACB=\frac{2\sqrt{6}}{5}$$

由正弦定理得

$$2R=\frac{2\sqrt{2}}{\sin\angle ACB}=2\sqrt{2}\times\frac{5}{2\sqrt{6}}=\frac{5\sqrt{3}}{3}$$

球的表面积

$$S=4\pi R^2=\frac{25\pi}{3}$$

师　非常棒!

提炼　注意解三角形知识的运用,如由正弦定理求三角形外接圆的半径.

问题5　已知三棱锥 $P\text{-}ABC$ 中,$PA=4$,$AB=AC=2\sqrt{3}$,$BC=6$,$PA\perp$面 ABC,则此三棱锥的外接球的表面积为(　　).

A. 16π　　B. 32π　　C. 64π　　D. 128π

师　这个题是我们进一步变化问题2给出的三棱锥结构的结果(题目就是这样千变万化来的),你想到解法了吗?

生　与前一道题类似,我们可以先确定球心,设底面$\triangle ABC$的外心为O',过点O'作这个面的垂线(见图6-33),则球心在这条垂线上,设球心为O,连接OP. 容易知道,四边形$O'OPA$是一个直角梯形. 在底面$\triangle ABC$中,同上一道题一样,利用余弦定理求出$\cos\angle BAC$,得到$\sin\angle BAC$,再由正弦定理得到$\triangle ABC$的外接圆半径,利用勾股定理,得到三棱锥外接球的半径,得到其表面积,答案选C.

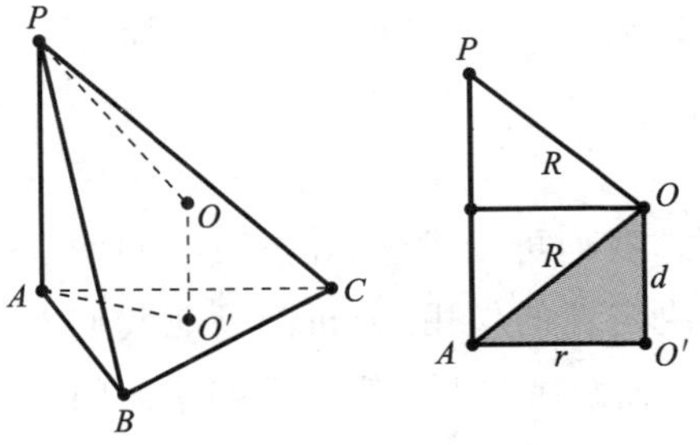

图6-33

师　很好!

提炼 这个题我们仍然从确定球心这个关键点出发寻找解题思路,要发现这里出现的直角梯形,将这个梯形单独移出,会给我们解题带来极大的方便,这也是我们通常说的"空间问题平面化"的又一体现.

练习1　(2017·惠州三调)已知一个平放的各棱长为4的三棱锥内有一个小球O(重量忽略不计),现从该三棱锥顶端向内注水,小球慢慢上浮,在注入水的体积是该三棱锥体积的$\frac{7}{8}$时，小球与该三棱锥各侧面均相切（与水面也相切），则小球的表面积等于（　　）.

A. $\frac{7\pi}{6}$　　B. $\frac{4\pi}{3}$　　C. $\frac{2\pi}{3}$　　D. $\frac{\pi}{2}$

答案　C.

练习2　已知正四棱锥 $P\text{-}ABCD$ 的顶点均在球 O 上，且该正四棱锥的各个棱长均为2，则球 O 的表面积为（　　）.

A. 4π　　B. 6π　　C. 8π　　D. 16π

答案　C.

练习3　已知正三棱柱 $ABC\text{-}A_1B_1C_1$ 的顶点都在球 O 的球面上，$AB=2$，$AA_1=4$，则球 O 的表面积为（　　）.

A. $\frac{32\pi}{3}$　　B. 32π　　C. 64π　　D. $\frac{64\pi}{3}$

答案　D.

练习4　如图6-34所示，表面积为 12π 的球 O 内切于正方体 $ABCD-A_1B_1C_1D_1$，则平面 ACD_1 截球 O 的截面面积为（　　）.

A. $\sqrt{2}\pi$　　B. $\sqrt{3}\pi$　　C. 2π　　D. 4π

答案　C.

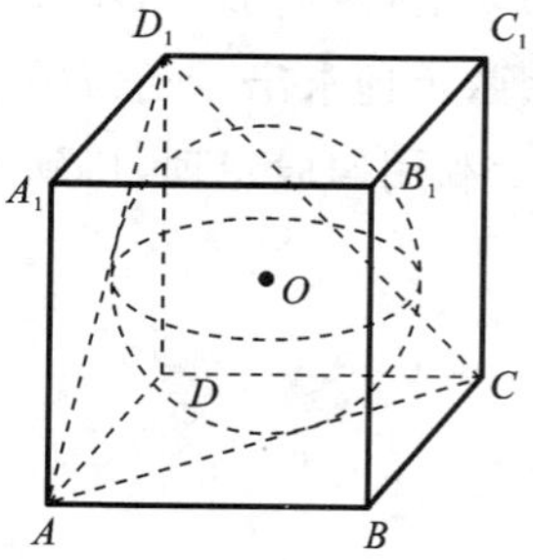

图6-34

4）课堂小结

通过这节课的学习，我们可以发现，在解决空间问题时，画图往往起到了决定性的作用. 分析问题时我们可以画几何体的直观图，而解决问题时需要依赖平面图形，主要是三角形，所以学习立体几何我们经常有这样一句话，那就是“空间问题平面化，平面问题三角化”. 空间问题平面化是立体几何中可以贯彻始终的最重要的思想.

6.8.3　教学反思

成功之处：“球的表面积和体积”是人教版必修2《立体几何》第一章第二节的

内容，球与几何体的接、切问题事实上早已成为高频考点，而且难度不低. 本节课能够有针对性地就此做一些探讨，本身就是一件非常有意义的事情. 此外，还有两点值得肯定，一是在立意上能够始终贯彻空间问题平面化和平面问题三角化的思想；二是在选题上能敏锐地抓住最具普遍意义和价值的四面体（也就是三棱锥），并举一反三. 可以说，整堂课既突出了重点，抓住了关键，也突破了难点.

改进之处：在引导学生解决一个问题后，应该马上设计一个变式练习，及时检查学生的学习情况，这样针对性的训练在解题教学中效果可能更好一些.

6.8.4 教学评价

从教学设计看，在多面体题的取舍上，更多地选择了四面体，也就是三棱锥. 之所以这样选择，是因为所有的多面体最终都可以分割为四面体，就像平面几何中所有的多边形最终都可以分割为三角形一样，先弄清楚与三棱锥有关的此类问题. 与四面体有关的球与几何体的切、接问题还有一些常用的结论，如其内切球的半径的一般性求法，当然，如果是正四面体，那么可以证明，其内切球和外接球的球心重合，并且是其体高的四等分点. 如果几何体能补形为长方体，则问题将极大简化，但应该区分能够补形为长方体来解决问题的条件. 在立体几何的教学中，长方体被称为万能的几何体，这是又一个例证.

从教学方法上看，选择用问题驱动教学，充分体现了学生的主体作用，在教学中贯穿了培养学生数学核心素养的新理念.

从教学效果来看，学生基本能掌握本节的基础知识，顺利完成教学目标.

6.9 课例9：直线与圆的位置关系

6.9.1 设计思路

学生在初中已经学过直线与圆的位置关系这部分内容，现在重新学习，对象没有变，但方法改变了，现在是用代数的方法来研究几何问题，体现了数形结合的思想.本教学设计拟用四个问题驱动学生探究直线与圆的位置关系的判定、圆的切线方程、直线被圆截得的弦长的处理思想，并总结代数法与几何法这两类常用的处理方法.

6.9.2 教学设计

1. 教学目标

(1) 依据直线和圆的方程，能熟练求出直线与圆的交点坐标.

(2) 会利用点到直线的距离公式求圆心到直线的距离，通过比较圆心到直线的距离和半径之间的大小关系判断直线和圆的位置关系.

(3) 理解直线与圆的位置关系(相离、相切、相交)与相应的直线和圆的方程组成的二元二次方程组的解(无解、唯一解、两组解)的对应关系.

2. 教学重点与难点

(1) 教学重点：利用方程判断直线与圆的位置关系，解决与圆有关问题.

(2) 教学难点：利用方程解决与圆有关问题.

3. 教学过程

1) 问题情境创设

师　古代诗人王维在《使至塞上》描写大漠日落，"大漠孤烟直，长河落日圆"，请大家看落日图(见图 6-35)太阳与地平线的位置关系是什么？

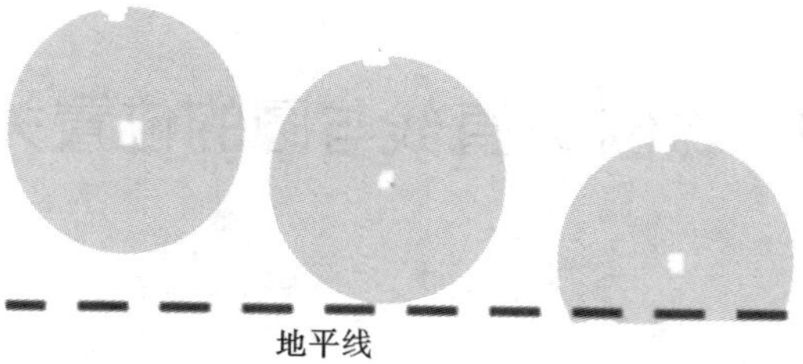

图 6-35

生　相离、相切、相交.

师　如果我们把地平线看作一条直线，把太阳看成一个圆，这幅图说明一个什么现象呢？

生　直线与圆相离、相切、相交.

师　对，这就是我们今天要学习的内容——直线与圆的位置关系（板书课题）.

2）探究建构

问题1　在初中，我们已经学习过直线与圆的位置关系，有几种位置关系？

生　相离、相切、相交.

追问　每种位置关系各有什么特点？你能完成下列表格（见表6-12）吗？

表6-12

直线与圆的位置关系	相离	相切	相交
图形			
直线与圆的公共点个数			
圆心到直线的距离 d 与半径 r 的大小关系			
特殊的几何性质			

师　现在我们如何借助直线与圆的方程来研究它们的位置关系呢？

问题2　如何判断直线 l：$x+\sqrt{3}y-4=0$ 与圆 C：$x^2+y^2=4$ 的位置关系？

生　先求出圆心 $C(0,0)$ 到直线 l 的距离 $d=\dfrac{4}{\sqrt{1^2+(\sqrt{3})^2}}=2$，以及圆的半径 $r=2$，根据 $d=r$，得直线 l 与圆 C 相切.

师　还有别的方法吗？

生　可以根据直线与圆的公共点的个数来判断.

直线 l 与圆 C 公共点的坐标就是方程组 $\begin{cases}x+\sqrt{3}y-4=0\\x^2+y^2=4\end{cases}$ 的解. 解这个方程组，得 $\begin{cases}x=1\\y=\sqrt{3}\end{cases}$，所以直线 l 与圆 C 有一个公共点，坐标为 $(1,\sqrt{3})$，故直线 l 与圆 C 相切.

师　很好！第一种方法通常称为几何法，第二种方法通常称为代数法.

提炼　判断直线与圆的位置关系的常用方法有以下几种.

(1) 几何法：设圆的圆心 C 到直线 l 的距离为 d，圆 C 的半径为 r，则可以依据如下原理来判断直线 l 与圆 C 的位置关系.

① 相离$\Leftrightarrow d>r$.

② 相切$\Leftrightarrow d=r$.

③ 相交$\Leftrightarrow d<r$.

(2) 代数法：直线 l 与圆 C 的方程分别为 $Ax+By+C=0(A^2+B^2\neq 0)$，$x^2+y^2+Dx+Ey+F=0(D^2+E^2-4F>0)$，由直线 l 与圆 C 的方程联立方程组，得 $\begin{cases}Ax+By+C=0\\x^2+y^2+Dx+Ey+F=0\end{cases}$ (*)，则可依据下列原理来判断直线 l 与圆 C 的位置关系.

① 相离$\Leftrightarrow$方程组(*)无解.

② 相切$\Leftrightarrow$方程组(*)有且仅有一个解.

③ 相交$\Leftrightarrow$方程组(*)有两个不同的解.

问题 3 自点 $A(-1,4)$作圆$(x-2)^2+(y-3)^2=1$ 的切线 l，如何求切线 l 的方程？

生 因为直线 l 与圆 C 相切，所以圆心 $C(2,3)$到直线 l 的距离等于圆的半径 1.

① 当直线 l 垂直于 x 轴时，可设直线 l：$x=-1$，与圆 C 相离，不满足题意.

② 当直线 l 不垂直于 x 轴时，可设直线 l：$y-4=k(x+1)$，即 $kx-y+(k+4)=0$.

由圆心 $C(2,3)$到直线 l 的距离等于圆的半径 1，得

$$\frac{|2k-3+(k+4)|}{\sqrt{1+k^2}}=1$$

解得 $k=0$ 或 $k=-\frac{3}{4}$，因此所求切线 l 的方程为 $y=4$ 或 $3x+4y-13=0$.

师 非常棒！还有别的方法吗？

生 因为直线 l 与圆 C 相切，所以直线 l 与圆 C 有唯一的公共点.

① 当直线 l 垂直于 x 轴时，可设直线 l：$x=-1$，与圆 C 相离，不满足题意.

② 当直线 l 不垂直于 x 轴时，可设直线 l：$y-4=k(x+1)$，因为直线 l 与圆 C 相切，所以方程组$\begin{cases}y-4=k(x+1)\\(x-2)^2+(y-3)^2=1\end{cases}$有唯一解.

由方程组消 y 得

$$(1+k^2)x^2+(2k^2-4)x+k^2+2k+4=0$$

依题意，该方程由两个相等的实根，所以判别式

$$\Delta=(2k^2+2k-4)^2-4(1+k^2)(k^2+2k+4)=0$$

解得 $k=0$ 或 $k=-\dfrac{3}{4}$，因此所求切线 l 的方程为 $y=4$ 或 $3x+4y-13=0$.

提炼　求圆的切线方程的常用方法如下.

(1) 几何法：引进参数设直线的方程⇒求出圆心到直线的距离 d 和圆的半径 r ⇒用 $d=r$ 求出参数的值⇒写出切线方程.

(2) 代数法：引进参数设直线的方程⇒联立直线和圆的方程得方程组⇒消元得一元二次方程⇒用 $\Delta=0$ 求出参数的值⇒写出切线方程.

注意：若引进斜率设直线方程，则需要单独验证斜率不存在的情况.

变式　(1) 过点 $A(2,2)$ 作圆 $C:(x-2)^2+(y-3)^2=1$ 的切线 l，求切线 l 的方程；

(2) 过点 $A(1,1)$ 作圆 $C:(x-2)^2+(y-3)^2=1$ 的切线 l，求切线 l 的方程.

答案　(1) $y=2$；(2) $x=1$ 或 $3x-4y+1=0$.

提炼　(1) 过圆上一点作圆的切线，切线只有一条，过圆外一点作圆的切线有两条. (2) 过圆外一点作圆的切线，引进斜率设切线的方程，若只能求出一个斜率值，说明还有一条切线的斜率不存在.

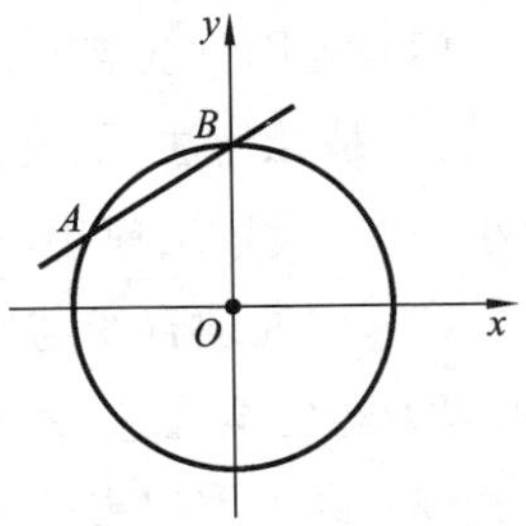

图 6-36

问题 4　如图 6-36 所示，如何求直线 $l:x-\sqrt{3}y+2\sqrt{3}=0$ 被圆 $C:x^2+y^2=4$ 截得的弦 AB 的长度？

生　可以先求出两个交点 A,B 的坐标，然后用两点间的距离公式来求弦长. 解方程组 $\begin{cases}x-\sqrt{3}y+2\sqrt{3}=0\\x^2+y^2=4\end{cases}$ 得 $\begin{cases}x_1=-\sqrt{3}\\y_1=1\end{cases}$ 或 $\begin{cases}x_2=0\\y_2=2\end{cases}$，所以直线 l 与圆 C 的公共点为 $A(-\sqrt{3},1)$，$B(0,2)$. 因此，直线 l 被圆 C 截得的弦长为 $AB=\sqrt{(-\sqrt{3}-0)^2+(1-2)^2}=2$.

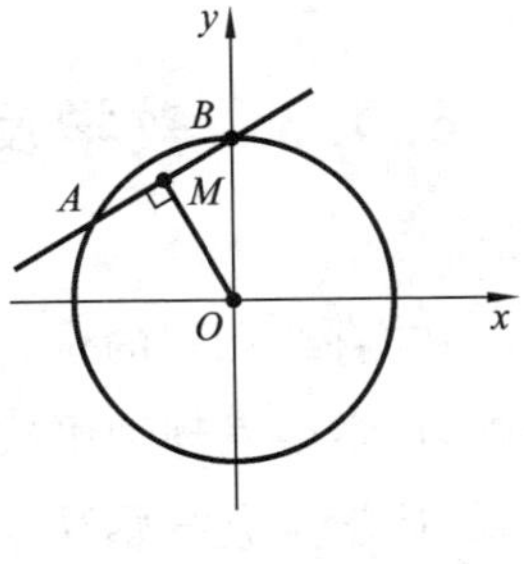

图 6-37

师　很好！还有其他方法吗？

生　可以构造直角三角形，然后利用勾股定理求弦长. 如图 6-37 所示，设弦 AB 的中点为 M，则 $OM\perp AB$ (O 为坐标原点)，所以

$$OM=\frac{\left|0-0+2\sqrt{3}\right|}{\sqrt{1^2+(-\sqrt{3})^2}}=\sqrt{3}$$

$$AB=2AM=2\sqrt{OA^2-OM^2}=2\sqrt{2^2-(-\sqrt{3})^2}=2$$

提炼　求直线被圆截得的弦长 l 的常用方法如下.

(1) 几何法:取弦中点构造直角三角形⇒求出圆心到直线的距离 d 和圆的半径 r⇒用公式 $l=2\sqrt{r^2-d^2}$求出弦长.

(2) 代数法:联立直线和圆的方程得方程组⇒解方程组得交点坐标⇒用两点间距离公式求出弦长 l.

变式　设过点 $A(1,3)$的直线 l 被圆 $C:x^2+y^2=4$ 截得的弦长为 $2\sqrt{3}$,求直线 l 的方程.

答案　$x=1$ 或 $4x-3y+5=0$

提炼　过一点作直线,根据直线被某圆截得的弦长求直线方程时,若弦长小于该圆的直径,则这样的直线有两条,若只求得一个斜率的值,则另一条直线的斜率不存在.

3) 课堂小结

(1) 运用直线与圆的方程来研究直线与圆的位置关系及相关问题通常有两种方法:一是几何法,二是代数法.一般地,在处理与圆有关的问题时,几何法运算量要小一些,代数法应用较广泛.

(2) 在处理直线与圆的位置关系时,要特别注意直线与 x 轴是否垂直这种情形,因为经常会在这一点上漏解.

(3) 运用方程来处理直线与圆位置关系的问题,与以前的研究相比,加入了运算的成分,使得问题研究从定性走向定量,这进一步展示了解析几何的魅力.

6.9.3　教学反思

在"直线和圆的位置关系"这节课中,我首先由生活中的情境——太阳落山的动画,让学生发现地平线和太阳位置关系的变化,从而引出课题:直线和圆的位置关系.让学生充分感受生活中反映直线与圆位置关系的现象,体验数学来源于实践,对生活中的数学问题产生好奇,这是学生最容易接受的学习数学的好方法.新课标下的数学教学的基本特点之一就是密切关注数学与现实生活的联系，从生活中“找”数学、“想”数学，让学生真正感受到生活之中处处有数学. 这是学生最容易接受的学习数学的好方法.

在探索直线和圆位置关系所对应的数量关系时，我先设计一个表格让学生填空来引导学生回顾初中学过的直线与圆的位置三种关系：① 直线与圆相离，没有公共点；② 直线与圆相切，有且只有一个公共点；③ 直线与圆相交，有两个公共点. 我再设计一个例题，让学生在解题过程中理解解析几何初步的基本思想：先将几何问题代数化，用代数的语言描述几何要素及其关系，进而将几何问题转化为代数问题；处理代数问题；分析代数结果的几何意义，最终解决几何问题. 通过设计的几个问题（例题）驱动，总结发现，判断直线和圆位置关系有两种方法. 一种是几何法，由圆心到直线的距离 d 与圆的半径 r 的大小来判断：① 当 $d>r$ 时，直线与圆相离；② 当 $d=r$ 时，直线与圆相切；③ 当 $d<r$ 时，直线与圆相交. 另一种是代数法，直线与圆：① 无公共点，直线与圆相离；② 有一个公共点，直线与圆相切；③ 有两个公共点，直线与圆相交. 通过这些探究，使学生充分理解位置关系与数量关系的相互转化.

改进之处，对“当堂训练”的处理不够. 这一环节是对探究的成果与效果的探索与检验，重在帮助学生掌握方法，我在讲解时，没有充分展示解题思路，没有及时进行方法上的总结，致使部分学生在解决实际问题时思路不清晰. 教师要根据情况，简要归纳、概括应掌握的方法，使学生能够举一反三，巩固和扩大知识，吸收和内化知识.

6.9.4 教学评析

从教学方法上看，本节课采用问题驱动法教学. 先由日落的三张照片（太阳与地平线相离、相切、相交）引入，提高学生的学习兴趣；再设计四个问题，用这四个问题驱动学生探究知识建构，使学生在参与体验的过程中真正成为学习的主人，这符合新课改的教学理念.

从教材处理看，本节课的教学目标：一是依据直线和圆的方程，能熟练求出直线与圆的交点坐标；二是会利用点到直线的距离公式求圆心到直线的距离，通过比较圆心到直线的距离和半径之间的大小关系判断直线和圆的位置关系；三是理解直线与圆的位置关系(相离、相切、相交)与相应的直线和圆的方程组成的二元二次方程组的解(无解、唯一解、两组解)的对应关系.本节课重点突出了利用方程解决直线与圆的位置关系的问题,体现了数形结合的思想.

从教学效果看,教师通过科学设计问题,营造了宽松的教学氛围,将课堂的主动权让给学生,引导学生主动参与、亲自研究、动手操作,让学生从中体验知识的生成;同时,教师适时采用多种鼓励的语言对学生进行评价,激发了学生的内驱力,培养了学生自主学习的能力和创新意识,教学效果明显.

6.10　课例10:椭圆的标准方程

6.10.1　设计思路

在人教版《数学》选修2-1中,“2.2椭圆标准方程”这节课一个比较麻烦的问题就是方程的推导,如果放手让学生去推导,就会导致时间不够,后面任务完不成,但如果由老师推导给学生看,又让学生失去一次锻炼的好机会.本课例从几个问题入手,先明确解析几何研究问题的基本思想,即这门学科的两大任务——曲线方程的含义及常见的求法,然后在回顾椭圆定义的基础上,利用四个问题及若干子问题驱动学生自主思考,主动推导椭圆的标准方程,揭示其结构特点并理解相关量的几何意义.

6.10.2　教学设计

1. 教学目标

(1) 掌握椭圆的标准方程,能根据已知条件求出椭圆的标准方程.

(2) 用标准方程判定曲线是否为椭圆.

(3) 经历椭圆的标准方程的推导过程,磨炼学生的意志.

2. 教学重点与难点

(1) 教学重点:掌握椭圆的标准方程,理解坐标法的基本思想.

(2) 教学难点:椭圆的标准方程的推导与化简,坐标法的应用.

3. 教学过程

1) 问题情境创设

师　在平面解析几何中,我们已经学习了直线和圆,首先我们一起回顾一下解析几何这门学科研究问题的基本思想是什么?

生　数形结合.

师　数形结合有两层含义:一是以形助数,二是用数解形.解析几何侧重后者,即用代数的方法研究几何问题.从前面学过的直线和圆的有关问题来看,解析几何两大主要任务是什么?

生　先把它们放到直角坐标系中,求出其方程,然后用方程解决问题.

师　非常好!解析几何两大主要任务是建立曲线方程和用方程研究曲线的几何性质.你是如何理解直线(圆)的方程的?

生　它是一个关于变量 x,y 的等式.

师　除此之外,直线(圆)上的点 P 与方程的解 (x,y) 之间还需要满足什么样的对应关系?

生　直线(圆)上点的坐标 (x,y) 都是方程的解;以方程的解 (x,y) 为坐标的点都在直线(圆)上.

师　我们如何建立直线(圆)的方程?

生　① 建立平面直角坐标系;② 设出直线(圆)上一点的坐标 (x,y);③ 写出动点满足的限制条件;④ 将动点坐标代入上述关系式;⑤ 化简整理,得直线(圆)的方程.

师　非常好!这就是我们求曲线方程的几个步骤.(在黑板上画一个鸡蛋)与圆比较,鸡蛋给我们的感觉是什么形状?

生　椭圆

师　对.椭圆有着其独特的柔美和价值.(投影)大家看,椰子、橄榄球等都是椭圆形的;太阳系中的九大行星的运动轨迹是椭圆;油罐车的横截面的也是椭圆;把一个圆均匀压缩后,似乎也变成椭圆;….为了研究椭圆,我们首要任务是什么?

生　建立椭圆的方程.

师　非常好！那么椭圆的方程是什么样子的呢？这就是我们今天要研究的问题——椭圆的标准方程(板书).

2）探究建构

师　先做一个实验，取一条定长的无弹性的细绳，把它的两端分别固定在图板的两点 F_1，F_2处，套上铅笔，拉紧绳子，移动笔尖.若绳长 L 大于两点 F_1，F_2的距离，移动笔尖(动点 M)满足的几何条件是什么？

生　椭圆.

师　从实验看，你是否可以给椭圆下一个定义？

生　我们把平面内与两个定点 F_1，F_2的距离和等于常数(大于$|F_1F_2|$)的点的轨迹称为椭圆.这两个定点称为椭圆的焦点，两焦点间的距离称为椭圆的焦距(板书).

师　很好！根据椭圆定义，这里我们不妨设椭圆的两个焦点为 F_1，F_2，它们之间的距离为 $2c$，椭圆上任意一点到两个定点 F_1，F_2的距离和为 $2a(2a>2c)$.

问题 1　求曲线方程的第一步是建立直角坐标系，你认为怎样建立直角坐标系比较合理？

生　以 F_1F_2 的中点为原点，以 F_1F_2 所在直线为 x 轴建立直角坐标系.

追问 1　为什么这样建立直角坐标系？

生　根据对称性.

追问 2　还有其他的方法建立直角坐标系吗？

生　以 F_1F_2 的中点为原点，以 F_1F_2 所在直线为 y 轴建立直角坐标系.

师　非常好！

问题 2　根据求曲线方程的第二、三、四步，这里你能得到什么样的等式？

生　设 $P(x,y)$是椭圆上的任意一点，$F_1(-c,0)$，$F_2(c,0)$，将点 P 的坐标代入$|PF_1|+|PF_2|=2a$ 中，得$\sqrt{(x+c)^2+y^2}+\sqrt{(x-c)^2+y^2}=2a$.

追问　这个结论是椭圆的方程吗？

生　是.

师　那就把它作为椭圆的标准方程可以吗？

生　可以，但是用起来好像比较麻烦.

师　那怎么办？

生　化简.

问题 3　如何化简$\sqrt{(x+c)^2+y^2}+\sqrt{(x-c)^2+y^2}=2a$？

学生小组合作讨论，教师巡视，从中挑选出比较好的两组（不同解答）回答.

生　平方⇒整理⇒再平方⇒再整理，得到$(a^2-c^2)x^2+a^2y^2=a^2(a^2-c^2)$.

生　移项⇒平方⇒整理⇒再平方⇒再整理，得到$(a^2-c^2)x^2+a^2y^2=a^2(a^2-c^2)$.

师　这两个同学真了不起，如此复杂的运算居然在短时间内就完成了（学生鼓掌）；比较起来，后一种处理方式更容易一些. 我们把后一种方法投影出来.

将$\sqrt{(x+c)^2+y^2}+\sqrt{(x-c)^2+y^2}=2a$移项，得

$$\sqrt{(x+c)^2+y^2}=2a-\sqrt{(x-c)^2+y^2}$$

两边平方，得

$$(x+c)^2+y^2=(2a)^2-4a\sqrt{(x-c)^2+y^2}+(x-c)^2+y^2$$

整理，得

$$a\sqrt{(x-c)^2+y^2}=a^2-cx$$

两边平方，得

$$a^2[(x-c)^2+y^2]=(a^2-cx)^2$$

再整理，得

$$(a^2-c^2)x^2+a^2y^2=a^2(a^2-c^2)$$

追问1　方程$(a^2-c^2)x^2+a^2y^2=a^2(a^2-c^2)$能再简单一点吗？

生　因为$a^2-c^2>0$，所以方程可以化简为$\frac{x^2}{a^2}+\frac{y^2}{a^2-c^2}=1$，这样简洁一些.

师　是比前面比较优美多了！

追问2　但分母a^2-c^2似乎仍然有点复杂，能再简单一点吗？

生　因为$a^2-c^2>0$，不妨设$a^2-c^2=b^2$.

师　这个想法非常棒！这样方程变成$\frac{x^2}{a^2}+\frac{y^2}{b^2}=1$. 这个方程美极了！

追问3　要想确认方程$\frac{x^2}{a^2}+\frac{y^2}{b^2}=1$就是椭圆的方程，还要做什么工作？

生　① 验证椭圆上任意一点的坐标都是椭圆方程$\frac{x^2}{a^2}+\frac{y^2}{b^2}=1$的解；② 验证以方程$\frac{x^2}{a^2}+\frac{y^2}{b^2}=1$的解为坐标的点都在椭圆上.

师　说得非常好！这个工作留给大家课后完成.

追问4　如果以F_1F_2的中点为原点，以F_1F_2所在直线为y轴建立直角坐标，

则$\sqrt{x^2+(y+c)^2}+\sqrt{x^2+(y-c)^2}=2a$的化简结果会怎样?

生　$\frac{y^2}{a^2}+\frac{x^2}{b^2}=1$.

师　很好!我们把这两个方程称为椭圆的标准方程.

(1) 椭圆的标准方程.

我们把$\frac{x^2}{a^2}+\frac{y^2}{b^2}=1(a>b>0)$与$\frac{y^2}{a^2}+\frac{x^2}{b^2}=1(a>b>0)$称为椭圆的标准方程.

(2) 知识汇总表(见表 6-13).

表 6-13

椭圆定义	$\lvert PF_1\rvert+\lvert PF_2\rvert=2a(>\lvert F_1F_2\rvert=2c)$	
图形	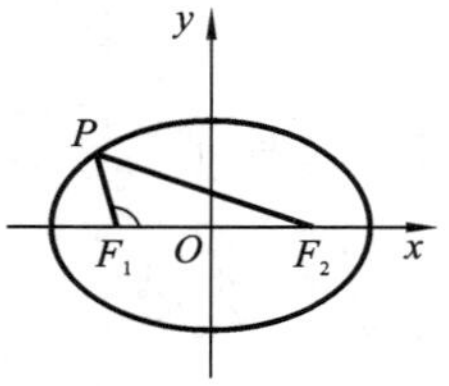	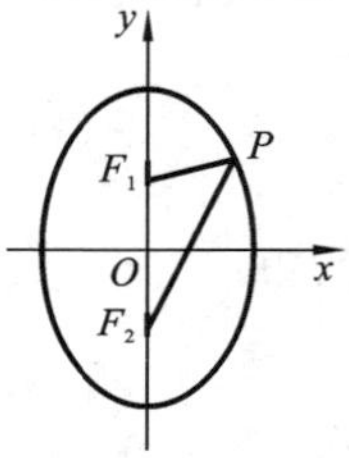
标准方程	$\frac{y^2}{a^2}+\frac{x^2}{b^2}=1$	$\frac{y^2}{a^2}+\frac{x^2}{b^2}=1$
焦点坐标	$F_1(-c,0),F_2(c,0)$	$F_1(0,-c),F_2(0,c)$
a,b,c之间关系	$a^2=b^2+c^2(a>c>0,a>b>0)$	

问题 4　椭圆的两种方程有哪些共同特点?

生　方程的左边是两个平方和,右边是 1.

追问 1　它们表示的椭圆有何特点?

生　都是中心在原点,焦点在坐标轴上.

追问 2　如何根据椭圆的标准方程,判断其焦点在哪个坐标轴上?

生　焦点在分母大的那个坐标轴上.

3) 数学应用

例 1　求适合下列条件的椭圆的标准方程.

(1) $a=4,b=3$,焦点在x轴上;

(2) $b=1,c=\sqrt{15}$,焦点在y轴上;

(3) 两个焦点的坐标分别是$(-3,0),(3,0)$,椭圆上一点P到两焦点的距离和是 10；

(4) 焦点在 y 轴上，且经过两个点(0,2)和(1,0)；

(5) 已知椭圆经过点$\left(\frac{\sqrt{6}}{3},\sqrt{3}\right)$和点$\left(\frac{2\sqrt{2}}{3},1\right)$，求椭圆的标准方程.

答案　(1) $\frac{x^2}{16}+\frac{y^2}{9}=1$.

(2) $\frac{y^2}{16}+x^2=1$.

(3) 依题意 $2a=10$，$c=3$，从而得 $a=5$，$b=4$，两个焦点在 x 轴上，所求方程为

$$\frac{x^2}{25}+\frac{y^2}{16}=1$$

(4) 设椭圆的标准方程为$\frac{y^2}{a^2}+\frac{x^2}{b^2}=1(a>b>0)$，则$\frac{2^2}{a^2}+\frac{0^2}{b^2}=1$，$\frac{0^2}{a^2}+\frac{1^2}{b^2}=1$，得 $a^2=4$，$b^2=1$，所求方程为

$$\frac{y^2}{4}+x^2=1.$$

(5) 因为焦点位置不定，所以要设两种方程，再根据方程的解确定方程.

① 设$\frac{y^2}{a^2}+\frac{x^2}{b^2}=1$，将点$\left(\frac{\sqrt{6}}{3},\sqrt{3}\right)$和点$\left(\frac{2\sqrt{2}}{3},1\right)$代入方程得

$$y^2+\frac{x^2}{9}=1$$

② 设$\frac{x^2}{a^2}+\frac{y^2}{b^2}=1$，将点$\left(\frac{\sqrt{6}}{3},\sqrt{3}\right)$和点$\left(\frac{2\sqrt{2}}{3},1\right)$代入方程得

$$x^2+\frac{y^2}{9}=1$$

实际上本题可以设方程为 $mx^2+ny^2=1(m>0,n>0)$，再列方程组求解，从而避免了不定方程的两种假设.

提炼　求椭圆的标准方程，要注意先定位(焦点所在位置)，再定量(a,b)，不能确定焦点位置要分类，同时注意 $a^2=b^2+c^2$.

4) 课堂小结

(1) 通过本节课的学习，我们对解析几何的认识更清楚了，它是用代数方法来研究几何问题的思想方法.

(2) 在学习中，我们体会到椭圆优美，椭圆的方程也优美，椭圆方程的化简过

程也优美，所以数学之美无处不在.

5）巩固练习

（1）已知椭圆$\frac{x^2}{25}+\frac{y^2}{9}=1$上的点$M$到该椭圆一个焦点$F$的距离为2，$N$是$MF$的中点，$O$为坐标原点，那么线段$ON$的长是（　　）.

A. 2　　B. 4　　C. 8　　D. $\frac{3}{2}$

（2）设P为椭圆$\frac{x^2}{4}+\frac{y^2}{9}=1$上的任意一点，$F_1$，$F_2$为其两焦点，则$|PF_1|\cdot|PF_2|$的最大值是______.

（3）椭圆$\frac{x^2}{9}+\frac{y^2}{2}=1$的焦点为$F_1$，$F_2$，点$P$在椭圆上. 若$|PF_1|=4$，则$|PF_2|=$______，$\angle F_1PF_2$的大小为______.

（4）已知椭圆$\frac{8x^2}{81}+\frac{y^2}{36}=1$上一点$M$的纵坐标为2.

① 求M的横坐标；② 求过M且与$\frac{x^2}{9}+\frac{y^2}{4}=1$共焦点的椭圆的方程.

6.10.3　教学反思

本节课通过设置的问题及其子问题，用问题驱动法引导学生认识解析几何的本质是用代数方法来解决几何问题，在学生动手推导椭圆标准方程的过程中，层层深入，巧妙设计问题，化解难点，让学生体会椭圆优美、方程优美、过程优美，大大地激发了学生的学习数学的兴趣.

不足之处：在推导椭圆标准方程以后，时间有点紧，导致学生练习时间不足，学生课后需要加强知识巩固.

6.10.4　教学评析

从教学方法上看，本节课采用问题驱动法教学. 从回顾直线（圆）的方程知识引入，学生动手实验，体会椭圆优美的图形. 设置几个问题，让问题驱动学生探究椭圆标准方程，使学生在参与体验的过程中真正成为学习的主人，这符合新课改的教学理念.

从教材处理看，本节课的教学目标：一是掌握椭圆的标准方程，能根据已知条件求出椭圆的标准方程；二是用标准方程判定曲线是否为椭圆；三是经历椭圆的标准方程的推导过程，磨炼学生的意志. 其中，重点是掌握椭圆的标准方程，理解代数法来解决几何问题；难点是椭圆方程的推导，最后应用知识解决问题，从而达到对所学知识的巩固.

从教学效果看，教师通过科学设计教学问题，营造了宽松的教学氛围，将课堂的主动权让给学生，引导学生主动参与，让学生从中体验椭圆方程的生成，特别是体会椭圆优美、椭圆方程优美、过程优美，感受到数学之美无处不在，激发了学生学习数学的兴趣，提高了教学效果.

6.11　课例11：基本不等式复习

6.11.1　设计思路

基本不等式是高中一个重要的主干知识，它是确定不等式关系的一个常用工具，应用非常广泛；高三一轮复习的常规套路是梳理知识、例题分析、方法提炼和巩固训练，其特点是教师掌控课堂、上课容量大、节奏快，缺点是对学生的限制多、学习被动、有效性不高. 为了提高章节复习的有效性，积极发挥学生的创新意识，本节课通过两个问题及其子问题引导学生掌握知识、探究知识、运用知识.

6.11.2　教学设计

1. 教学目标

(1) 熟记重要不等式、基本不等式及其变形式.

(2) 理解基本不等式的应用条件，会用基本不等式解决与最值有关的问题.

2. 教学重点和难点

(1) 教学重点：基本不等式及其变形式.

(2) 教学难点：基本不等式的应用条件及解题中的转化技巧.

3. 教学过程

1) 问题情境创设

问题 1 函数 $y=\dfrac{x^2-3x+1}{x}(x>0)$ 的最小值是多少？你解决的依据是什么？

生 $y=\dfrac{x^2-3x+1}{x}=x+\dfrac{1}{x}-3(x>0)$，将 $x+\dfrac{1}{x}(x>0)$ 用基本不等式可求得 y 的最小值是 -1.

师 很好！

追问 1 什么是基本不等式？

生 公式 $\sqrt{ab}\leqslant\dfrac{a+b}{2}(a>0,b>0)$ 称为基本不等式.

师 非常好！

追问 2 利用基本不等式我们要注意什么呢？

生 ①"一正"，基本不等式成立的条件是 $a>0,b>0$. ②"二定"，如果 ab 是定值 p，那么当且仅当 $a=b$ 时，$a+b$ 有最小值，为 $2\sqrt{p}$（简记：积定和最小）；如果 $a+b$ 是定值 q，那么当且仅当 $a=b$ 时，ab 有最大值，为 $\dfrac{q^2}{4}$（简记：和定积最大）. ③ 等号成立的条件是当且仅当 $a=b$ 时.

师 非常棒！我们就围绕这些知识来解决如下实际问题.

2) 典例分析

问题 2 怎样利用基本不等式求最值？

(1) 拼凑法——利用基本不等式求最值.

例 1 ① 已知 $0<x<1$，则 $x(4-3x)$ 取得最大值时 x 的值为______.

② 已知 $x<\dfrac{5}{4}$，则 $f(x)=4x-2+\dfrac{1}{4x-5}$ 的最大值为______.

③ 函数 $f(x)=\dfrac{x^2+2}{x-1}(x>1)$ 的最小值为______.

生 第①问，$x(4-3x)=\dfrac{1}{3}(3x)(4-3x)\leqslant\dfrac{1}{3}\left[\dfrac{3x+4-3x}{2}\right]^2=\dfrac{4}{3}$，当且仅当

$3x=4-3x$，即 $x=\frac{2}{3}$ 时，取等号，故所求 x 的值为 $\frac{2}{3}$.

生 第②问，因为 $x<\frac{5}{4}$，所以 $5-4x>0$，则

$$f(x)=4x-2+\frac{1}{4x-5}=-(5-4x+\frac{1}{5-4x})+3\leqslant -2+3=1$$

当且仅当 $5-4x=\frac{1}{5-4x}$，即 $x=1$ 时，取等号，故所求最大值为 1.

生 第③问，$f(x)=\frac{x^2+2}{x-1}=\frac{(x-1)^2+2(x-1)+3}{x-1}=(x-1)+\frac{3}{x-1}+2\geqslant$ $2\sqrt{3}+2$，当且仅当 $x-1=\frac{3}{x-1}$，即 $x=\sqrt{3}+1$ 时，取等号.

提炼 ① 拼凑法就是将相关代数式进行适当的变形，通过添项、拆项等方法凑成和为定值或积为定值的形式；② 利用基本不等式来求解最值.

(2) 常数代换法——利用基本不等式求最值.

例 2 已知 $a>0,b>0,a+b=1$，则 $\frac{1}{a}+\frac{1}{b}$ 的最小值为______.

生 因为 $a+b=1$，所以 $\frac{1}{a}+\frac{1}{b}=\left(\frac{1}{a}+\frac{1}{b}\right)(a+b)=2+\left(\frac{b}{a}+\frac{a}{b}\right)\geqslant 2+$ $2\sqrt{\frac{b}{a}\frac{a}{b}}=4$，当且仅当 $a=b=\frac{1}{2}$ 时取等号，故所求最小值为 4.

变式 1(变条件) 将条件"$a+b=1$"改为"$a+2b=3$"，则 $\frac{1}{a}+\frac{1}{b}$ 的最小值为______.

生 因为 $a+2b=3$，所以 $\frac{a}{3}+\frac{2b}{3}=1$，则有

$$\frac{1}{a}+\frac{1}{b}=\left(\frac{1}{a}+\frac{1}{b}\right)\left(\frac{a}{3}+\frac{2b}{3}\right)=\frac{1}{3}+\frac{2}{3}+\left(\frac{a}{3b}+\frac{2b}{3a}\right)\geqslant 1+2\sqrt{\frac{a}{3b}\frac{2b}{3a}}=1+\frac{2\sqrt{2}}{3}$$

当且仅当 $a=\sqrt{2}b$ 时取等号.

变式 2(变设问) 条件"$a+b=1$"不变，改求 $\left(1+\frac{1}{a}\right)\left(1+\frac{1}{b}\right)$ 的最小值为______.

生 $\left(1+\frac{1}{a}\right)\left(1+\frac{1}{b}\right)=\left(1+\frac{a+b}{a}\right)\left(1+\frac{a+b}{b}\right)=\left(2+\frac{b}{a}\right)\left(2+\frac{a}{b}\right)=5+$

$2\left(\frac{b}{a}+\frac{a}{b}\right)\geqslant 9$,当且仅当 $a=b=\frac{1}{2}$ 时取等号.

提炼　通过常数代换法利用基本不等式求解最值时的基本步骤如下.

① 根据已知条件或其变形确定定值(常数).

② 把确定的定值(常数)变形为 1.

③ 把“1”的表达式与所求最值的表达式相乘或相除,进而构造和或积为定值的形式.

④ 利用基本不等式求最值.

(3) 消元法——利用基本不等式求最值.

例 3　已知 $x>0,y>0,x+3y+xy=9$,则 $x+3y$ 的最小值为______.

生　(换元消元法)由已知得 $x+3y=9-xy$,因为 $x>0,y>0$,所以 $x+3y\geqslant 2\sqrt{3xy}$,即 $3xy\leqslant\left(\frac{x+3y}{2}\right)^2$,当且仅当 $x=3y$,即 $x=3,y=1$ 时取等号,亦即 $(x+3y)^2+12(x+3y)-108\geqslant 0$. 令 $x+3y=t(t>0)$,且 $t^2+12t-108\geqslant 0$,得 $t\geqslant 6$,即为所求的最小值.

生　(代入消元法)由已知 $x+3y+xy=9$,得 $x=\frac{9-3y}{1+y}$,所以

$$x+3y=\frac{9-3y}{1+y}+3y=\frac{3(1+y)^2-6(1+y)+12}{1+y}=3(1+y)+\frac{12}{1+y}-6\geqslant 12-6=6$$

提炼　通过消元法利用基本不等式求最值的策略:① 当所求最值的代数式中的变量比较多时,通常考虑利用已知条件消去部分变量后,凑出“和为常数”或“积为常数”;② 利用基本不等式求最值.

(4) 利用两次基本不等式求最值.

例 4　已知 $a>b>0$,那么 $a^2+\frac{1}{b(a-b)}$ 的最小值为______.

生　由 $a>b>0$,得 $a-b>0$,所以 $b(a-b)\leqslant\left(\frac{b+(a-b)}{2}\right)^2=\frac{a^2}{4}$,则有

$$a^2+\frac{1}{b(a-b)}\geqslant a^2+\frac{4}{a^2}\geqslant 2\sqrt{a^2\cdot\frac{4}{a^2}}=4$$

当且仅当 $b=a-b$,且 $a^2=\frac{4}{a^2}$,即 $a=2\sqrt{2},b=\frac{\sqrt{2}}{2}$ 时取等号. 所以 $a^2+\frac{1}{b(a-b)}$ 的最小值为 4.

提炼　两次利用基本不等式求最值时,一定要注意每一次是否保证等号成立,

并且保证取等号的条件是一致的.

3）课堂小结

（1）梳理本节课所学的知识：① 基本不等式是什么？核心内容是什么？基本方法是什么？② 运用基本不等式解题易错点是什么？怎么避免？③ 对于含有两个变量的最值问题，一般如何转化？

（2）学生总结，老师补充.引导学生及时总结规律方法，形成知识体系，养成总结反思的学习习惯.

6.11.3　教学反思

（1）设计“问题串”，激发思维，夯实基础.

高三复习课的知识梳理，很多时候演变成面面俱到的罗列，即教师板书，学生做笔记，学生课下甚至还要花大量的时间去记.其缺点是很多时候重点不够突出，缺乏实例的支撑，导致学生容易忘记，复习效果不佳.本节复习课尝试以问题驱动的形式来设计课堂教学.本节课没有罗列基本不等式及其变式，而是在问题中提炼知识，在学生解决问题后追问“你解决的依据是什么”“你能从中归纳出利用基本不等式求最值需要注意什么吗”诸如此类问题，激发学生在积极思考问题的同时体验数学知识，达到事半功倍的效果.

（2）设计回望性问题，引导学生总结反思.

高三复习课上，在某类问题解决后可用问题引导学生对解题过程进行反思，对相关的思想方法、解题策略以及注意点等进行总结归纳.在复习中不能就题论题，孤立地解题，而应该从不同的角度、层次、侧面出发，设置动态的问题.

本节课有待改进之处：如何引导学生正确地思考？如何恰当地设问？

6.11.4　教学评析

不等式是高中一个重要的知识点，本节课是复习课，所以将教学目标设计成问题，运用设问和追问的形式教学，确保学生参与教学活动持续热情.通过变式教学，唤起学生的好奇心和求知欲望，一题多解，给学生以新鲜感，主动参与到教学过程中来.新课程理念强调学生的主体地位,又要求教师创造性地使用教材、开发已有的教学资源,只有让学生在课堂上"动起来",才能使所学的知识"活起来".本节课紧紧围绕设计的问题,通过问题驱动教学法提高了学生学习的兴趣,开阔了学生的视野,较好地培养了学生的创新思维能力,有效地完成了教学任务.

6.12　课例12:古典概型

6.12.1　设计思路

数学建模是对现实问题进行数学抽象,用数学语言表达问题、用数学方法构建模型解决问题,主要包括在实际情境中从数学的视角发现问题、提出问题、分析问题、构建模型、确定参数、计算求解、检验结果、改进模型,最终解决问题.《古典概型》的教学是培养学生数学建模素养的重要契机.

学生在初中已经接触过概率,会用比例的方法求解某些事件的概率,但是并未形成知识体系.古典概型是高中概率部分的重要内容,对后续几何概型、离散型随机变量的分布列的学习有重要的影响,具有承上启下的作用.

通过分析具体的实例提出数学问题,将所求问题数学化、符号化,并能用所学知识解释生活中的产品抽检、游戏公平性等问题.本节课重在引导学生归纳基本事件的两个特征以及古典概型下事件概率的计算公式.

6.12.2　教学设计

1. 教学目标

(1) 理解基本事件及古典概型的概念.

(2) 掌握古典概型的概率计算公式.

2. 教学重点与难点

(1) 教学重点：基本事件的计数问题，古典概型的判断，简单的古典概型的概率计算.

(2) 教学难点：基本事件的计数问题，古典概型的判断.

3. 教学过程

1) 问题情境创设

问题1　(1) 什么是互斥事件？(2) 互斥事件的概率加法公式是什么？(3) 必然事件的概率是多少？

设计意图　复习事件的关系和概率的基本性质，为古典概型公式的推导奠定知识基础.

问题2　口袋中有大小相同的4个球，其中3个白球1个红球，从中一次摸出2个球. 若取到同色球则甲赢，否则乙赢. 这个游戏公平吗？取决于什么？

生　取决于甲赢和乙赢的可能性是否相同，即概率是否相等.

师　那么甲赢和乙赢的概率相等吗？小组内可相互讨论.

课堂活跃起来了，大家你一言我一语……

设计意图　以游戏引入数学问题，增强了课堂的趣味性. 学生想通过大量的重复试验得出结论，显然不现实，就算得到也只是概率的近似值. 这造成学生的认知冲突，对于寻求有效方法求概率有一定的"心理渴望".

2) 探究建构

观察回顾下面三个游戏，回答问题.

游戏一：抛掷一枚质地均匀的硬币.

师　在这个试验中有多少种结果？

生　两种，正面向上和反面向上.

师　把每种结果看成一个事件，这两个事件之间的关系是什么？

生　互斥.

游戏二：抛掷一枚质地均匀的骰子.

师　有多少种结果？

生　6种，分别出现1点，2点，3点，4点，5点，6点.

师　这些结果之间是什么关系？

生　互斥.

游戏三：甲乙玩石头、剪刀、布游戏.

师　有多少种结果？这些结果之间是什么关系？

生　有9种结果，分别是石头对石头，石头对剪刀，石头对布，…这些结果之间都是互斥的.

师　抛骰子这个试验中任何一个随机事件，如“出现点数≤3”“出现偶数点”等，这些事件与上述事件有什么关系？

生　“出现点数≤3”是“出现1点”“出现2点”“出现3点”的和事件，与“出现偶数点”的分析方法类似.

师　我们把上述三个游戏中的每种结果称为基本事件.那么基本事件有什么特点？

学生能回答出互斥这个特点，但是对于另一个特点回答不出来.

师　“出现点数≤3”是基本事件吗？

生　不是.因为它可以分为“出现1点”“出现2点”“出现3点”，所以基本事件应该是试验中最简单的结果，两两互斥、不可拆分.

师　回答得非常好！

设计意图　古典概型最核心最本质的就是基本事件，把握基本事件的两个特征是教学的重点.学生要想从三个游戏的试验结果中得出基本事件的特征还是比较困难的，引导学生观察“出现点数≤3”与试验结果之间的关系，思维指向明确，教学定位准确，避免不必要的思维发散.

师　以上三个试验中，基本事件的个数是有限个还是无限个？每个基本事件发生的可能性相等吗？

生　基本事件只有有限个，每个基本事件发生的可能性都相等.

师　我们把具有这两个特征的概率模型称为古典概率概型，简称古典概型.

问题3　抛掷骰子的试验中“出现偶数点”的概率怎么求？

师　若基本事件的总数有 m 个，事件 A 包含的基本事件有 n 个，那么事件 A 发生的概率为多少？

生　事件的概率为 $P(A)=\frac{A\text{包含的基本事件个数}}{\text{基本事件的总数}}=\frac{n}{m}$.

设计意图　由特殊到一般，归纳出古典概型下计算事件概率的计算方法，完善学生的认知结构，提高学生的逻辑思维能力.

问题4　应用举例.

师　生活中还有哪些古典概型的例子？

同学们纷纷举手回答，课堂气氛活跃了.

问题5　游戏公平性问题.

师　请同学们计算一下游戏中甲赢和乙赢的概率分别是多少？

生　都是$\frac{1}{2}$，这个游戏是公平的.

3）数学运用

例1　连续掷3枚硬币，观察这3枚硬币落在地面上时是正面朝上还是反面朝上.

（1）写出这个试验的所有基本事件；

（2）求这个试验的基本事件总数；

（3）"恰好有两枚硬币正面朝上"这一事件包含哪些基本事件？

解　（1）这个试验的所有基本事件有：{正，正，正}，{正，正，反}，{正，反，正}，{反，正，正}，{正，反，反}，{反，正，反}，{反，反，正}，{反，反，反}.

（2）这个试验的基本事件总数是8.

（3）"恰好有两枚硬币正面朝上"这一事件包含的基本事件：{正，正，反}，{正，反，正}，{反，正，正}.

提炼　基本事件的两个探求方法如下：① 列表法，将基本事件用表格形式表示出来，这种方法适合比较简单的试验题目；② 树形图法，用树状的图形把基本事件表示出来，这种方法适合比较复杂的试验题目.

例2　现有6道题，其中4道甲类题，2道乙类题，张同学从中取2道题解答，试求：

（1）所取2道题都是甲类题的概率；

（2）所取2道题不是同一类题的概率.

解　（1）将4道甲类题依次编号为1，2，3，4；2道乙类题依次编号为5，6，则基本事件为{1，2}，{1，3}，{1，4}，{1，5}，{1，6}，{2，3}，{2，4}，{2，5}，{2，6}，{3，4}，{3，5}，{3，6}，{4，5}，{4，6}，{5，6}，共15个，而这些基本事件出现的概率是等可能的.

用A表示"所取两道题都是甲类题"这一事件，则A包含的基本事件为{1，2}，{1，3}，{1，4}，{2，3}，{2，4}，{3，4}，共6个，所以$P(A)=\frac{6}{15}=\frac{2}{5}$.

（2）由（1）知，任取2道题的基本事件共有15个，用B表示"所取2道题不是同一类题”这一事件，则 A 包含的基本事件为 $\{1,5\}$，$\{1,6\}$，$\{2,5\}$，$\{2,6\}$，$\{3,5\}$，$\{3,6\}$，$\{4,5\}$，$\{4,6\}$，共 8 个，所以 $P(B)=\frac{8}{15}$.

提炼　求古典概率“四步”法：①读，反复阅读题目，收集整理题目中的各种信息；②判，判断事件是否是古典概型；③列，列举出总的基本事件的各种情况或个数；④算，计算出古典概型的概率，对应用题还要作答.

4）课堂小结

（1）判断一个试验是否是古典概型，在于这个试验是否具有古典概型的两个特征，即有限性和等可能性.

（2）古典概型最核心的内容是基本事件，用列表法和树形图法，确保不重不漏.

（3）将所求事件表示成基本事件的和，利用互斥事件的概率加法公式求出事件发生的概率.

6.12.3　教学反思

古典概型是一种求事件概率的重要模型，在教学中必须牢牢抓住两点：基本事件的个数是有限的；基本事件发生的可能性相等. 古典概型最核心的内容是基本事件.

本节课成功之处：通过学生比较感兴趣的游戏来创设问题情境，引入课题，设计问题层层深入，利用问题驱动，促使学生在活跃的思维中学习数学知识，学生的主体性得到充分展示，基本事件的判断和古典概型的概率计算知识比较突出，教学效果明显.

本节课有待改进之处：在探究一个问题后，应该从基本事件的计数问题、古典概型的判断和简单的古典概型的概率计算等三个方面，编制同步练习题，这样学生对知识的掌握会更全面些.

6.12.4　教学评价

从教学方法上看，本节课以学生比较感兴趣的游戏创设问题情境，将教学目标设计以问题的形式呈现出来，在问题驱动下，引导学生探究知识建构，符合问题驱动教学法.

从教材处理看，本节课的教学目标是：理解基本事件及古典概型的概念，掌握古典概型的简单应用，把握本节的核心，即基本事件的判断和个数计算，突出了重点，突破了难点.

从教学效果看，从具体的案例引入，营造宽松的教学氛围，通过问题驱动，层层深入，激发学生的学习兴趣，学生积极参与相关概念的建构过程，加深了对古典概型的理解，学生的数学抽象和数学建模等核心素养得到了很好的培养，效果不错.

6.13　课例13：离散型随机变量及其分布

6.13.1　设计思路

在人教版《数学》选修2-3中，“2.1 离散型随机变量及其分布”以提问的方式提出了本章要研究的问题及其基本思想，即从定量的角度刻画离散型随机变量，是从定性到定量的一次质的飞跃，有助于学生思维的培养. 本课例拟先从“数字化”的角度揭示本章的研究思想，并实时明确本节课的两个核心问题，然后以几个实例为载体，在几个问题的驱动下，引导学生从静态的数字表示到动态的字母表示这一角度出发建构随机变量的概念，再从孤立的概率求解联系到函数的对应关系，并从函数的表示方法这一角度出发建构随机变量的概率的分布概念.

6.13.2　教学设计

1. 教学目标

(1) 初步领悟本章的研究思想，把握本节的核心问题.

(2) 在对具体问题的分析中，了解随机变量、离散型随机变量的意义，理解取有限值的离散型随机变量及其概率分布的概念.

(3) 会求某些简单的离散型随机变量的概率分布,认识概率分布对刻画随机现象的重要性.

(4) 在相关概念的建构过程中,提升学生的数学抽象和数学建模等核心素养.

2. 教学重点与难点

(1) 教学重点:

① 认识离散型随机变量的分布列能完全描述这个离散型随机变量所刻画的随机现象;

② 随机变量及其概率分布的概念与意义.

(2) 教学难点:随机变量、随机变量的概率分布这两个概念的生成.

3. 教学过程

1) 问题情境创设

师(在黑板上写上“数字化时代”) 大家都听说过这样的提法吗?

生 听说过.

师 确实,现在有诸如数字化电视、数字化图书馆、数字化手机、数字化校园、数字化城市管理等,一个事物、一件事情或者是一种状态如果能够用数字来表述的话,不仅简洁明了,有说服力,而且能加以运算,使得问题的研究达到一种新的境界,这样非常好.其实,就数学内部而言,将研究对象进行数字化处理也是无处不在.例如,我提一个问题,随便找一个同学回答,那么我点到学号是 8 的同学,你能说我点到你的概率可以用什么样的数字来描述吗?

生 8 号同学被点到的概率是$\frac{1}{n}$(班上同学总人数是 n).

师 这涉及数学哪方面的知识?

生 概率.

师 对,说到概率,我们不妨回顾一下学过概率的几个概念.

生 ① 随机事件;② 基本事件;③ 古典概型.

师 在随机试验中,除了概率值是一个数字外,很多情况下基本事件本身也与数字有着密切的关系.例如:

① 种下一些树苗,我们关注的是树苗成活的棵数(数字);

② 抛一颗骰子,我们关注的是向上的点数(数字);

③ 进行产品抽查,我们关注的是抽到次品的件数(数字);

④ 课堂随机提问，同学们关注的是老师点到的是谁(每位同学的学号)(数字).

对于这些随机现象，其试验结果显然可以用数字来描述，并且随着试验结果的不同而取不同的数值. 人类智慧真了不起，数学家们就是抓住了这点联系，把随机试验中的基本事件进行数字化，这正是本课研究问题的一个基本思想. 在本节课中，研究两个核心问题：

① 如何对随机试验的结果进行数字化？

② 如何运用上述数字化的结果？

2) 探究建构

问题1　在一块地里种下10棵树苗，成活的棵数是随机事件，其试验结果可以用哪些数字表示？

生　用0,1,2,…,9,10表示.

问题2　抛一颗骰子，向上的点数是随机事件，试验结果可以用哪些数字表示？

生　用1,2,3,4,5,6表示.

问题3　抛一枚硬币，正面朝上或反面朝上是随机事件，你能将试验结果用数字表示吗？

生　如果将正面朝上用数字"1"表示，将反面朝上用数字"0"表示，那么试验结果可以用数字1,0来表示.

师　问题1和问题2的试验结果对应的数字比较容易理解，但问题3的试验结果用相应的数字化来表示，这就是人类智慧的体现.

问题4　在问题1中，10棵树苗成活的棵数对应着11个数，这是确定的，但是，在一次具体的试验中，其结果是什么数字不能确定，能否找到一种表达方式，可以代表0,1,2,…,10中任何一个数字呢？

生　用字母来表示.

师　对，这样问题1中，用X来表示，$X=0,1,2,\cdots,10$；问题2中，用Y来表示，$Y=1,2,3,4,5,6$；问题3中，用Z来表示，$Z=1,0$.

问题5　如何理解这里的X,Y,Z字母？

学生思考，互相交流，讨论.

生　它们都是某个随机试验结果所对应的一个变量.

师　这些字母都对应着某个随机试验，虽然它能取到哪些值是确定的，但在一次具体试验之前不能确定它取什么值，它是一个变量，所以我们称之为“随机变量”（板书）.

（1）随机变量的定义.

一般地，如果随机事件的结果可以用一个变量来表示，那么这样的变量称为随机变量.

（2）常用表示方法.

表示方法1　随机变量用大写拉丁字母 X,Y,Z（或小写希腊字母 ξ,η,ζ）等表示.

表示方法2　随机变量所取得的可能值用小写拉丁字母 x,y,z（或加适当的下标）等表示.

练习1　在问题2中，抛一颗骰子，向上的点数 Y 可以用哪些数字表示？

生　随机变量 Y 所取值有 $y_1=1,y_2=2,y_3=3,y_4=4,y_5=5,y_6=6$.

练习2　抛掷一枚质地均匀的硬币一次，若用 X 表示正面朝上的次数，则随机变量 X 可能取哪些值？

生　随机变量 X 取值是 0,1.

变式　一箱中装有标号为1,2,2,3,3,3,4,4,4,4,4的11个球，从中任取一个球，计球标号为 Y，则随机变量 Y 的可能取值是什么？

生　随机变量 Y 取值构成的集合是 $\{1,2,3,4\}$.

拓展　公安人员每侦破一个案件所用的时间是一个随机变量吗？

生　是一个随机变量，设为 T，则 $T\in[0,+\infty)$.

师　很好！这与前面讨论的随机变量不太一样，是连续的，而前面讨论的随机变量是离散的，本教材只研究离散型随机变量的有关问题.

表示方法3　指定的随机事件用形如 $\{X=a\}$ 或 $\{Y\leqslant b\}$ 等形式来表示相应的随机事件.

练习3　在练习1的变式题中，$\{Y=3\}$ 表示什么事件？$\{Y\leqslant 3\}$ 又表示什么事件呢？

生　$\{Y=3\}$ 表示取到3号球的事件；$\{Y\leqslant 3\}$ 表示取到1号或2号或3号球的事件.

师　这说明，复杂的事件也可以用随机变量的取值来表示.

表示方法4　随机变量的概率用相应随机事件发生的概率来表示，写成 $P\{X=a\}=p_1$ 的形式.

练习 4　在练习 2 的变式题中，你能写出 $P\{X=1\}$，$P\{X=2\}$，$P\{X=3\}$，$P\{X=4\}$吗？

生　$P\{X=1\}=\frac{1}{11}$，$P\{X=2\}=\frac{2}{11}$，$P\{X=3\}=\frac{3}{11}$，$P\{X=4\}=\frac{5}{11}$.

问题 6　我们以此题为例建立如下集合关系（见图 6-38），从集合 A 到集合 B 的对应关系可以用什么样的数学概念来描述？从集合 B 到集合 C 的对应关系呢？

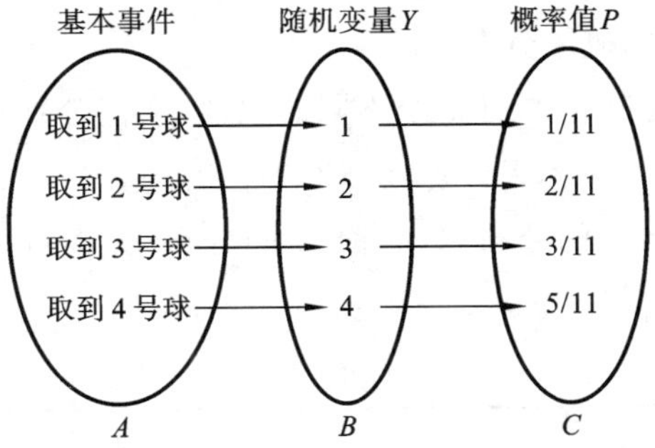

图 6-38

生　从集合 A 到集合 B 的对应关系是映射.

师　从集合 B 到集合 C 的对应关系呢？

生　也是映射.

师　有没有其他的概念可以描述集合 B 到集合 C 的对应关系呢？

生　函数.

师　很好！因为这里的随机变量 Y 是自变量，概率 P 是因变量，因而是函数关系，可以描述成 $P=f(Y)$.

问题 7　对于函数 $P=f(Y)$，你能得到哪几种表达方式？

生　解析法、列表法、图象法.

师　非常好！请三位同学上来板书一下.

学生板书后，教师修改一下学生写得不规范的地方.

① 解析法：$P=f(Y)$，$P(Y=1)=\frac{1}{11}$，$P(Y=2)=\frac{2}{11}$，$P(Y=3)=\frac{3}{11}$，$P(Y=4)=\frac{5}{11}$.

② 列表法：如表 6-14 所示.

表 6-14

Y	1	2	3	4
P	$\frac{1}{11}$	$\frac{2}{11}$	$\frac{3}{11}$	$\frac{5}{11}$

用图象法也是可以的，但因为概率值大小的表示与认读不太方便，所以不常用.

（3）随机变量 X 的概率分布.

一般地，假定随机变量 X 有 n 个不同的取值，它们分别是 $x_1, x_2, x_3, \cdots, x_n$，且

$$P(X=x_i)=p_i(i=1,2,\cdots,n) \tag{1}$$

则式(1)称为随机变量 X 的分布列，简称 X 的分布列. 也可以将式(1)用表格来表示，如表 6-15 所示.

表 6-15

X	x_1	x_2	…	x_n
P	p_1	p_2	…	p_n

我们将此表称为随机变量 X 的概率分布表.

说明：① 随机变量的概率分布列与概率分布表都称为随机变量 X 的概率分布；② 这里 $p_i(i=1,2,\cdots,n)$满足条件 $p_i \geqslant 0$ 和 $\sum_{i=1}^{n} p_i = p_1 + p_2 + \cdots + p_n = 1$.

3）数学应用

例 1 袋中有大小一样的白球 6 个，红球 4 个，从中任取 1 个球，记取到白球的个数为 η，求随机变量 η 的概率分布.

解 当取到白球时，η 的取值为 1；当取到红球时，η 的取值为 0.

由题意知

$$P(\eta=0)=\frac{4}{6+4}=\frac{2}{5}, \quad P(\eta=1)=\frac{6}{6+4}=\frac{3}{5}$$

故随机变量 η 的概率分布列为

$$P(\eta=0)=\frac{2}{5}, \quad P(\eta=1)=\frac{3}{5}$$

概率分布表如表 6-16 所示.

表 6-16

η	0	1
p	$\frac{2}{5}$	$\frac{3}{5}$

提炼　求随机变量 X 的概率分布的方法与步骤如下.

① 定数字——确定 X 可取哪些数字；

② 求概率——求出 X 的每一个取值所对应的概率；

③ 写分布——包括 X 的概率分布列和分布表.

变式练习 1　将一颗骰子先后抛 2 次，记得到较大的点数为 ξ，求随机变量 ξ 的概率分布.

解　(1) 抛 2 次所得点数：(1,1)，(1,2)，…，(1,6)，(2,1)，(2,2)，…，(2,6)；…，(6,6)，共有 36 种可能情况.

(2) 其中较大点数为 1 的只有(1,1)一种情况，所以 $p(\xi=1)=\frac{1}{36}$.

较大点数为 2 的有(1,2)，(2,1)，(2,2)三种情况，所以 $p(\xi=2)=\frac{3}{36}=\frac{1}{12}$.

同理可得 $p(\xi=3)=\frac{5}{36}$，$p(\xi=4)=\frac{7}{36}$，$p(\xi=5)=\frac{9}{36}=\frac{1}{4}$，$p(\xi=6)=\frac{11}{36}$.

所以随机变量 ξ 的概率分布列为 $p(\xi=1)=\frac{1}{36}$，$p(\xi=2)=\frac{1}{12}$，$p(\xi=3)=\frac{5}{36}$，$p(\xi=4)=\frac{7}{36}$，$p(\xi=5)=\frac{1}{4}$，$p(\xi=6)=\frac{11}{36}$.

随机变量 ξ 的概率分布表如表 6-17 所示.

表 6-17

ξ	1	2	3	4	5	6
P	$\frac{1}{36}$	$\frac{1}{12}$	$\frac{5}{36}$	$\frac{7}{36}$	$\frac{1}{4}$	$\frac{11}{36}$

例 2　设随机变量 X 的分布列为 $P\left(X=\frac{k}{5}\right)=ak(k=1,2,3,4,5)$.

(1) 求常数 a 的值；(2) 求 $P\left(X\geqslant\frac{3}{5}\right)$；(3) 求 $P\left(\frac{1}{10}<X<\frac{7}{10}\right)$.

解　(1) 由 $a(1+2+3+4+5)=1$，得 $a=\frac{1}{15}$.

(2) $P\left(X\geqslant\frac{3}{5}\right)=P\left(X=\frac{3}{5}\right)+P\left(X=\frac{4}{5}\right)+P\left(X=\frac{5}{5}\right)=\frac{1}{15}(3+4+5)=\frac{4}{5}$.

(3) $P\left(\frac{1}{10}<X<\frac{7}{10}\right)=P\left(X=\frac{1}{5}\right)+P\left(X=\frac{2}{5}\right)+P\left(X=\frac{3}{5}\right)$

$$=\frac{1}{15}(1+2+3)=\frac{2}{5}.$$

提炼　在求解有关离散型随机变量性质的题目时,记住:① $p_i\geqslant 0(i=1,2,\cdots,n)$; ② $\sum_{i=1}^{n}p_i=1$.

变式练习 2　若离散型随机变量 X 的分布表如表 6-18 所示,试求常数 c 的值.

表 6-18

X	0	1
P	$9c^2-c$	$3-8c$

解　由 $9c^2-c\geqslant 0$ 且 $3-8c\geqslant 0$ 得

$$\frac{1}{9}\leqslant c\leqslant\frac{3}{8}$$

又由 $(9c^2-c)+(3-8c)=1$ 得

$$c=\frac{1}{3}\quad 或\quad c=\frac{2}{3}$$

所以 $c=\frac{1}{3}$.

4) 课堂小结

(1) 本节课的核心:一是如何对随机试验的结果进行数字化,二是如何运用上述数字化的结果.

(2) 通过本节课学习,理解离散型随机变量有关概念,掌握随机变量的概率的求法,并写出概率的分布列.

(3) 理解并掌握随机变量的概率有关性质.

6.13.3　教学反思

本节课有三大突破:一是课上实现了一次定性到定量的飞跃,用数字来表示随机实验的结果(基本事件);二是课上实现了一次从静态到动态的飞跃,对随机试验的结果,从数字表示上升到用字母表示;三是课上实现了一次从孤立到联系的飞跃,建立了随机变量到概率值的函数关系.

本节课在概念讲授时,时间过长,导致学生练习时间偏少.在变式训练题中将一颗骰子先后抛2次,记得到的较大点数为ξ,学生对概率的分布列求解有一定的难度,主要是对ξ的取值和相关的概率不太理解,学生对知识的固化有待提升.

待改进之处:基本数字化的转化过程太快了一点,学生接受新知识有点困难,可以让学生多思考,老师再点评.

6.13.4　教学评价

从教学方法上看,本课例从"数字化"的角度揭示本章的研究思想,并实时明确本节课的两个核心问题,然后以几个实例为载体,在几个问题的驱动下,引导学生从静态的数字表示到动态的字母表示这一角度出发建构出随机变量的概念,再从孤立的概率求解联系到函数对应关系,并从函数的表示方法这一角度出发建构出随机变量大概率的分布概念.

从教材处理看,本节课的教学目标:一是初步领悟本章的研究思想,把握本节的核心问题;二是在具体问题的分析中,了解随机变量、离散型随机变量的意义,理解取有限值的离散型随机变量及其概率分布的概念;三是会求某些简单的离散型随机变量的概率分布,认识概率分布对刻画随机现象的重要性.

从教学效果看,从具体的案例引入,营造宽松的教学氛围,通过问题驱动,层层深入,学生积极参与相关概念的建构过程,加深了对随机变量这一概念的理解.学生的数学抽象和数学建模等核心素养得到了很好的培养.

第 7 章　问题驱动下高中数学主干知识导学案(选编)

7.1　函数、导数、复数

7.1.1　集合的含义与表示(1)

学习目标

(1) 了解集合的含义,体会元素与集合的“属于”关系.

(2) 能用自然语言、图形语言、集合语言(列举法或描述法)描述不同的具体问题,感受集合语言的意义和作用.

(3) 掌握集合的表示方法、常用数集及其记法、集合元素的三个特征.

(4) 重点与难点:元素与集合的“属于”关系,用符号语言刻画集合,列举法.

(5) 培养数学抽象素养.

学习过程

1. 问题创设

预习教材相应内容,找出疑惑之处.

问题 1　军训前学校通知:8 月 15 日上午 8 点,高一年级在体育馆集合进行军训动员. 试问这个通知的对象是全体的高一学生还是个别学生?

2. 问题导学

1) 学习探究

问题 2 考察几组对象:① 1～20 以内所有的质数;② 到定点的距离等于定长的所有点;③ 所有的锐角三角形;④ x^2, $3x+2$, $5y^3-x$, x^2+y^2;⑤ 立德中学高一级全体学生. 试回答各组对象分别是什么? 有多少个对象?

新知 1 一般地,我们把研究对象统称为元素(element),把一些元素组成的总体称为集合(set).

问题 3 问题 1 中①～⑤都能组成集合吗,元素分别是什么?

问题 4 "好心的人"与"1,2,1"是否构成集合?

新知 2 集合元素的特征.

对于一个给定的集合,集合中的元素是确定的,是互异的,是无序的,即集合元素的三特征.

确定性:某一个具体对象或者是一个给定的集合的元素,或者不是该集合的元素,两种情况必有一种且只有一种成立.

互异性:同一集合中不应重复出现同一元素.

无序性:集合中的元素没有顺序.

练习 1 只要构成两个集合的元素是一样的,就称这两个集合________.

问题 5 分析下列对象,能否构成集合,并指出元素:① 不等式 $x-3>0$ 的解;② 3 的倍数;③ 方程 $x^2-2x+1=0$ 的解; ④ a,b,c,x,y,z;⑤ 最小的整数;⑥ 周长为 10 cm 的三角形;⑦ 中国古代四大发明;⑧ 全班每个学生的年龄;⑨ 地球上的四大洋;⑩ 地球的小河流.

追问 实数能用字母表示,集合又如何表示呢?

新知 3 集合的字母表示:集合通常用大写的拉丁字母表示,集合的元素用小写的拉丁字母表示.

如果 a 是集合 A 的元素,就说 a 属于(belong to)集合 A,记作:$a\in A$.

如果 a 不是集合 A 的元素,就说 a 不属于(not belong to)集合 A,记作:$a\notin A$.

练习 2 设 B 表示"5 以内的自然数"组成的集合,则 5 __ B,0.5 __ B, 0 __ B, -1 __ B.

问题 6 常见的数集有哪些? 又如何表示呢?

新知 4 常见数集的表示.

非负整数集(自然数集):全体非负整数组成的集合,记作 **N**.

正整数集:所有正整数的集合,记作 $\mathbf{N}^*$ 或 $\mathbf{N}_+$.

整数集:全体整数的集合,记作 **Z**.

有理数集:全体有理数的集合,记作 **Q**.

实数集:全体实数的集合,记作 **R**.

练习 3 填∈或∉:0 ____ **N**,0 ____ **R**,3.7 ____ **N**,3.7 ____ **Z**,$-\sqrt{3}$ ____ **Q**,$\sqrt{3}-\sqrt{2}$ ____ **R**.

问题 7 问题 1 中①～⑤分别组成的集合,以及常见数集的语言表示等例子,都是用自然语言来描述集合. 这种方法语言文字上较为烦琐,能否找到一种简单的方法呢?

新知 5 列举法.

把集合的元素一一列举出来,并用花括号"{ }"括起来,这种表示集合的方法称为列举法. 注意:不必考虑顺序,","隔开;a 与 $\{a\}$ 不同.

2) 典型例题

例 1 用列举法表示下列集合:

(1) 15 以内质数的集合;

(2) 方程 $x(x^2-1)=0$ 的所有实数根组成的集合;

(3) 一次函数 $y=x$ 与 $y=2x-1$ 的图象的交点组成的集合.

变式 用列举法表示"一次函数 $y=x$ 的图象与二次函数 $y=x^2$ 的图象的交点"组成的集合.

3. 总结提升

1) 学习小结

(1) 概念:集合与元素;属于与不属于;

(2) 集合中元素的三特征;

(3) 常见数集及表示;

(4) 列举法.

2) 当堂检测

(1) 下列说法正确的是(　　).

A. 某个村子里的高个子组成一个集合

B. 所有小正数组成一个集合

C. 集合$\{1,2,3,4,5\}$和$\{5,4,3,2,1\}$表示同一个集合

D. $1,0.5,\frac{1}{2},\frac{3}{2},\frac{6}{4},\sqrt{\frac{1}{4}}$这六个数能组成一个集合

(2) 给出下列关系：

① $\frac{1}{2}\in \mathbf{R}$； ② $\sqrt{2}\notin \mathbf{Q}$； ③ $|-3|\notin \mathbf{N}_+$； ④ $|-\sqrt{3}|\in \mathbf{Q}$.

其中正确的个数为(　　).

A. 1个　　B. 2个　　C. 3个　　D. 4个

(3) 直线 $y=2x+1$ 与 y 轴的交点所组成的集合为(　　).

A. $\{0,1\}$　　B. $\{(0,1)\}$　　C. $\left\{-\frac{1}{2},0\right\}$　　D. $\left\{\left(-\frac{1}{2},0\right)\right\}$

(4) 设 A 表示"中国所有省会城市"组成的集合，则深圳______ A；广州______ A. (填$\in$或$\notin$)

(5) "方程 $x^2-3x=0$ 的所有实数根"组成的集合用列举法表示为________.

7.1.2 函数的概念(1)

学习目标

(1) 通过丰富实例，进一步体会函数是描述变量之间依赖关系的重要数学模型，在此基础上学习用集合与对应的语言来刻画函数，体会对应关系在刻画函数概念中的作用.

(2) 了解构成函数的要素.

(3) 能够正确使用"区间"的符号表示某些集合.

(4) 重点与难点：在"对应关系说"观点下用集合语言表述函数概念；从不同的问题情境中提炼出函数要素，并由此抽象出函数概念，理解对应关系 f.

(5) 培养数学抽象、数学建模概念.

学习过程

1. 问题创设

预习教材相应内容，找出疑惑之处.

在初中已经学习过函数的概念，函数是用来刻画变量之间对应关系的数学模型和工具. 例如，正方形的周长 l 与边长 x 的关系是 $l=4x$，l 是 x 的函数，它与正比例函数 $y=4x$ 相同吗？又如 $y=x$ 与 $y=\frac{x^2}{x}$ 是否相同？要解决这些问题，就需要进一步学习函数.

2. 问题导学

1）学习探究

探究任务一 函数模型思想及函数概念.

问题 1 某"复兴号"高速列车加速到 350 km/h 后保持匀速运行半小时. 这段时间内，列车行驶的路程 s（单位：km）与运行时间 t（单位：h）的关系可以表示为 $s=350t$.

问题 2 某电气维修公司要求工人每周工作至少 1 天，至多不超过 6 天，如果公司规定的工资标准是每人每天 350 元，而且每周付一次工资，你认为该怎样确定一个工人每周工资？一个工人每周工资 W（单位：元）是他工作天数 d（单位：天）的函数吗？

问题 1 与问题 2 是同一函数吗？

问题 3 国际上常用恩格尔系数 r（r＝食物支出金额÷总支出金额×100%）反映一个国家人民生活质量的高低. "八五"计划以来，我国城镇居民的恩格尔系数如表 7-1 所示.

表 7-1

年　份	1991	1992	1993	1994	1995	…
恩格尔系数/(%)	53.8	52.9	50.1	49.9	49.9	…

恩格尔系数 r 是年份 y 的函数吗？如果是，你会用怎样的语言来刻画这个函数？

归纳：三个实例变量之间的关系都可以描述为，对于数集 A 中的每一个 x，按照某种对应关系 f，在数集 B 中都有唯一确定的 y 和它对应，记作 $f: A \to B$.

新知 1 函数定义. 设 A、B 是非空数集，如果按照某种确定的对应关系 f，使对于集合 A 中的任意一个数 x，在集合 B 中都有唯一确定的数 $f(x)$ 和它对应，那么称 $f: A \to B$ 为从集合 A 到集合 B 的一个函数（function），记作

$$y=f(x), x \in A$$

其中，x 称为自变量，x 的取值范围 A 称为定义域（domain），与 x 的值对应的 y 值称为函数值，函数值的集合 $\{f(x) \mid x \in A\}$ 称为值域（range）.

练习 1 （1）已知 $f(x)=x^2-2x+3$，求 $f(0)$、$f(1)$、$f(2)$、$f(-1)$ 的值.

(2) 函数 $y=x^2-2x+3, x\in\{-1,0,1,2\}$的值域是______.

提炼　(1) 值域与 B 的关系是______；构成函数的三要素是______、______、______.

(2) 常见函数的定义域与值域如表 7-2 所示.

表 7-2

函　数	解　析　式	定义域	值域
一次函数	$y=ax+b\ (a\neq 0)$		
二次函数	$y=ax^2+bx+c$，其中 $a\neq 0$		
反比例函数	$y=\frac{k}{x}\ (k\neq 0)$		

探究任务二　区间及写法.

新知 2　设 a,b 是两个实数，且 $a<b$，则：

$\{x|a\leqslant x\leqslant b\}=[a,b]$称为闭区间；

$\{x|a<x<b\}=(a,b)$称为开区间；

$\{x|a\leqslant x<b\}=[a,b)$和$\{x|a<x\leqslant b\}=(a,b]$称为半开半闭区间.

实数集 **R** 用区间$(-\infty,+\infty)$表示，其中“∞”读作“无穷大”，“$-\infty$”读作“负无穷大”，“$+\infty$”读作“正无穷大”.

练习 2　用区间表示.

(1) $\{x|x\geqslant a\}=$______，$\{x|x>a\}=$______，$\{x|x\leqslant b\}=$______，$\{x|x<b\}=$______.

(2) $\{x|x<0$ 或 $x>1\}=$______.

(3) 函数 $y=\sqrt{x}$的定义域是______，值域是______(观察法).

2) 典型例题

例 1　已知函数 $f(x)=\sqrt{x+1}$.

(1) 求 $f(3)$的值；

(2) 求函数的定义域(用区间表示)；

(3) 求 $f(a^2-1)$的值.

变式　已知函数 $f(x)=\frac{1}{\sqrt{x+1}}$.

(1) 求 $f(3)$的值；

(2) 求函数的定义域(用区间表示)；

(3) 求 $f(a^2-1)$的值.

3. 总结提升

1) 学习小结

① 函数模型应用思想;② 函数概念;③ 二次函数的值域;④ 区间表示.

2) 知识拓展

求函数定义域的规则如下.

(1) 分式:$y=\frac{f(x)}{g(x)}$,则 $g(x)\neq 0$;

(2) 偶次根式:$y=\sqrt[2n]{f(x)}(n\in \mathbf{N}^*)$,则 $f(x)\geqslant 0$;

(3) 零次幂式:$y=[f(x)]^0$,则 $f(x)\neq 0$.

3) 当堂检测

(1) 已知函数 $g(t)=2t^2-1$,则 $g(1)=$(　　).

A. -1　　B. 0　　C. 1　　D. 2

(2) 函数 $f(x)=\sqrt{1-2x}$的定义域是(　　).

A. $\left[\frac{1}{2},+\infty\right)$　　B. $\left(\frac{1}{2},+\infty\right)$　　C. $\left(-\infty,\frac{1}{2}\right]$　　D. $\left(-\infty,\frac{1}{2}\right)$

(3) 已知函数 $f(x)=2x+3$,若 $f(a)=1$,则 $a=$(　　).

A. -2　　B. -1　　C. 1　　D. 2

(4) 函数 $y=x^2,x\in\{-2,-1,0,1,2\}$的值域是______.

(5) 函数 $y=-\frac{2}{x}$的定义域是____________,值域是____________(用区间表示).

7.1.3 指数函数及其性质(1)

学习目标

(1) 了解指数函数模型的实际背景,认识数学与现实生活及其他学科的联系.

(2) 理解指数函数的概念和意义.

(3) 能画出具体指数函数的图象,掌握指数函数的性质(单调性、特殊点).

(4) 重点与难点:指数函数的概念、图象和性质.

(5) 培养数学建模概念.

学习过程

1. 问题创设

预习教材相应内容,找出疑惑之处.

复习 1 零指数、负指数、分数指数幂怎样定义?

(1) $a^0=$________;

(2) $a^{-n}=$________;

(3) $a^{\frac{m}{n}}=$________,$a^{-\frac{m}{n}}=$________. 其中 $a>0,m,n\in \mathbf{N}^*,n>1$.

复习 2 有理指数幂的运算性质.

(1) $a^m\cdot a^n=$________;

(2) $(a^m)^n=$________;

(3) $(ab)^n=$________.

2. 问题导学

1) 学习探究

探究任务一 指数函数模型思想及指数函数概念.

问题 1 (1) 细胞分裂时,第一次由 1 个分裂成 2 个,第 2 次由 2 个分裂成 4 个,第 3 次由 4 个分裂成 8 个,如此下去,如果第 x 次分裂得到 y 个细胞,那么细胞个数 y 与次数 x 的函数关系式是什么?

(2) 一种放射性物质不断变化成其他物质,每经过一年的残留量是原来的 84%,那么以时间 x 年为自变量,残留量 y 的函数关系式是什么?

讨论:上面的两个函数有什么共同特征?底数是什么?指数是什么?

新知 1 一般地,函数 $y=a^x(a>0$,且 $a\neq 1)$ 称为指数函数(exponential function),其中 x 是自变量,函数的定义域为 $\mathbf{R}$.

问题 2 为什么规定 $a>0$ 且 $a\neq 1$ 呢?否则会出现什么情况呢?

追问 举出几个生活中有关指数模型的例子.

新知 2 指数函数的图象和性质.

问题 3 你能类比前面讨论函数性质时的思路,提出研究指数函数性质的内容和方法吗?

研究方法:画出函数图象,结合图象研究函数性质.

研究内容:定义域、值域、特殊点、单调性、最大(小)值、奇偶性.

作图：在同一坐标系中画出函数 $y=\left(\frac{1}{2}\right)^x$，$y=2^x$ 的图象.

追问 （1）函数 $y=2^x$ 与 $y=\left(\frac{1}{2}\right)^x$ 的图象有什么关系？如何由 $y=2^x$ 的图象画出 $y=\left(\frac{1}{2}\right)^x$ 的图象？

（2）根据两个函数的图象的特征，归纳出这两个指数函数的性质. 变底数为 3 或 $\frac{1}{3}$ 后呢？

新知 3 根据图象归纳指数函数的性质（见表 7-3）.

表 7-3

	$a>1$	$0<a<1$
图象	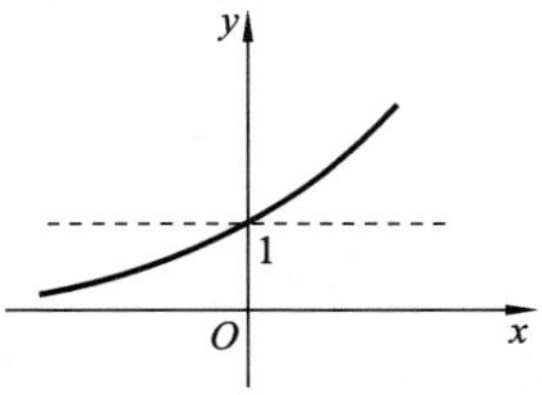	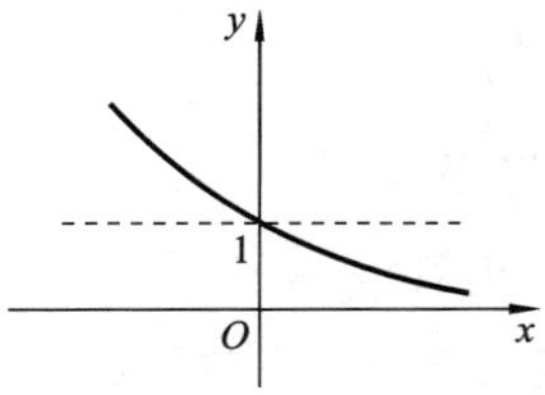
性质	定义域：**R**	
	值域：$(0,+\infty)$	
	过点 $(0,1)$，即 $x=0$ 时，$y=1$	
	在 **R** 上是增函数	在 **R** 上是减函数

2）典型例题

例 1 函数 $f(x)=a^x$（$a>0$ 且 $a\neq 1$）的图象过点 $(2,\pi)$，求 $f(0)$，$f(-1)$，$f(1)$ 的值.

提炼 确定指数函数的重要要素：① 底数、指数；② 待定系数法.

例 2 比较下列各组中两个值的大小：

（1）$2^{0.6}$，$2^{0.5}$；（2）0.9^{-2}，$0.9^{-1.5}$；（3）$2.1^{0.5}$，$0.5^{2.1}$；（4）$\pi^{\sqrt{2}-\sqrt{3}}$，1.

提炼 利用单调性比大小，或间接利用中间数.

练习 1 已知下列不等式，试比较 m、n 的大小：

（1）$\left(\frac{2}{3}\right)^m>\left(\frac{2}{3}\right)^n$；（2）$1.1^m<1.1^n$.

练习 2 比较大小：

(1) $a=0.8^{0.7}$, $b=0.8^{0.9}$, $c=1.2^{0.8}$； (2) 1^0, $0.4^{-2.5}$, $2^{-0.2}$, $2.5^{1.6}$.

3. 总结提升

1) 学习小结

(1) 指数函数模型应用思想；(2) 指数函数概念；(3) 指数函数的图象与性质；(4) 单调法.

2) 当堂检测

(1) 函数 $y=(a^2-3a+3)a^x$ 是指数函数，则 a 的值为( ).

A. 1　　B. 2　　C. 1 或 2　　D. 任意值

(2) 函数 $f(x)=a^{x-2}+1\ (a>0, a\neq 1)$ 的图象恒过定点( ).

A. (0,1)　　B. (0,2)　　C. (2,1)　　D. (2,2)

(3) 指数函数① $f(x)=m^x$，② $g(x)=n^x$ 满足不等式 $0<m<n<1$，则它们的图象是( ).

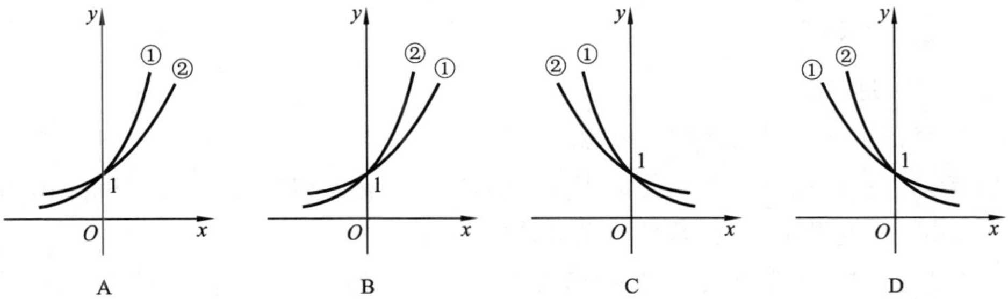

(4) 比较大小：$(-2.5)^{\frac{2}{3}}$ ________ $(-2.5)^{\frac{4}{5}}$.

(5) 函数 $y=\sqrt{\left(\frac{1}{9}\right)^x-1}$ 的定义域为____________.

(6) 探究：在$[m,n]$上，$f(x)=a^x(a>0$ 且 $a\neq 1)$的值域.

7.1.4 对数函数及其性质(1)

学习目标

(1) 通过具体实例，直观了解对数函数模型所刻画的数量关系，初步理解对数函数的概念，体会对数函数是一类重要的函数模型.

(2) 能借助计算器或计算机画出具体对数函数的图象，探索并了解对数函数的单调性与特殊点.

(3) 通过比较、对照的方法，引导学生结合图象类比指数函数，探索研究对数函数的性质，培养数形结合的思想方法，学会研究函数性质的方法.

(4) 重点与难点：对数函数的概念、图象和性质.

(5) 培养数学建模概念.

学习过程

1. 问题创设

预习教材相应内容，找出疑惑之处.

复习 1 画出 $y=2^x$，$y=\left(\frac{1}{2}\right)^x$ 的图象，并以这两个函数为例，说说指数函数的性质.

2. 问题导学

1) 学习探究

探究任务一 对数函数的概念.

新知 一般地，当 $a>0$ 且 $a\neq 1$ 时，函数 $y=\log_a x$ 称为对数函数(logarithmic function)，自变量是 x，函数的定义域是$(0,+\infty)$.

反思：对数函数定义与指数函数类似，都是形式定义，注意辨别，如 $y=2\log_2 x$，$y=\log_5(5x)$都不是对数函数，只能称为对数型函数；对数函数对底数的限制 ($a>0$，且 $a\neq 1$).

探究任务二 对数函数的图象和性质.

问题 你能类比前面讨论指数函数性质的思路，提出研究对数函数性质的内容和方法吗？

研究方法：画出函数图象，结合图象研究函数性质.

研究内容：定义域、值域、特殊点、单调性、最大(小)值、奇偶性.

练习 同一坐标系中画出对数函数 $y=\log_2 x$、$y=\log_{0.5} x$ 的图象.

问题 1 根据图象，你能归纳出对数函数的哪些性质(见表 7-4)？

问题 2 图象具有怎样的分布规律？

表 7-4

	$a>1$	$0<a<1$
图象	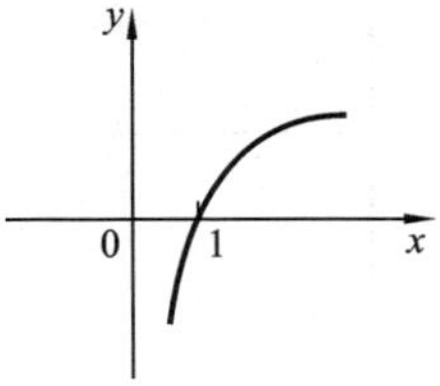	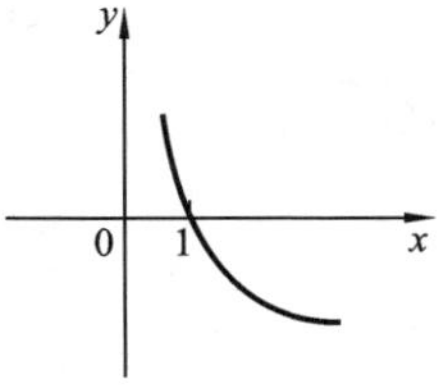
性质	定义域：	
	值域：	
	过定点：	
	单调性：	

2）典型例题

例 1　求下列函数的定义域：

（1）$y=\log_a x^2$；（2）$y=\log_a(3-x)$.

变式练习　求函数 $y=\sqrt{\log_2(3-x)}$的定义域.

例 2　比较大小：

（1）ln3.4 和 ln8.5；（2）$\log_{0.3}2.8$ 和 $\log_{0.3}2.7$；（3）$\log_a 5.1$ 和 $\log_a 5.9$.

提炼　利用单调性比较大小；注意格式规范.

练习 1　求下列函数的定义域：

（1）$y=\log_{0.2}(-x-6)$；　（2）$y=\sqrt[3]{\log_2 x-1}$.

练习 2　比较下列各题中两个数值的大小：

（1）$\log_2 3$ 和 $\log_2 3.5$；　（2）$\log_{0.3}4$ 和 $\log_{0.2}0.7$；

（3）$\log_{0.7}1.6$ 和 $\log_{0.7}1.8$；　（4）$\log_2 3$ 和 $\log_3 2$.

3. 总结提升

1）学习小结

（1）对数函数的概念、图象和性质.

（2）求定义域.

（3）利用单调性比较大小.

2）当堂检测

（1）当 $a>1$ 时，在同一坐标系中，函数 $y=a^{-x}$ 与 $y=\log_a x$ 的图象是（　　）.

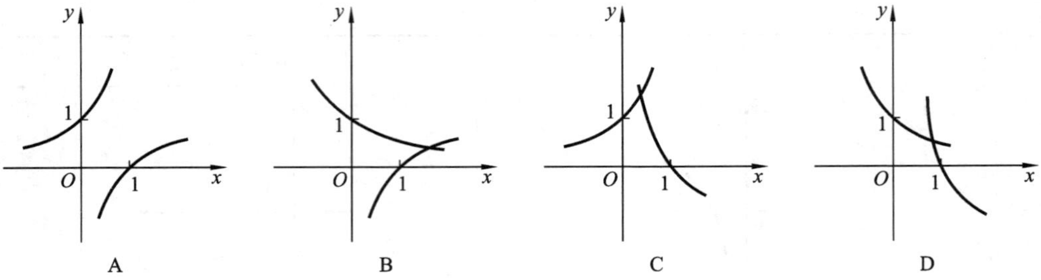

(2) 函数 $y=2+\log_2 x\,(x\geqslant 1)$ 的值域为(　　).

A. $(2,+\infty)$　　B. $(-\infty,2)$　　C. $[2,+\infty)$　　D. $[3,+\infty)$

(3) 不等式的 $\log_4 x>\frac{1}{2}$ 解集是(　　).

A. $(2,+\infty)$　　B. $(0,2)$　　C. $\left(\frac{1}{2},+\infty\right)$　　D. $\left(0,\frac{1}{2}\right)$

(4) 比较大小：① $\log_6 7$ ______ $\log_7 6$；② $\log_3 1.5$ ______ $\log_2 0.8$.

(5) 函数 $y=\log_{(x-1)}(3-x)$ 的定义域是__________.

(6) 已知下列不等式，比较正数 m,n 的大小：

① $\log_3 m<\log_3 n$；　② $\log_{0.3} m>\log_{0.3} n$；　③ $\log_a m>\log_a n\quad(a>1)$.

(7) 求下列函数的定义域：

① $y=\sqrt{\log_2(3x-5)}$；　② $y=\sqrt{\log_{0.5}(4x-3)}$.

7.1.5　基本初等函数的导数公式的运算法则(1)

学习目标

(1) 能根据定义求 $y=c, y=x, y=x^2, y=\frac{1}{x}, y=\sqrt{x}$ 的导数.

(2) 能利用给出的基本初等函数的导数公式的运算法则求简单函数的导数.

(3) 重点与难点：会根据导数的定义求五个函数 $y=c, y=x, y=x^2, y=\frac{1}{x}, y=\sqrt{x}$ 的导数，能利用基本初等函数的导数公式和导数运算法则求简单函数的导数.

(4) 培养数学运算、逻辑推理素养.

学习过程

1. 问题创设

问题 1　求函数的导数的一般步骤是什么?

(1) 求函数的增量 $\Delta y=$__________;

(2) 求平均变化率 $\dfrac{\Delta y}{\Delta x}=$__________;

(3) 取极限,得导数 $f'(x)=$__________.

追问　通过以上运算得到下面几个函数的导数:

(1) $f(x)=c, f'(x)=$__________; (2) $f(x)=x, f'(x)=$__________;

(3) $f(x)=x^2, f'(x)=$__________; (4) $f(x)=\dfrac{1}{x}, f'(x)=$__________;

(5) $f(x)=\sqrt{x}, f'(x)=$__________.

2. 问题导学

问题 2　所有函数的导数都是通过定义求出的,从上面几个简单函数的导数能找出什么法则?

1) 学习探究

(1) 几个常用函数的导数如表 7-5 所示.

表 7-5

原　函　数	导　　数
$f(x)=c$	$f'(x)=$______
$f(x)=x$	$f'(x)=$______
$f(x)=x^2$	$f'(x)=$______
$f(x)=\dfrac{1}{x}$	$f'(x)=$______
$f(x)=\sqrt{x}$	$f'(x)=$______

(2) 基本初等函数的导数公式如表 7-6 所示.

表 7-6

原　函　数	导　　数
$f(x)=c$	$f'(x)=$______

续表

原　函　数	导　　数
$f(x)=x^n(n\in \mathbf{Q}^*)$	$f'(x)=$______
$f(x)=\sin x$	$f'(x)=$______
$f(x)=\cos x$	$f'(x)=$______
$f(x)=a^x(a>0,a\neq 1)$	$f'(x)=$______
$f(x)=\mathrm{e}^x$	$f'(x)=$______
$f(x)=\log_a x(a>0,a\neq 1)$	$f'(x)=$______
$f(x)=\ln x$	$f'(x)=$______

问题 3　计算过程$\left(\sin\frac{\pi}{4}\right)'=\cos\frac{\pi}{4}=\frac{\sqrt{2}}{2}$正确吗？

问题 4　由$(\mathrm{e}^x)'=\mathrm{e}^x$，$(\ln x)'=\frac{1}{x}$这两个公式，比较两个公式$(a^x)'=a^x\ln a$，$(\log_a x)'=\frac{1}{x\ln a}$，你能找出记忆规律吗？

问题 5　你能否求出 $y=1-2\sin^2\frac{x}{2}$的导数？

2）典型例题

例 1　求下列函数的导数：

（1）$y=5^x$；　（2）$y=\frac{1}{x^3}$；　（3）$y=\sqrt[4]{x^3}$；　（4）$y=\log_3 x$.

提炼　求简单函数的导数有两种基本方法：①____________；②____________.

例 2　求函数 $f(x)=\frac{1}{\sqrt[3]{x^2}}$在 $x=1$ 处的导数.

提炼　解答此题的步骤：①______________________；②______________________.

变式练习　已知函数 $f(x)=\frac{1}{\sqrt[n]{x}}$，且 $f'(1)=\frac{1}{2}$，求 n.

例 3　已知曲线 $y=\sqrt{x}$，求：

(1) 曲线上与直线 $y=2x-4$ 平行的切线方程；

(2) 求过点 $P(0,1)$且与曲线相切的直线方程.

提炼　求曲线切线方程的三个步骤：①_________；②_________；③_________.

变式练习　已知点 $P(-1,1)$，点 $Q(2,4)$是曲线上的两点，求与直线 PQ 平行的曲线 $y=x^2$ 的切线方程.

3. 总结提升

1）学习小结

(1) 基本初等函数的导数公式.

(2) 利用基本初等函数的导数公式进行简单的运算.

2）当堂检测

(1) 已知 $f(x)=x^2$，则 $f'(3)=$______.

(2) 下列结论正确的是(　　).

A. $y=\cos x \Rightarrow y'=\sin x$　　　　B. $y=\sin x \Rightarrow y'=-\cos x$

C. $y=\frac{1}{x} \Rightarrow y'=-\frac{1}{x^2}$　　　　D. $y=\sqrt{x} \Rightarrow y'=\frac{\sqrt{x}}{2}$

(3) 若 $y=10^x$，则 $y'|_{x=1}=$________.

(4) 质点的运动方程是 $s=\frac{1}{t^2}$，求质点在 $t=2$ 的瞬时速度.

7.1.6　函数的最大(小)值与导数

学习目标

(1) 理解函数的最大值和最小值的概念，了解函数的最值与极值的区别和联系.

(2) 会用导数求函数在给定区间上的最大值、最小值.

(3) 利用导数研究函数的单调性，函数在某点取得极值(最值)的必要和充分条件.

(4) 培养数学运算、逻辑推理素养.

学习过程

1. 问题创设

问题 1　求函数 $f(x)$的极值有哪几个步骤？

(1) 解方程 $f'(x)=0$，当 $f'(x_0)=0$ 时，有________；

(2) 如果在 x_0 附近的左侧______；右侧______；那么 $f(x_0)$是函数的极大值；

如果在 x_0 附近的左侧________;右侧________;那么 $f(x_0)$ 是函数的极小值.

2. 问题导学

问题 2 你能找出函数 $y=f(x)$ 在闭区间 $[a,b]$ 上的最大值、最小值吗?函数的最值与极值有什么区别?

1) 学习探究

探究 1 一般地,在闭区间 $[a,b]$ 上,函数 $y=f(x)$ 的图象是____________,那么函数 $y=f(x)$ 在 $[a,b]$ 上必有最大值与最小值.

(1) 如果在某一区间上函数 $y=f(x)$ 的图象是一条连续不断的曲线,则称函数 $y=f(x)$ 在这个区间上________.

(2) 给定函数的区间必须是________,在开区间 (a,b) 内连续的函数 $f(x)$ 不一定有最大值与最小值. 例如,函数 $f(x)=\frac{1}{x}$ 在 $(0,+\infty)$ 内连续,但没有最大值与最小值.

(3) 函数 $f(x)$ 在闭区间 $[a,b]$ 上连续是函数 $f(x)$ 在闭区间 $[a,b]$ 上有最大值与最小值的条件.

问题 3 下列说法正确的是(　　).

A. 函数的极大值就是函数的最大值

B. 函数的极小值就是函数的最小值

C. 函数的最值一定是极值

D. 在闭区间上的连续函数一定存在最值

问题 4 函数 $y=f(x)$ 在区间 $[a,b]$ 上的最大值是 M,最小值是 m,若 $M=m$,则 $f'(x)$(　　).

A. 等于 0　　B. 大于 0　　C. 小于 0　　D. 以上都有可能

探究 2 最大值与最小值的概念.

如图 7-1 所示,观察函数 $y=f(x)$ 在区间 $[a,b]$ 上的图象,回答:

(1) 在哪一点处函数 $y=f(x)$ 有极大值和极小值?

(2) 函数 $y=f(x)$ 在 $[a,b]$ 上有最大值和最小值吗?如果有,最大值和最小值分别是什么?

2) 典型例题

例 1 求下列函数在给定区间上的最值.

(1) $f(x)=2x^3-3x^2-12x+5, x\in[-2,3]$;

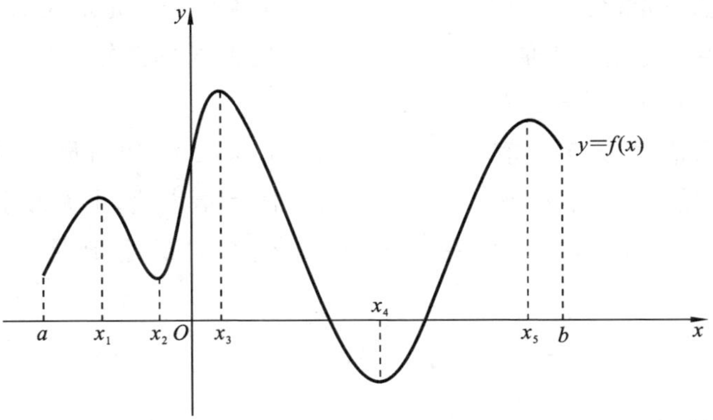

图 7-1

(2) $f(x)=\sin 2x-x, x\in\left[-\frac{\pi}{2},\frac{\pi}{2}\right]$.

提炼　求已知函数最值的步骤：①________；②________.

变式练习　求下列各函数的最值：

(1) $f(x)=-x^4+2x^2+3, x\in[-3,2]$；

(2) $f(x)=e^{-x}-e^x, x\in[0,a]$，$a$ 为正常数.

例 2　若函数 $f(x)=ax^3-6ax^2+b(a>0), x\in[-1,2]$ 的最大值为 3，最小值为 -29，求 a、b 的值.

提炼　解答此题分两步：①________；②________.

探究　若将此题的最大值改为极大值，其他条件不变，求 a、b 的值.

例 3　已知函数 $f(x)=x^3-\frac{1}{2}x^2-2x+5$，当 $x\in[-1,2]$ 时，$f(x)<m$ 恒成立，求实数 m 的取值范围.

提炼　把 $f(x)<m$ 恒成立转化为求________，只要 m 大于____.

探究　若把“$f(x)<m$”改成“$f(x)\geqslant m$”，求实数 m 的取值范围.

3. 总结提升

1) 学习小结

求函数的最值的方法和步骤：________________________________.

2) 当堂检测

(1) 函数 $y=f(x)$ 在 $[a,b]$ 上，则(　　).

A. 极大值一定比极小值大　　　　B. 极大值一定是最大值

C. 最大值一定是极大值　　　　D. 最大值一定大于极小值

(2) 函数 $f(x)=x^3-3x(|x|<1)$(　　).

A. 有最大值,但无最小值　　　　B. 有最大值,也有最小值

C. 无最大值,但有最小值　　　　D. 既无最大值,也无最小值

(3) 函数 $y=4x^2(x-2)$ 在 $x\in[-2,2]$上的最小值是______,最大值是______.

(4) 已知函数 $f(x)=\frac{1}{3}x^3-4x+4$.求:

① 函数的极值;

② 函数在区间$[-3,4]$上的最大值和最小值.

7.2　三角函数、平面向量

7.2.1　同角三角函数的基本关系式(1)

学习目标

(1) 理解并掌握同角三角函数的基本关系式.

(2) 通过运用公式的训练过程,培养学生解决三角函数求值、化简、恒等式证明的解题技能,提高运用公式的灵活性.

(3) 重点与难点:同角三角函数的基本关系式推导和运用.

(4) 培养数学运算、数学建模、逻辑推理素养.

学习过程

1. 问题创设

问题 1　(1) 你能完成表 7-7 中的内容吗?

表 7-7

三角函数	定　　义	定　义　域
$\sin\alpha$	$\sin\alpha=\frac{y}{r}$	________
$\cos\alpha$	$\cos\alpha=$______	$\mathbf{R}$
$\tan\alpha$	$\tan\alpha=$______	________

(2) $\sin\alpha,\cos\alpha,\tan\alpha$ 在各象限的符号怎样？

2. 问题导学

1) 学习探究

问题 2　同角三角函数关系的基本关系式有哪些？

(1) 平方关系：____________________($\alpha\in$______)；

(2) 商数关系：____________________($\alpha\neq$______).

2) 典型例题

例 1　若 $\sin\alpha=0.6$(α 是第二象限角)，则 $\cos\alpha=$________，$\tan\alpha=$________.

问题 3　在求 $\cos\alpha$ 时要注意什么？

变式练习　若 α 是第四象限角，且 $\tan\alpha=-\frac{5}{12}$，则 $\sin\alpha=$________.

例 2　已知 $\tan\alpha=3$，求 $\sin^2\alpha-3\sin\alpha\cos\alpha+1$ 的值.

问题 4　由 $\tan\alpha=3$ 得到 α 所在的象限是什么？如果不用 α 的象限，是否可以求值？

"1" 的代换，即 $1=\sin^2\alpha+\cos^2\alpha$.

变式练习　若 $\tan\alpha=3$，则 $\sin\alpha\cos\alpha=$________.

例 3　化简 $\sqrt{1-2\sin\frac{\alpha}{2}\cos\frac{\alpha}{2}}+\sqrt{1+2\sin\frac{\alpha}{2}\cos\frac{\alpha}{2}}\left(0<\alpha<\frac{\pi}{2}\right)$.

提炼　① 1 的代换：$1=\sin^2\alpha+\cos^2\alpha$；② 注意符号.

变式练习　化简 $\sqrt{1-\sin^2 120^\circ}=$______.

3. 总结提升

1) 学习小结

(1) 同角三角函数关系：① 平方关系，$1=\sin^2\alpha+\cos^2\alpha$；② 商数关系，$\tan\alpha=\frac{\sin\alpha}{\cos\alpha}\left(\alpha\neq k\pi+\frac{\pi}{2},k\in\mathbf{Z}\right)$.

(2) 利用同角三角函数关系求值化简.

(3) 在利用平方关系求值时一定要注意符号.

2) 当堂检测

(1) 已知 $\cos\alpha=\frac{1}{5}$,且 $\tan\alpha<0$,则 $\sin\alpha$ 的值是____________.

(2) 已知 $\sin\alpha=-\frac{\sqrt{3}}{2}$,则 $\tan\alpha$ 的值是____________.

(3) 下面四个命题中可能成立的一个是(　　).

A. $\sin\alpha=\frac{1}{2}$ 且 $\cos\alpha=\frac{1}{2}$　　B. $\sin\alpha=0$ 且 $\cos\alpha=-1$

C. $\tan\alpha=-1$ 且 $\cos\alpha=-1$　　D. α 在第二象限,$\tan\alpha=-\frac{\sin\alpha}{\cos\alpha}$

(4) 已知 $\sin\alpha+\cos\alpha=\frac{1}{5}$,且 $0\leqslant\alpha<\pi$,那么 $\tan\alpha$ 等于(　　).

A. $-\frac{4}{3}$　　B. $-\frac{3}{4}$　　C. $\frac{3}{4}$　　D. $\frac{4}{3}$

(5) 已知 $\sin\theta=\frac{m-3}{m+5}$,$\cos\theta=\frac{4-2m}{m+5}$,则 $m=$(　　).

A. 可取 $\left(-\frac{1}{3},9\right]$ 中的一切值　　B. 0

C. 8　　D. 0 或 8

7.2.2　正弦函数、余弦函数的周期性

学习目标

(1) 能说出周期函数的定义、周期函数的周期和最小正周期.

(2) 能说明正弦函数及余弦函数是周期函数,并能说出 $y=\sin x$,$y=\cos x$ 的最小正周期.

(3) 能说明函数 $y=A\sin(\omega x+\varphi)$(其中 A,ω,φ 为常数,且 $A\neq0,\omega>0,x\in\mathbf{R}$)的周期是 $T=\frac{2\pi}{\omega}$,且能直接写出它的周期.

(4) 重点与难点:正弦、余弦函数的图象、周期函数周期(最小正周期)的意义.

(5) 培养数学运算、数学建模、逻辑推理素养.

学习过程

1. 问题创设

问题 1　单摆运动、四季变化等有什么规律?

2. 问题导学

1) 学习探究

问题 2　$\sin(k\pi+\alpha)=\sin\alpha$,其中 k 有什么规定? 如果 $k\in\mathbf{Z}$,总有 $\sin(k\pi+\alpha)=\sin\alpha$,这样给我们一个什么感觉呢? 什么是周期函数? 什么是函数的周期? 什么是最小正周期?

新知 1　周期函数的定义:一般地,对于函数 $y=f(x)$,如果存在一个不为零的常数 T,使得当 x 取定义域内的____值时,____________都成立,那么就把 $y=f(x)$称为周期函数,不为零的常数 T 称为这个函数的______.

问题 3　正弦函数和余弦函数的周期和最小正周期是什么(见表 7-8)?

表 7-8

三角函数	周期	最小正周期
$y=\sin x$		
$y=\cos x$		

注意:在我们学习的三角函数中,如果不加特别说明,教科书提到的周期,一般都指最小正周期.

问题 4　因 $\sin\left(\frac{\pi}{4}+\frac{\pi}{2}\right)=\sin\frac{\pi}{4}$,所以 $y=\sin\left(x+\frac{\pi}{2}\right)$的周期就是$\frac{\pi}{2}$对吗?

问题 5　$y=A\sin(\omega x+\varphi)(A\neq0,\omega>0)$的周期是什么?

新知 2　函数 $y=A\sin(\omega x+\varphi)(A\neq0,\omega>0)$是由 $y=A\sin t$ 和______组成的复合函数,因此可利用函数 $y=A\sin t$ 的周期来求它的周期,求解过程如下.

① 令 $t=\omega x+\varphi$,设____________________对任意实数 x 都成立,即 $A\sin(t+\omega T)=A\sin t$ 对任意的实数 t 都成立.

② 由 $y=A\sin t$ 的周期为 2π,可知 ωT 的最小值为____,即 T 的最小值为____,故 $y=A\sin(\omega x+\varphi)(A\neq0,\omega>0)$的最小周期为$\frac{2\pi}{\omega}$.

问题6 如果 $f(2x+T)=f(2x)$，则 $f(x)$ 的周期是______.

问题7 对于一个周期函数来说，如果所有的周期中存在一个最小的正数，就称为______.

2）典型例题

例1 求下列函数的周期：

(1) $y=3\cos x, x\in\mathbf{R}$；

(2) $y=\sin(2x), x\in\mathbf{R}$；

(3) $y=2\sin\left[x\left(\frac{x}{2}-\frac{\pi}{6}\right)\right], x\in\mathbf{R}$.

提炼　变量替换求周期.

例2 求下列函数的周期：

(1) $y=-2\cos\left(-\frac{1}{2}x-1\right)$；

(2) $y=|\sin(2x)|$；

(3) $y=\cos(3x)+\sin(2x)$.

提炼　诱导公式，周期的求法，绝对值的意义，最小公倍数.

例3 若函数 $f(n)=\sin\frac{n\pi}{6}(n\in\mathbf{Z})$，则 $f(1)+f(2)+f(3)+\cdots+f(102)=$______.

提炼　函数 $f(n)$ 的周期求法.

例4 证明函数 $y=|A\sin(\omega x+\varphi)|$ 的周期为 $\frac{\pi}{\omega}$. 其中 A,ω,φ 为常数，$A\neq 0$，$\omega>0, x\in\mathbf{R}$.

提炼　诱导公式，周期的定义，周期的证明.

3. 总结提升

1）学习小结

(1) 周期性概念的理解，最小正周期的意义.

(2) 函数周期的求法.

2）当堂检测

(1) 求下列函数的周期：

① $y=\sin\left(\frac{3}{4}x\right), x\in\mathbf{R}$；　　② $y=\cos(4x), x\in\mathbf{R}$；

③ $y=\frac{1}{2}\cos x, x\in \mathbf{R}$；　　　　④ $y=\sin\left(\frac{1}{3}x+\frac{\pi}{4}\right), x\in \mathbf{R}$.

(2) 若函数 $f(x)=2\cos\left(\omega x+\frac{\pi}{3}\right)$的最小正周期为 T，且 $T\in(1,3)$，则正整数 ω 的最大值为______.

(3) 设函数 $f(x)=a\sin\left(kx-\frac{\pi}{3}\right)$和函数 $g(x)=b\cos\left(2kx-\frac{\pi}{6}\right)$ $(a>0, b>0, k>0)$，若它们的最小正周期之和为$\frac{3\pi}{2}$，且 $f\left(\frac{\pi}{2}\right)=g\left(\frac{\pi}{2}\right)$，$f\left(\frac{\pi}{4}\right)=-\sqrt{3}g\left(\frac{\pi}{4}\right)-1$，求这两个函数的解析式.

(4) 已知 $y=f(x)$是定义在 $\mathbf{R}$ 上的函数，且对任意 $x\in \mathbf{R}$，有 $f(x+2)[1-f(x)]=f(x)+1$ 成立.

① 证明 $y=f(x)$是周期函数；

② 若 $f(2)=-2$，求 $f(2020)$的值.

7.2.3　三角函数复习课

学习目标

(1) 掌握任意角的概念和弧度制，诱导公式与同角三角函数的基本关系.

(2) 掌握正弦、余弦与正切函数的定义、图象与基本性质.

(3) 应用相关公式化简求值，求值域及最值、单调区间等.

(4) 了解 $y=A\sin(\omega x+\varphi)$的实际意义.

(5) 能应用三角函数解决一些简单的实际问题，体会三角函数是描写周期变化现象的重要教学模型.

(6) 重点与难点：正弦、余弦与正切函数的图象与基本性质.

(7) 培养数学运算、逻辑推理素养.

学习过程

1. 问题创设

回顾三角函数知识：____.

2. 问题导学

1）知识梳理

（1）角的概念的推广：

① 终边相同的角：____________________；

② 终边在 x 轴上的角__________；终边在 y 轴上的角____________.

（2）角的度量：

① 角度制与弧度的换算：$180°=\pi$(弧度)；1 弧度 $=\left(\frac{180}{\pi}\right)°\approx 57°18'$；

② 弧长公式：______________；扇形面积公式：______________.

（3）任意角的三角函数：$\sin\alpha=\frac{y}{r}$；$\cos\alpha=\frac{x}{r}$；$\tan\alpha=\frac{y}{x}$；$\cot\alpha=\frac{x}{y}$.

三角函数值的符号规律：____________________.

（4）同角三角函数的基本关系式：

① 平方关系________________；② 商数关系________________.

（5）诱导公式的主要作用：将任意角的三角函数转化为 $0°\sim 90°$ 的三角函数，$\frac{k\pi}{2}\pm\alpha(k\in\mathbf{Z})$ 与 α 的三角函数的关系规律是________________.

（6）你能画出正弦、余弦、正切函数的图象吗？

（7）你能由图象写出正弦、余弦、正切函数的单调区间、对称中心和对称轴吗？

（8）正弦函数 $y=A\sin(\omega x+\varphi)$（或 $y=A\cos(\omega x+\varphi)$）的图象和性质要熟记.

其中：振幅为 $|A|$，周期 $T=\frac{2\pi}{|\omega|}$，你知道其中的几种图象变换吗？

2）典型例题

例 1 已知函数 $y=\sin^2 x+\sin\left(\frac{\pi}{2}-x\right)+3\sin^2\left(\frac{3\pi}{2}-x\right)$.

（1）若 $\tan x=\frac{1}{2}$，求 y 的值；

（2）若 $x\in\left[0,\frac{\pi}{2}\right]$，求 y 的值域.

例 2 设函数 $f(x)=\boldsymbol{a}\cdot\boldsymbol{b}$，其中 $\boldsymbol{a}=(2\sin x,1)$，$\boldsymbol{b}=(\sin x,\sqrt{3}\sin 2x+m)$.

（1）求 $f(x)$ 在 $x\in[0,\frac{\pi}{2}]$ 的单调递减区间；

（2）当 $x\in\left[0,\frac{\pi}{3}\right]$ 时，$|f(x)|<3$ 恒成立，求实数 m 的取值范围.

例 3　已知 $f(x)=\sin\left(x+\frac{\pi}{6}\right)+\sin\left(x-\frac{\pi}{6}\right)+\cos x+a$ 的最大值为 1.

(1) 求常数 a 的值；

(2) 求使 $f(x)\geqslant 0$ 成立的 x 取值范围.

例 4　已知向量 $\boldsymbol{a}=(\sin(\omega x+\varphi),2)$，$\boldsymbol{b}=(1,\cos(\omega x+\varphi))$，$\left(\omega>0,0<\varphi<\frac{\pi}{4}\right)$，函数 $f(x)=(\boldsymbol{a}+\boldsymbol{b})\cdot(\boldsymbol{a}-\boldsymbol{b})$，若 $y=f(x)$的图象的一个对称中心与它相邻的一个对称轴之间的距离为 1，且过点 $M(1,\frac{7}{2})$，求函数的解析式.

例 5　已知函数 $f(x)=A\sin(\omega x+\varphi)+B(A>0,\omega>0)$的一系列对应值如表 7-9 所示.

表 7-9

x	$-\frac{\pi}{6}$	$\frac{\pi}{3}$	$\frac{5\pi}{6}$	$\frac{4\pi}{3}$	$\frac{11\pi}{6}$	$\frac{7\pi}{3}$	$\frac{17\pi}{6}$
y	-1	1	3	1	-1	1	3

(1) 根据表格提供的数据，求函数 $f(x)$的一个解析式；

(2) 求函数 $f(x)$的单调递增区间.

3. 当堂检测

已知向量 $\boldsymbol{m}=\left(\cos\frac{x}{3},\sqrt{3}\cos\frac{x}{3}\right)$，$\boldsymbol{n}=\left(\sin\frac{x}{3},\cos\frac{x}{3}\right)$，$f(x)=\boldsymbol{m}\cdot\boldsymbol{n}$.

(1) 求函数 $f(x)$的单调递增区间；

(2) 如果先将 $f(x)$的图象向左平移 $\varphi(\varphi>0)$个单位，再保持纵坐标不变，横坐标变为原来的$\frac{1}{3}$，得到函数 $g(x)$的图象，若 $g(x)$为偶函数，求 φ 的最小值.

7.2.4　两角和与差的正弦、余弦、正切公式(2)

学习目标

(1) 理解两角和与差的余弦、正弦和正切公式，体会三角恒等变换的过程.

(2) 掌握两角和与差的余弦、正弦和正切公式的应用及 $a\sin\alpha+b\cos\alpha$ 类型的变换.

(3) 重点与难点:两角和与差的余弦、正弦和正切公式的应用,解决一些三角恒等变换问题.

(4) 培养逻辑推理、数学运算素养.

学习过程

1. 问题创设

(1) $\sin(\alpha-\beta)=$______________; (2) $\sin(\alpha+\beta)=$______________;

(3) $\cos(\alpha-\beta)=$______________; (4) $\cos(\alpha+\beta)=$______________;

(5) $\tan(\alpha-\beta)=$______________; (6) $\tan(\alpha+\beta)=$______________.

2. 问题导学

1) 学习探究

问题 1 思考:怎样求 $a\sin\alpha+b\cos\alpha$ 的类型?

$\sqrt{2}\cos x-\sqrt{6}\sin x=2\sqrt{2}($______________$)$

$=2\sqrt{2}($______________$)$或 $2\sqrt{2}($______________$)$

$=2\sqrt{2}\sin($____________$)$或 $2\sqrt{2}\cos($____________$)$.

问题 2 $2\sqrt{2}=$______,构造一个使它的正弦、余弦分别等于$\frac{1}{2}$和$\frac{\sqrt{3}}{2}$的角______或______.

问题 3 归纳:$a\sin\alpha+b\cos\alpha=$______(或$=$__________),其中 $\tan\varphi=\frac{b}{a}$,$\tan\theta=\frac{a}{b}$.

2) 典型例题

例 1 在$\triangle ABC$中,已知 $\sin A=\frac{3}{5}$,$\cos B=\frac{5}{13}$,求 $\cos C$.

例 2 已知函数 $f(x)=2\sin x-2\sqrt{3}\cos x$,$x\in\mathbf{R}$.

(1) 求 $f(x)$的最值; (2) 求 $f(x)$的周期、单调性.

例 3 已知 A、B、C 为$\triangle ABC$ 的三个内角,向量 $\boldsymbol{m}=(-1,\sqrt{3})$,$\boldsymbol{n}=(\cos A,\sin A)$,且 $\boldsymbol{m}\cdot\boldsymbol{n}=1$.

(1) 求$\angle A$.

(2) 若$\dfrac{1+2\sin B\cdot\cos B}{\cos^2 B-\sin^2 B}=-3$,求 $\tan C$ 的值.

3. 总结提升

1) 学习小结

掌握两角和与差的余弦、正弦和正切公式的应用及 $a\sin\alpha+b\cos\alpha$ 类型的变换.

2) 当堂检测

(1) $\sqrt{3}\cos\dfrac{\pi}{12}-\sin\dfrac{\pi}{12}=$________.

(2) $\cos\alpha+\sin\alpha=$________________(或=________________).

(3) 若$-\dfrac{\pi}{2}\leqslant x\leqslant\dfrac{\pi}{2}$,求 $f(x)=\sqrt{3}\sin x+\cos x$ 的最大值和最小值,并求出此时的 x 值.

(4) 已知向量 $\boldsymbol{a}=(\sin\theta,1)$,$\boldsymbol{b}=(1,\cos\theta)$,$\theta\in\left(-\dfrac{\pi}{2},\dfrac{\pi}{2}\right)$.

① 若 $\boldsymbol{a}\cdot\boldsymbol{b}$,求 θ; ② 求$|\boldsymbol{a}+\boldsymbol{b}|$的最大值.

7.2.5 平面向量基本定理、平面向量正交分解及坐标表示

学习目标

(1) 掌握平面向量基本定理.

(2) 了解平面向量基本定理的意义.

(3) 掌握平面向量的正交分解及其坐标表示.

(4) 重点与难点:平面向量基本定理、平面向量的坐标表示及平面向量运算的坐标表示. 平面向量基本定理的证明.

(5) 培养数学运算、逻辑推理素养.

学习过程

1. 问题创设

(1) 向量 $\boldsymbol{b}$、$\boldsymbol{a}$($\boldsymbol{a}\neq\boldsymbol{0}$)是共线的两个向量,则 $\boldsymbol{a}$、$\boldsymbol{b}$ 之间的关系可以表示为____.

(2) 给定平面内任意两个向量 $\boldsymbol{e}_1$、$\boldsymbol{e}_2$(见图 7-2),请同学们作出向量 $3\boldsymbol{e}_1+2\boldsymbol{e}_2$、

$\boldsymbol{e}_1-2\boldsymbol{e}_2$.

图 7-2

2. 问题导学

1）学习探究

问题 1 平面向量基本定理:如果 $\boldsymbol{e}_1$、$\boldsymbol{e}_2$ 是同一平面内______的向量,那么对于这一平面内的任意向量 $\boldsymbol{a}$, ____________一对实数 λ_1、λ_2,使 $\boldsymbol{a}=\lambda_1\boldsymbol{e}_1+\lambda_2\boldsymbol{e}_2$. 我们把不共线的向量 $\boldsymbol{e}_1$、$\boldsymbol{e}_2$ 称为表示这一平面内所有向量的______.

问题 2 如图 7-3 所示,已知两个非零向量 $\boldsymbol{a}$ 和 $\boldsymbol{b}$. 作$\overrightarrow{OA}=\boldsymbol{a}$,$\overrightarrow{OB}=\boldsymbol{b}$,则$\angle AOB=\theta(0°\leqslant\theta\leqslant180°)$称为向量 $\boldsymbol{a}$ 与 $\boldsymbol{b}$ 的夹角.

(1) 当 $\theta=0°$时,$\boldsymbol{a}$ 与 $\boldsymbol{b}$ ____________;

(2) 当 $\theta=180°$时,$\boldsymbol{a}$ 与 $\boldsymbol{b}$ ____________;

(3) 当 $\theta=90°$时,$\boldsymbol{a}$ 与 $\boldsymbol{b}$ 垂直,记作:____________.

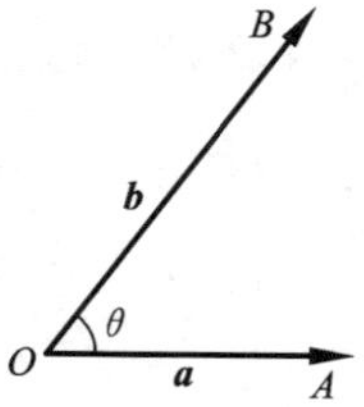

图 7-3

问题 3 在不共线的两个向量中,$\theta=90°$,即两向量垂直是一种重要的情形,把一个向量分解成两个互相垂直的向量,称为向量分解.

问题 4 如图 7-4 所示,根据平面向量基本定理,有且只有一对实数 x、y 使得 $\boldsymbol{a}=x\boldsymbol{i}+y\boldsymbol{j}$,我们把有序数对$(x,y)$称为______的坐标,记作:$\boldsymbol{a}=(x,y)$,其中 x 称为 $\boldsymbol{a}$ 在 x 轴上的坐标,y 称为 $\boldsymbol{a}$ 在 y 轴上的坐标.

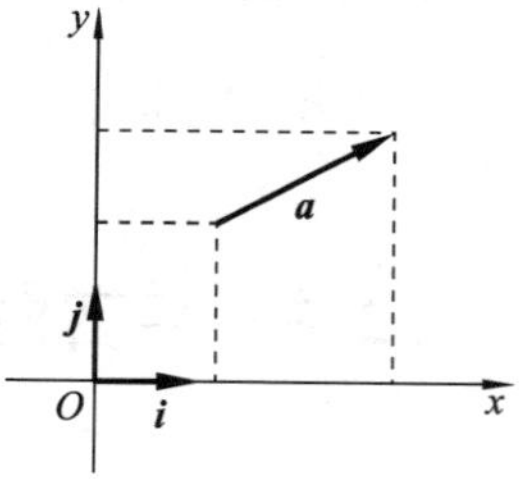

图 7-4

问题 5 注意:符号(x,y)在平面直角坐标系中有了双重意义,它既可以表示一个固定的点,又可以表示一个向量,为了加以区别,在叙述中,常说点(x,y),或向量(x,y).

2）典型例题

例 1 如图 7-5 所示,$\overrightarrow{OA}$,$\overrightarrow{OB}$不共线,$\overrightarrow{AP}=t\overrightarrow{AB}(t\in\mathbf{R})$,用$\overrightarrow{OA}$,$\overrightarrow{OB}$表示$\overrightarrow{OP}$.

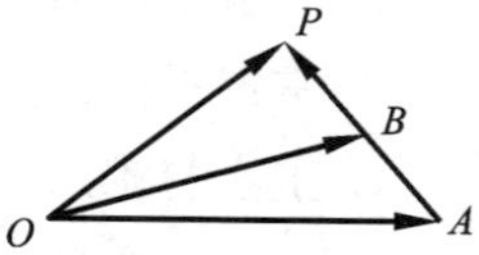

图 7-5

例 2 已知梯形 $ABCD$ 中,$AB /\!/ DC$,且 $AB=2CD$,E、F 分别是 DC、AB 的中点,设

$$\overrightarrow{AD}=\boldsymbol{a},\quad \overrightarrow{AB}=\boldsymbol{b}$$

试用 $\boldsymbol{a}$,$\boldsymbol{b}$ 为基底表示$\overrightarrow{DC}$、$\overrightarrow{BC}$.

例 3 已知 O 是坐标原点,点 A 在第一象限,$|\overrightarrow{OA}|=4\sqrt{3}$,$\angle xOA=60°$,求向量$\overrightarrow{OA}$的坐标.

例 4 已知三个力 $\boldsymbol{F}_1(3,4)$,$\boldsymbol{F}_2(2,-5)$,$\boldsymbol{F}_3(x,y)$的合力 $\boldsymbol{F}_1+\boldsymbol{F}_2+\boldsymbol{F}_3=\boldsymbol{0}$,求

$\boldsymbol{F}_3$ 的坐标.

3. 总结提升

1）学习小结

（1）平面向量基本定理.

（2）两向量的夹角与垂直.

（3）平面向量的坐标表示.

2）当堂检测

（1）设 O 是平行四边形 $ABCD$ 两对角线 AC 与 BD 的交点，下列向量组，其中可作为这个平行四边形所在平面表示所有向量基底的是（　　）.

① $\overrightarrow{AD}$与$\overrightarrow{AB}$　② $\overrightarrow{DA}$与$\overrightarrow{BC}$　③ $\overrightarrow{CA}$与$\overrightarrow{DC}$　④ $\overrightarrow{OD}$与$\overrightarrow{OB}$

A. ①②　　B. ③④　　C. ①③　　D. ①④

（2）已知向量 $\boldsymbol{e}_1$、$\boldsymbol{e}_2$ 不共线，实数 x、y 满足 $(3x-4y)\boldsymbol{e}_1+(2x-3y)\boldsymbol{e}_2=6\boldsymbol{e}_1+3\boldsymbol{e}_2$，则 $x-y$ 的值等于（　　）.

A. 3　　B. -3　　C. 0　　D. 2

（3）若 O、A、B 为平面上三点，C 为线段 AB 的中点，则（　　）.

A. $\overrightarrow{OC}=\overrightarrow{OA}+\overrightarrow{OB}$　　B. $\overrightarrow{OC}=\frac{1}{2}(\overrightarrow{OA}+\overrightarrow{OB})$

C. $\overrightarrow{AB}=2\overrightarrow{OC}$　　D. $\overrightarrow{OC}=\frac{1}{2}(\overrightarrow{OA}-\overrightarrow{OB})$

（4）若 $\boldsymbol{a}$、$\boldsymbol{b}$ 不共线，且 $\lambda\boldsymbol{a}+\mu\boldsymbol{b}=\boldsymbol{0}(\lambda,\mu\in\mathbf{R})$，则 $\lambda=$______，$\mu=$______.

（5）在△ABC 中，D,E,F 依次是$\overrightarrow{AB}$的四等分点（见图 7-6），以 $\overrightarrow{CB}=\boldsymbol{e}_1$，$\overrightarrow{CA}=\boldsymbol{e}_2$ 为基底时，用 $\boldsymbol{e}_1$，$\boldsymbol{e}_2$ 表示$\overrightarrow{CF}$.

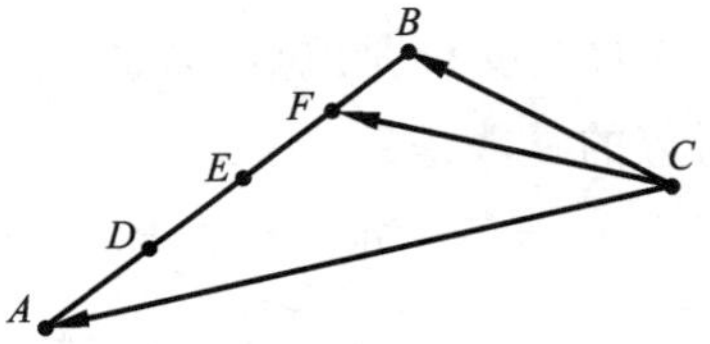

图 7-6

7.2.6　复数代数形式的加减运算

学习目标

（1）理解复数加法的交换律、结合律，知道减法是加法的逆运算；能熟练运用法则进行复数代数形式的加减运算.

（2）理解复数加减法的几何意义，能熟练使用几何法作出复数的向量及进行加减运算.

（3）重点与难点：复数加减法运算法则、运算规律及几何意义.

（4）培养数学运算、直观想象素养.

学习过程

1. 问题创设

问题1　复数的加法法则：设 $z_1=a+bi$，$z_2=c+di$ 是任意两个复数，那么 $(a+bi)+(c+di)=(a+c)+(b+d)i$. 两个复数的和仍是________________.

问题2　对于任意 $z_1,z_2,z_3\in\mathbf{C}$，有 $z_1+z_2=z_2+z_1$，$(z_1+z_2)+z_3=z_1+(z_2+z_3)$.

问题3　由平面向量的坐标运算，有 $\overrightarrow{OZ}=\overrightarrow{OZ_1}+\overrightarrow{OZ_2}=$______________. 复数的加法可以按照向量的加法来进行（满足平行四边形、三角形法则）.

问题4　类比实数减法的意义，我们规定复数的减法是______________，两个复数的差是______________，复数减法的几何意义是________.

2. 预习自测

（1）$a=0$ 是复数 $a+bi(a,b\in\mathbf{R})$ 为纯虚数的（　　）.

A. 充分非必要条件　　B. 必要非充分条件

C. 充分必要条件　　D. 既非充分也非必要条件

（2）设 O 是原点，向量 $\overrightarrow{OA}$，$\overrightarrow{OB}$ 对应的复数分别为 $2-3i$，$-3+2i$，那么向量 $\overrightarrow{BA}$ 对应的复数是（　　）.

A. $-5+5i$　　B. $-5-5i$　　C. $5+5i$　　D. $5-5i$

（3）当 $\frac{2}{3}<m<1$ 时，复数 $m(3+i)-(2+i)$ 在复平面内对应的点位于（　　）.

A. 第一象限　　B. 第二象限　　C. 第三象限　　D. 第四象限

（4）$i+i^2$ 在复平面内表示的点在第______象限.

（5）已知 $z_1=3+4i$，点 z_2 和点 z_1 关于实轴对称，点 z_3 和点 z_2 关于虚轴对称，点 z_4 和点 z_2 关于原点对称，则 $z_2=$________；$z_3=$________；$z_4=$________.

3. 问题导学

探究1（复数加法的几何意义）　复数与复平面内的向量是一一对应的关系. 我们讨论过向量加法的几何意义，你能由此出发讨论复数加法的几何意义吗?

探究2(复数减法的几何意义) 复数是否有减法?如何理解复数的减法?

4. 典型例题

例1 在复平面内,复数 $6+5\mathrm{i}$ 与 $-3+4\mathrm{i}$ 对应的向量分别是 $\overrightarrow{OA}$ 与 $\overrightarrow{OB}$,其中 O 是原点,求向量 $\overrightarrow{AB}$,$\overrightarrow{BA}$ 对应的复数.

例2 计算:(1) $(2+4\mathrm{i})+(3-4\mathrm{i})$;

(2) $\left(\frac{2}{3}+\mathrm{i}\right)+\left(1-\frac{2}{3}\mathrm{i}\right)-\left(\frac{1}{2}+\frac{3}{4}\mathrm{i}\right)$.

5. 总结提升

(1) 复数的加法和减法的代数运算.

(2) 复数的加法和减法的几何意义.

6. 练习

(1) ① $(1+4\mathrm{i})+(7-2\mathrm{i})=$______;

② $(7-2\mathrm{i})+(1+4\mathrm{i})=$______;

③ $[(3-2\mathrm{i})+(-4+3\mathrm{i})]+(5+\mathrm{i})$ $=$______;

④ $(3-2\mathrm{i})+[(-4+3\mathrm{i})+(5+\mathrm{i})]$ $=$______.

(2) 计算 $(5-6\mathrm{i})+(-2-\mathrm{i})-(3+4\mathrm{i})$.

(3) 如图7-7所示的向量 $\overrightarrow{OZ}$ 对应的复数是 z,试作出下列运算的结果对应的向量:

① $z+1$;

② $z-\mathrm{i}$;

③ $z+(2-\mathrm{i})$.

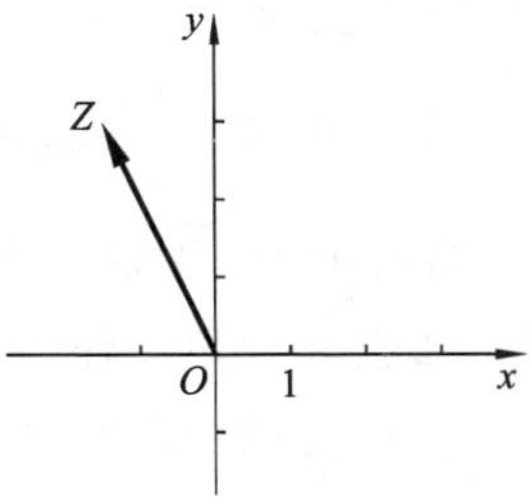

图7-7

7.2.7 解三角形复习课

学习目标

(1) 掌握正弦定理、余弦定理,并能初步运用它们解斜三角形.

(2) 能利用计算器解决三角形的计算问题.

(3) 重点与难点:利用正弦定理、余弦定理解斜三角形.

(4) 培养数学运算、逻辑推理素养.

学习过程

1. 问题创设

问题 1 在学校,我们每天必须去三个地方,哪三个地方(宿舍、饭堂、课室)?这三个点连接起来构成一个什么图形(三角形)?如果我们知道其中的一些边和角,是否可以解决其他的边和角?用什么方法来解决?

2. 问题导学

问题 2 什么是正弦定理?它的表述有几种形式?

形式一:$\frac{a}{\sin A}=\frac{b}{\sin B}=\frac{c}{\sin C}=2R$.

形式二:$\sin A=\frac{a}{2R}$,$\sin B=\frac{b}{2R}$,$\sin C=\frac{c}{2R}$(角到边的转换).

形式三:$a=2R\cdot\sin A$,$b=2R\cdot\sin B$,$c=2R\cdot\sin C$(边到角的转换).

形式四:$S=\frac{1}{2}ab\sin C=\frac{1}{2}bc\sin A=\frac{1}{2}ac\sin B$(求三角形的面积).

追问 1 解决以下两类问题:

① 已知两角和任一边,求其他两边和一角(唯一解);

② 已知两边和其中一边的对角,求另一边的对角(从而进一步求出其他的边和角).

追问 2 若给出 a,b,A,那么解的个数怎样?

① 若 $a<b\sin A$,则无解;② 若 $a=b\sin A$ 或者 $a\geqslant b\sin A$,则有一解;③ 若 $b\sin A<a<b$,则有两解.

问题 3 余弦定理怎样表述?

形式一:$a^2=b^2+c^2-2bc\cdot\cos A$,$b^2=a^2+c^2-2ac\cdot\cos B$,$c^2=a^2+b^2-2ab\cdot\cos C$.

形式二:$\cos A=\frac{b^2+c^2-a^2}{2bc}$,$\cos B=\frac{a^2+c^2-b^2}{2ac}$,$\cos C=\frac{a^2+b^2-c^2}{2ab}$(角到边的转换).

追问 3 解决以下两类问题:

① 已知三边，求三个角(唯一解)；

② 已知两边和它们的夹角，求第三边和其他两个角(唯一解).

3. 典型例题

1) 判定三角形的形状

例 1　根据下列条件判断三角形 ABC 的形状：

(1) 若 $a^2\tan B=b^2\tan A$；

(2) $b^2\sin^2 C+c^2\sin^2 B=2bc\cos B\cos C$；

(3) $(\sin A+\sin B+\sin C)-(\cos A+\cos B+\cos C)=1$.

2) 三角形中的求角或求边长问题

例 2　在$\triangle ABC$中，已知 $\sin B=\dfrac{3}{5}$，$\cos A=\dfrac{5}{13}$，试求 $\cos C$ 的值.

例 3　在$\triangle ABC$中，已知 $AB=\dfrac{4\sqrt{6}}{3}$，$\cos B=\dfrac{\sqrt{6}}{6}$，$AC$ 边上的中线 $BD=\sqrt{5}$，求 $\sin A$ 的值.

例 4　在$\triangle ABC$中，$\angle A$、$\angle B$、$\angle C$ 所对的边分别为 a、b、c，且 $\cos A=\dfrac{1}{3}$.

(1) 求 $\sin^2\dfrac{B+C}{2}+\cos(2A)$的值；

(2) 若 $a=\sqrt{3}$，求 bc 的最大值.

4. 总结提升

1) 学习小结

(1) 解斜三角形，主要是利用正弦定理和余弦定理，如果出现的边多，则采用余弦定理. 如果用正弦定理，则必须出现角.

(2) 运用正弦、余弦解决有关面积问题和有关平面图的计算问题.

2) 当堂检测

(1) 在$\triangle ABC$中，若 $a=2$，$c=4$，$\angle B=60°$，则 $b=$ ______.

(2) 在$\triangle ABC$中，$a=3$，$b=5$，$\sin A=\dfrac{1}{3}$，则 $\sin B=$ ______.

(3) 在$\triangle ABC$中，已知 $b=40$，$c=20$，$\angle C=60°$，则此三角形的解的情况是(　　).

A. 有一解　　B. 有两解　　C. 无解　　D. 有解但解的个数不确定

(4) 在$\triangle ABC$中，$\angle A$、$\angle B$、$\angle C$ 所对的边分别为 a、b、c；若 $a=\sqrt{7}$，$b=3$，$c=$

2,则$\angle A=$______.

(5) 在$\triangle ABC$中,$\angle A=60°$,$AC=4$,$BC=2\sqrt{3}$,则$\triangle ABC$的面积等于______.

(6) 已知$\triangle ABC$中,三个内角$\angle A$,$\angle B$,$\angle C$所对的边分别为a,b,c,且$a=1$,$b=\sqrt{3}$,$\angle A=30°$,则$c=$______.

7.3 立体几何、空间向量

7.3.1 柱体、椎体、台体、球的表面积与体积(1)

学习目标

(1) 了解柱体、锥体、台体与球的表面积计算公式,提高学生的空间想象能力和几何直观能力.

(2) 掌握简单几何体的表面积的求法,提高学生的运算能力,培养学生转化、化归、类比的能力.

(3) 重点与难点:多面体、旋转体以及基本几何体的结构特征,几何体的结构特征的抽象概括.

(4) 培养数学抽象、直观想象素养.

学习过程

1. 问题创设

我们生活中有很多用品,它们形状各异,像正方体、长方体、三棱锥、圆柱、球等,我们如何计算它们的表面积和体积呢?

2. 问题导学

问题 1 扇形的面积公式是什么?

问题 2 多面体的表面积如何计算?圆柱、圆锥和圆台的表面积之间有什么关系?

3. 学习探究

(1) 柱体、锥体、台体的表面积(见表 7-10).

表 7-10

形状	侧面展开图	底面	侧面面积	表面积
棱柱				
棱锥				
棱台				
圆柱				
圆锥				
圆台				

(2) 球的表面积____________________.

(3) 预习自测.

① 圆锥的底面半径为 1,高为$\sqrt{3}$,则圆锥的表面积为(　　).

A. π　　B. 2π　　C. 3π　　D. 4π

② 球的直径为 6,它的表面积为________________.

③ 六棱台的上、下底面均为正六边形,边长分别是 8 cm 和 18 cm,侧面是全等的等腰梯形,侧棱长为 13 cm,求它的表面积.

4. 典型例题

例 1　已知棱长为 2,各面均为等边三角形的四面体 $S\text{-}ABC$,求它的表面积.

例 2　如图 7-8 所示,一个圆台形花盆盆口直径为 20 cm,盆底直径为 15 cm,底部渗水圆孔直径为 1.5 cm,盆壁长 15 cm. 为了美化花盆的外观,需要涂油漆. 已知每平方米用 100 mL 油漆,涂 100 个这样的花盆需要多少油漆(π 取 3.14,结果精确到 1 mL,可用计算器)?

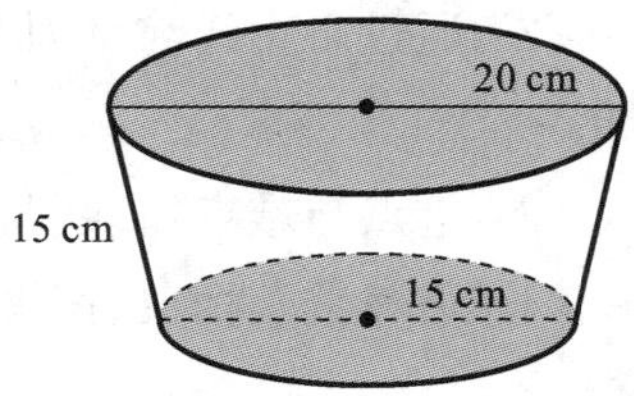

图 7-8

例 3　(1) 正方体棱长为 4,它的顶点都在同一球面上,求该球表面积;

(2) 已知圆锥的表面积为 3π,且它的侧面展开图是一个半圆,求这个圆锥的底面半径.

5. 总结提升

1) 学习小结

(1) 掌握柱体、锥体、台体、球体的表面积公式.

(2) 利用公式计算表面积和体积.

2) 当堂检测

(1) 轴截面为正方形的圆柱侧面积和表面积之比是(　　).

A. 1∶2　　B. 2∶3　　C. 1∶3　　D. 1∶4

(2) 正方体的表面积是 96,此正方体的棱长是(　　).

A. 16　　B. 24　　C. $4\sqrt{6}$　　D. 4

(3) 长方形一个顶点上的三条棱分别为 3,4,5,且八个顶点都在同一球面,球的表面积为(　　).

A. $20\sqrt{2}\pi$　　B. $25\sqrt{2}$　　C. 50π　　D. 200π

(4) 已知底面为正方形,侧棱长均是边长为 5 的正三角形四棱锥 $S\text{-}ABCD$,其表面积为______.

7.3.2 直线与平面平行的判定

学习目标

(1) 理解并掌握直线与平面平行的判定定理.

(2) 通过对直线与平面平行的判定定理的应用,完成线线平行到线面平行的转化.

(3) 重点与难点:直线与平面平行的判定及其应用.

(4) 培养数学抽象、逻辑推理、直观想象素养.

学习过程

1. 问题创设

(1) 日常生活中,我们注意到门的两边是平行的,当门绕着一边转动时,门转动的一边与门框所在的平面的位置关系如何?

(2) 将一本书放在桌面上,翻动书的封面,封面边缘所在的直线与桌面所在的平面的位置关系如何？

2. 问题导学

问题 怎样判断直线与平面平行？

3. 学习探究

(1) 直线与平面的位置关系有且只有 3 种：________、________、________. 其中，________或________统称为直线在平面外.

(2) 直线与平面平行的判定定理：________________________. 用符号表示：____________________，用图形表示：____________________.

(3) 下列四个说法，正确的是(　　).

A. 若 $a\not\subset\alpha, b\subset\alpha, a/\!/b$，则 $a/\!/\alpha$　　B. 若 $a/\!/\alpha, b/\!/\alpha$，则 $a/\!/b$

C. 若 $a\not\subset\alpha$，则 $a/\!/\alpha$　　D. 若 $a/\!/b, b\subset\alpha$，则 $a/\!/\alpha$

(4) 如图 7-9 所示，在长方体 $ABCD\text{-}A_1B_1C_1D_1$ 中：

① 与 AB 平行的平面是________________________；

② 与 AA_1 平行的平面是________________________；

③ 与 AD 平行的平面是________________________.

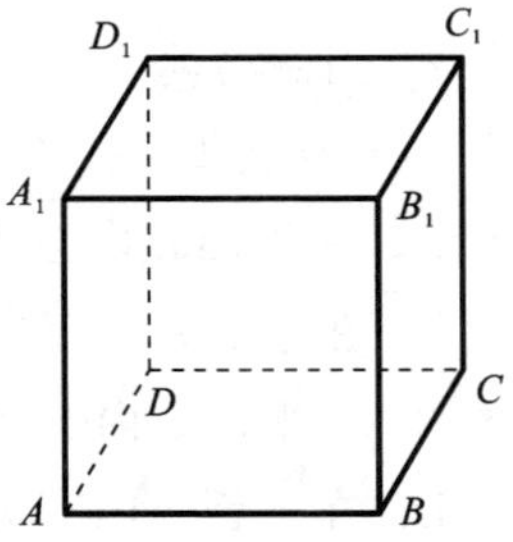

图 7-9

(5) 下列说法正确的是____________________.

① 若直线 l 上有无数个点不在平面 α 内，则 $l/\!/\alpha$；

② 若直线 l 与平面 α 平行，则 l 与 α 内任意一条直线都平行；

③ 若直线 l 与平面 α 内的直线 a 平行，则 $l/\!/\alpha$.

④ 若两条平行直线中的一条和一个平面平行，那么另一条也与这个平面平行.

4. 典型例题

探究 1 利用中位线的性质证明线线平行，进而证明线面平行.

例 1 求证空间四边形相邻两边中点的连线平行于经过另外两边所在的平面.

探究 2 利用平行四边形的性质证明线线平行，进而证明线面平行.

例 2 如图 7-10 所示，已知点 P 是平行四边形 $ABCD$ 所在平面外一点，M、N 分别是 AB、PC 的中点. 求证：$MN/\!/$平面 PAD.

探究 3 利用对应线段成比例证明线线平行，进而证明线面平行.

例 3 如图 7-11 所示，已知四棱锥 $P\text{-}ABCD$ 中，底面 $ABCD$ 为平行四边形，

点 M、N 分别在 PA、BD 上，且 $PM:MA=BN:ND$. 求证：$MN//$平面 PBC.

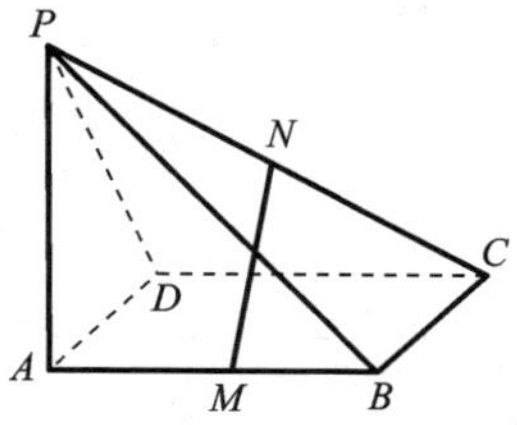

图 7-10

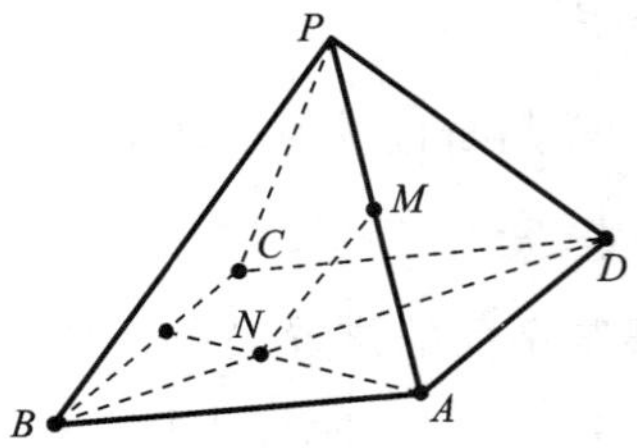

图 7-11

5. 总结提升

1）学习小结

（1）直线与平面平行的判定定理.

（2）直线与平面平行的判定及其应用.

2）当堂检测

（1）若直线 $a//$平面 α，则（　　）.

A. 在平面 α 内至多存在一条与直线 a 垂直的直线

B. 在平面 α 内存在与直线 a 垂直的唯一一条直线

C. 在平面 α 内有且只有一条直线与直线 a 平行

D. 在平面 α 内有无数条直线与直线 a 平行

（2）如图 7-12 所示，已知 $A_1B_1C_1\text{-}ABC$ 是正三棱柱，D 是 AC 中点.

证明：$AB_1//$平面 DBC_1.

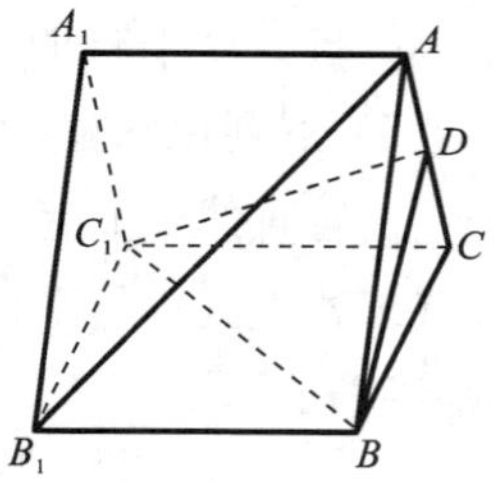

图 7-12

7.3.3 直线与平面垂直的判定

学习目标

（1）掌握直线和平面垂直的定义及判定定理.

（2）培养几何直观能力，感受直线和平面垂直的定义的形成过程.

（3）重点与难点：直线与平面垂直的判定及其应用.

（4）培养数学抽象、逻辑推理、直观想象素养.

学习过程

1. 问题创设

我们看到的电线杆、旗杆等与地面关系如何?

怎样判断线与面垂直?

2. 问题导学

问题1　如果一条直线与一个平面不垂直,那么这条直线与这个平面的任何一条直线都不垂直吗?

问题2　如果直线 l 和平面 α 内无数条直线垂直,则直线 l 垂直于平面 α 吗?

1) 学习探究

(1) 直线与平面互相垂直(见图7-13):如果直线 l 与平面 α 内的________直线都垂直,我们就说直线 l 与平面 α 互相垂直,记作 $l\perp\alpha$,直线 l 称为平面 α 的________,平面 α 称为直线 l 的________. 直线与平面垂直时,它们唯一的公共点 P 称为________.

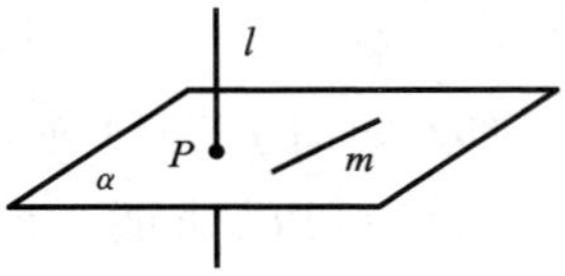

图7-13

应用:$\because l\perp\alpha$

$m\subset\alpha$

$\therefore$ ________

(2) 直线和平面所成的角(见图7-14):平面的一条斜线和它在平面上的________所成的________,称为这条直线和这个平面所成的角. 一条直线垂直于平面,所成角是________;一条直线平行于平面,或在平面内,所成角是________. 直线和平面所成的角的范围:________________.

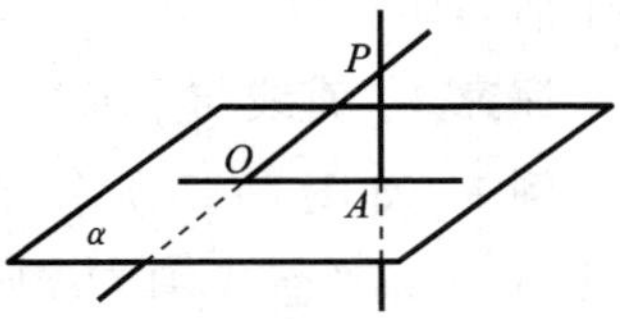

图7-14

(3) 直线与平面垂直的判定定理如表7-11所示.

表7-11

语言表示	图形表示	符号表示
一条直线与一个平面内的两条相交直线都垂直,则该直线与此平面垂直	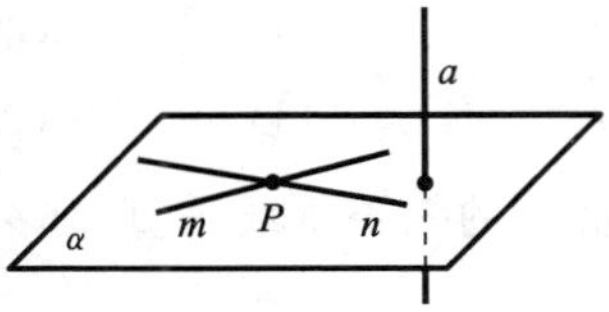	

注意:①定理中的“两条相交直线”这一条件不可忽视;

② 定理体现了“直线与平面垂直”与“直线与直线垂直”相互转化的数学思想.

2) 练习

(1) 平面 α 外的一条直线 l 与 α 内的两条平行直线垂直,那么(　　).

A. $l\perp\alpha$　　　　B. $l/\!/\alpha$

C. $l\cap\alpha=A$　　　　D. l 与 α 的位置关系不能确定

(2) 如果直线 $\alpha\perp$ 平面 α,直线 $l\perp$ 直线 α,则直线 l 与平面 α 的位置关系是(　　).

A. $l\subset\alpha$　　　　B. $l\perp\alpha$

C. $l/\!/\alpha$　　　　D. $l/\!/\alpha$ 或 $l\subset\alpha$

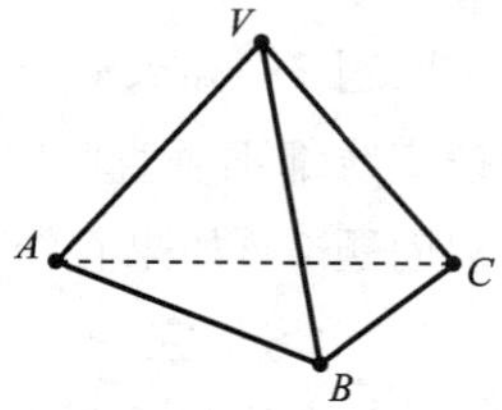

图 7-15

(3) 如图 7-15 所示,三棱锥 $V\text{-}ABC$ 中,三条棱 $VA=VC$、$AB=BC$. 求证:$VB\perp AC$.

3) 典型例题

探究 1　线面垂直判定定理的应用.

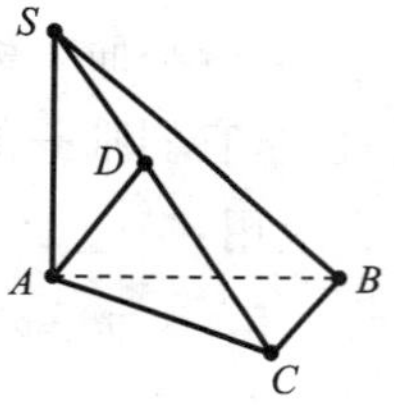

图 7-16

例 1　如图 7-16 所示,已知 $\triangle ABC$ 中,$\angle ACB=90°$,$SA\perp$ 平面 ABC,$AD\perp SC$ 于 D. 求证:$AD\perp$ 平面 ABC.

探究 2　直线与平面所成的角.

例 2　如图 7-17 所示,在正方体 $ABCD\text{-}A_1B_1C_1D_1$ 中,求直线 A_1B 和平面 A_1B_1CD 所成的角.

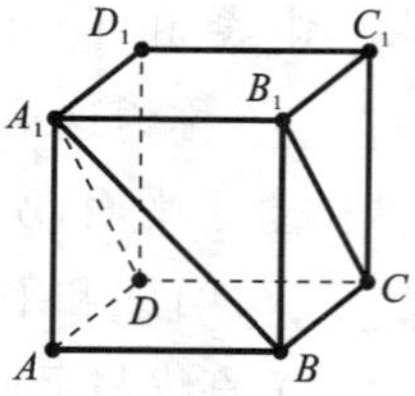

图 7-17

3. 总结提升

1) 学习小结

(1) 直线与平面垂直____________________.

(2) 直线与平面所成角____________________.

2) 当堂检测

(1) 设 l,m 是两条不同的直线,α 是一个平面,则下列命题正确的是(　　).

A. 若 $l\perp m$,$m\subset\alpha$,则 $l\perp\alpha$　　　　B. 若 $l\perp\alpha$,$l/\!/m$,则 $m\perp\alpha$

C. 若 $l/\!/\alpha$,$m\subset\alpha$,则 $l/\!/m$　　　　D. 若 $l/\!/\alpha$,$m/\!/\alpha$,则 $l/\!/m$

(2) 如果一条直线 l 与平面 α 的一条垂线垂直,那么直线 l 与平面 α 的位置关系是________.

(3) 如图 7-18 所示，在长方体 $ABCD\text{-}A_1B_1C_1D_1$ 中，$AA_1=AD=a$，$AB=2a$，E 为 C_1D_1 的中点. 求证：$DE\perp$平面 BCE.

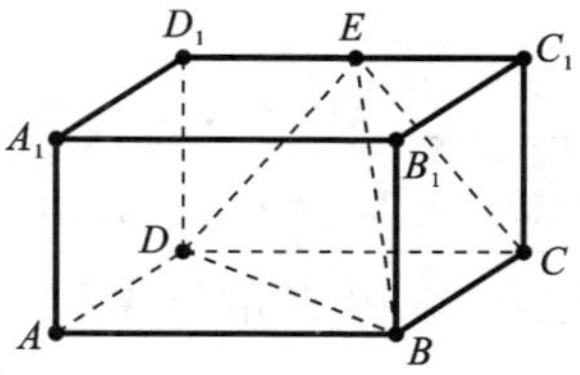

图 7-18

7.3.4　空间向量运算的坐标表示

学习目标

(1) 理解空间向量与有序数组之间的一一对应关系.

(2) 能用坐标进行向量的各种运算.

(3) 会用坐标表示向量模及夹角.

(4) 重点与难点：利用正弦定理、余弦定理解斜三角形.

(5) 培养数学运算、逻辑推理素养.

学习过程

1. 问题创设

一块巨石从山顶坠落，挡住了前面的路，抢修队员紧急赶到并从三个方向拉巨石. 这三个力为 $\boldsymbol{F}_1,\boldsymbol{F}_2,\boldsymbol{F}_3$，它们两两垂直，且 $|\boldsymbol{F}_1|=3000$ N，$|\boldsymbol{F}_2|=2000$ N，$|\boldsymbol{F}_3|=2000\sqrt{3}$ N.

问题 1　若以 $\boldsymbol{F}_1,\boldsymbol{F}_2,\boldsymbol{F}_3$ 的方向为 x 轴，y 轴，z 轴正方向建立空间直角坐标系，巨石受合力的坐标是什么？

问题 2　巨石受到的合力有多大？

2. 问题导学

1) 学习探究

(1) 空间向量的加减和数乘的坐标表示.

设 $\boldsymbol{a}=(a_1,a_2,a_3)$，$\boldsymbol{b}=(b_1,b_2,b_3)$，则

① $\boldsymbol{a}+\boldsymbol{b}$ ____________________；

② $\boldsymbol{a}-\boldsymbol{b}=$ ____________________；

③ $\lambda\boldsymbol{a}=$ ____________________ $(\lambda\in\mathbf{R})$；

④ 若 $\boldsymbol{b}\neq\mathbf{0}$，则 $\boldsymbol{a}/\!/\boldsymbol{b}\Leftrightarrow\boldsymbol{a}=\lambda\boldsymbol{b}\,(\lambda\in\mathbf{R})\Leftrightarrow a_1=\lambda b_1,a_2=\lambda b_2,a_3=\lambda b_3$.

(2) 空间向量数量积的坐标表示及夹角公式.

若 $\boldsymbol{a}=(a_1,a_2,a_3)$，$\boldsymbol{b}=(b_1,b_2,b_3)$，则

① $\boldsymbol{a}\cdot\boldsymbol{b}=$ ____________________；

② $|\boldsymbol{a}|=\sqrt{\boldsymbol{a}\cdot\boldsymbol{a}}=\sqrt{a_1^2+a_2^2+a_3^2}$；

③ $\cos\langle\boldsymbol{a},\boldsymbol{b}\rangle=\dfrac{\boldsymbol{a}\cdot\boldsymbol{b}}{|\boldsymbol{a}|\cdot|\boldsymbol{b}|}=\dfrac{a_1b_1+a_2b_2+a_3b_3}{\sqrt{a_1^2+a_2^2+a_3^2}\cdot\sqrt{b_1^2+b_2^2+b_3^2}}$；

④ $\boldsymbol{a}\perp\boldsymbol{b}\Leftrightarrow$ ____________________.

(3) 空间中向量的坐标及两点间的距离公式.

在空间直角坐标系中，设 $A(a_1,a_2,a_3)$，$B(b_1,b_2,b_3)$，则

① $\overrightarrow{AB}=$ ____________________；

② $d_{AB}=|\overrightarrow{AB}|=$ ____________________.

2) 练习

(1) 已知 $\boldsymbol{a}=(2,0,3)$，$\boldsymbol{b}=(4,-2,1)$，$\boldsymbol{c}=(-2,x,2)$，若 $(\boldsymbol{a}-\boldsymbol{b})\perp\boldsymbol{c}$，则 x 等于(　　).

A. 4　　B. -4　　C. 2　　D. -2

(2) 已知 $\boldsymbol{a}=(1,-2,4)$，$\boldsymbol{b}=(1,0,3)$，$\boldsymbol{c}=(0,0,2)$.

求：① $\boldsymbol{a}\cdot(\boldsymbol{b}+\boldsymbol{c})$；

② $4\boldsymbol{a}-\boldsymbol{b}+2\boldsymbol{c}$.

(3) 设 $\boldsymbol{a}=(1,5,-1)$，$\boldsymbol{b}=(-2,3,5)$.

① 若 $(k\boldsymbol{a}+\boldsymbol{b})/\!/(\boldsymbol{a}-3\boldsymbol{b})$，求 k；

② 若 $(k\boldsymbol{a}+\boldsymbol{b})\perp(\boldsymbol{a}-3\boldsymbol{b})$，求 k.

3) 典型例题

例 1　已知 O 为坐标原点，A,B,C 三点的坐标分别是 $(2,-1,2)$，$(4,5,-1)$，$(-2,2,3)$. 求点 P 的坐标，使

(1) $\overrightarrow{OP}=\frac{1}{2}(\overrightarrow{AB}-\overrightarrow{AC})$；(2) $\overrightarrow{AP}=\frac{1}{2}(\overrightarrow{AB}-\overrightarrow{AC})$.

例 2　已知 $\boldsymbol{a}=(x,4,1)$，$\boldsymbol{b}=(-2,y,-1)$，$\boldsymbol{c}=(3,-2,z)$，$\boldsymbol{a}/\!/\boldsymbol{b}$，$\boldsymbol{b}\perp\boldsymbol{c}$. 求：

(1) $\boldsymbol{a},\boldsymbol{b},\boldsymbol{c}$；

(2) $\boldsymbol{a}+\boldsymbol{c}$ 与 $\boldsymbol{b}+\boldsymbol{c}$ 所成角的余弦值.

例 3　如图 7-19 所示，在直三棱柱(侧棱垂直于底面的棱柱)$ABC\text{-}A_1B_1C_1$ 中，$CA=CB=1$，$\angle BCA=90°$，棱 $AA_1=2$，N 为 A_1A 的中点.

(1) 求 BN 的长；

(2) 求 A_1B 与 B_1C 所成角的余弦值.

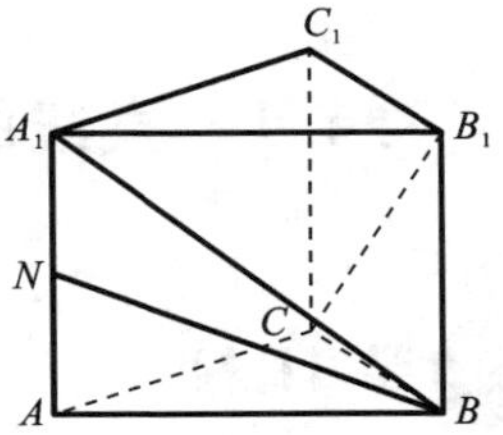

图 7-19

3. 总结提升

1) 学习小结

(1) 空间向量的加减和数乘的坐标表示.

(2) 空间向量数量积的坐标表示及夹角公式.

(3) 空间向量的坐标及两点间的距离公式.

2) 当堂检测

(1) 已知 $\boldsymbol{a}=(\lambda+1,0,2\lambda)$，$\boldsymbol{b}=(6,2\mu-1,2)$，$\boldsymbol{a}/\!/\boldsymbol{b}$，则 λ 与 μ 的值分别为(　　).

A. $\frac{1}{5},\frac{1}{2}$　　B. 5，2　　C. $-\frac{2}{5},-\frac{1}{2}$　　D. $-5,-2$

(2) 已知点 $A(1,-2,11)$，$B(4,2,3)$，$C(6,-1,4)$，则$\triangle ABC$ 的形状是(　　).

A. 等腰三角形　　B. 等边三角形

C. 直角三角形　　D. 等腰直角三角形

(3) 已知空间三点 $A(-2,0,2)$，$B(-1,1,2)$，$C(-3,0,4)$，设 $\boldsymbol{a}=\overrightarrow{AB}$，$\boldsymbol{b}=\overrightarrow{AC}$. 若向量 $k\boldsymbol{a}+\boldsymbol{b}$ 与 $k\boldsymbol{a}-2\boldsymbol{b}$ 互相垂直，求 k 的值.

(4) 已知 $\boldsymbol{a}=(5,3,1)$，$\boldsymbol{b}=\left(-2,t,-\frac{2}{5}\right)$，若 $\boldsymbol{a}$ 与 $\boldsymbol{b}$ 的夹角为钝角，求实数 t 的取值范围.

(5) 已知空间四点 A,B,C,D 的坐标分别是$(-1,2,1)$，$(1,3,4)$，$(0,-1,4)$，$(2,-1,-2)$，设 $\boldsymbol{p}=\overrightarrow{AB}$，$\boldsymbol{q}=\overrightarrow{CD}$. 求：

① $\boldsymbol{p}+2\boldsymbol{q}$；② $3\boldsymbol{p}-\boldsymbol{q}$；③ $\cos\langle\boldsymbol{p},\boldsymbol{q}\rangle$.

7.4 解析几何

7.4.1 直线的点斜式方程

学习目标

(1) 了解直线点斜式方程的推导过程，掌握直线点斜式方程的形式.

(2) 了解斜截式方程 $y=kx+b$ 是点斜式方程的特殊形式，理解截距的概念.

(3) 重点与难点：求直线点斜式和斜截式方程.

(4) 培养直观想象、数学建模、数学运算、数学抽象和逻辑推理素养.

学习过程

1. 问题创设

日常生活中，常用坡度(坡度=升高量/前进量)表示倾斜程度.

问题1 汽车爬坡"进2升3"与"进2升2"哪个难度大？在数学上，我们怎样描述？

2. 问题导学

在平面直角坐标系中，给出一条直线 l.

问题2 若直线 l 过点 P，直线 l 的位置关系能确定吗(不能)？

问题3 过点 P 作与直线 l 相交的直线有多少条(无数条)？

问题4 对于上述问题中的所有直线，怎样描述它们的倾斜程度？

问题5 直线的点斜式方程和斜截式方程应用条件是什么？

问题6 截距是距离吗？如何理解截距？

3. 探索新知

1) 直线的点斜式方程.

若直线经过点 $P_1(x_1, y_1)$，且斜率为 k，则____________称为直线的点斜式方程.它是由直线上一点 $P_1(x_1,y_1)$ 和直线的斜率 k 确定的.

2）直线的斜截式方程.

（1）过点 $(0,b)$ 且斜率为 k 的直线方程为________，称为直线的斜截式方程.

（2）横截距是指直线与 x 轴交点的______，纵截距是指直线与 y 轴交点的________.

（3）过点 $P(a,b)$ 且垂直于 x 轴的直线方程为__________；过点 $P(a,b)$ 且垂直于 y 轴的直线方程为________________.

3）练习

（1）过点 $(4,-2)$，倾斜角为 $135°$ 的直线的方程是____________.

（2）直线 $y=3x-\frac{3}{2}$ 的斜率为 k，在 y 轴上的截距为 b，则 $k=$____，$b=$____.

（3）已知直线 l 过点 $P(3,-4)$，它的倾斜角是直线 $y=x+4$ 的倾斜角的两倍，则直线 l 的方程为（　　）.

A. $y+4=2(x-3)$　　　B. $y+4=x-3$

C. $y-4=0$　　　D. $x-3=0$

4．典型例题

探究1　直线的点斜式和斜截式.

例1　求满足下列条件的直线方程：

（1）经过点 $A(1,2)$，且与 x 轴平行；（2）经过点 $A(1,2)$，且与 x 轴垂直；

（3）经过点 $A(1,2)$，倾斜角为 $45°$；（4）经过点 $A(-2,5)$ 且与斜率 $k=-\frac{3}{4}$ 的直线垂直.

探究2　点斜式和斜截式的应用.

例2　已知直线的斜率为 $\frac{1}{6}$，且与坐标轴围成面积为3的三角形，求该直线的方程.

变式训练　已知直线 l 经过点 $P(-5,-4)$，且 l 与两坐标轴围成的三角形的面积为5，求直线 l 的方程.

5．总结提升

1）学习小结

（1）直线的点斜式方程____________.

(2) 直线的斜截式方程__________.

2) 当堂检测

(1) 直线 $y=\sqrt{3}(x-2)$的倾斜角是（　　）.

A. 30°　　B. 60°　　C. 120°　　D. 150°

(2) 方程 $y-1=k(x-2)$表示(　　).

A. 经过点$(-2,1)$的所有直线　　B. 经过点$(2,1)$的所有直线

C. 经过点$(2,1)$且不垂直于 x 轴的直线　　D. 经过点$(2,1)$且除去 x 轴的直线

(3) 原点在直线 l 上的射影是 $P(-2,1)$,则 l 的方程为(　　).

A. $x+2y=0$　　B. $x+2y-4=0$

C. $2x-y+5=0$　　D. $2x+y+3=0$

(4) 过点$(3,4)$且与 $y=3x-1$ 平行的直线的方程是__________.

(5) 设直线 $y=-x+b$ 与 x 轴、y 轴分别交于点 A,B,如果$\triangle AOB$ 的面积为 1,求 b.

7.4.2　圆的标准方程

学习目标

(1) 理解圆的定义,能正确推导圆的标准方程.

(2) 会求圆的标准方程,了解圆的标准方程的简单应用.

(3) 重点与难点:圆的标准方程的推导,求圆的标准方程.

(4) 培养直观想象、数学建模、数学运算、数学抽象和逻辑推理素养.

学习过程

1. 问题创设

有一个游戏节目是这样的:8 名选手同时站在半径为 30 米的圆周上,哨声响起后,迅速跑向圆心小桶处,捡拾桶中 7 个小球,每人只能取 1 个,未取到者被淘汰.

问题 1　8 名选手与圆心小桶处的距离一样吗?

答案　一样长.

问题 2　若小桶处设为原点,建立直角坐标系,则某选手所在的点 $P(x,y)$满足什么关系?

答案　$\sqrt{x^2+y^2}=30$.

问题 3　若小桶处的坐标为 $C(2,1)$,某选手所在一点 $P(x,y)$满足什么关系?

答案　$\sqrt{(x-2)^2+(y-1)^2}=30$.

2. 问题导学

问题 4　圆的标准方程有什么几何意义?

1) 知识梳理

追问 1　由画圆的过程您能回忆起已学过的圆的定义是什么?

圆的定义:____________________.其中定点称为______,定长称为______.

追问 2　圆心在 $A(a,b)$,半径为 r 的圆的标准方程为______________.

圆心在原点,半径为 r 的圆的标准方程为______________________.

2) 练习

(1) 写出下列圆的标准方程:

① 圆心为 $A(-2,-3)$,半径为 5;　② 圆心为$(-3,4)$,半径为 3.

(2) 求下列圆的圆心、坐标与半径:

① $x^2+y^2=1$;　② $(x+1)^2+(y+2)^2=2$;　③ $x^2+y^2-2x=0$;

④ $x^2+y^2-2x+4y+1=0$.

(3) 已知$\triangle AOB$ 的顶点坐标分别是 $A(4,0)$,$B(0,3)$,$O(0,0)$,求$\triangle AOB$ 外接圆的方程.

3. 典型例题

例 1　写出圆心为 $A(2,-3)$,半径为 3 的圆的标准方程,并判断点 $M_1(4,-1)$,$M_2(-1,-3)$,$M_3(0,0)$是在圆上、圆外,还是圆内?

例 2　平面直角坐标系中有 $A(0,1)$,$B(2,1)$,$C(3,4)$,$D(-1,2)$四点,这四点能否在同一个圆上,为什么?

例 3　已知圆心为 C 的圆经过点 $A(1,1)$,$B(2,-2)$,且圆心 C 在直线 $l:x-y+1=0$ 上,求圆心为 C 的圆的标准方程.

4. 总结提升

1) 学习小结

(1) 圆心在 $A(a,b)$,半径为 r 的圆的标准方程为____________;

圆心在原点，半径为 r 的圆的标准方程为____________________.

(2) 根据已知条件求圆的标准方程.

2) 当堂检测

(1) 已知两点 $P_1(4,9)$，$P_2(6,3)$，求以线段 P_1P_2 为直径的圆的方程，并判断点 $M(6,9)$ 在圆上、在圆内，还是在圆外？

(2) 已知圆 C_1：$(x+1)^2+(y-1)^2=1$，圆 C_2 与 C_1 关于直线 $x-y-1=0$ 对称，求 C_2 的方程.

(3) 求以点 $C(2,-1)$ 为圆心，截直线 $x+y+1=0$ 所得的弦长为 $2\sqrt{2}$ 的圆的方程.

7.4.3 椭圆的简单几何性质

学习目标

(1) 掌握椭圆的范围、对称性、顶点、离心率等几何性质.

(2) 能根据椭圆的几何性质对椭圆方程进行讨论，会画椭圆图象.

(3) 在对椭圆几何性质的讨论中，注意数与形的结合与转化.

(4) 重点与难点：椭圆的范围、对称性、顶点、离心率等简单几何性质.

(5) 培养数学运算、逻辑推理素养.

学习过程

1. 问题创设

(1) 用一个与圆柱底面不平行的平面截该圆柱，得到的截面图形是什么(椭圆)？

(2) 椭圆给我们感觉是一个对称图形吗(是)？

(3) 看一个演示椭圆形状，有的圆一些，有的又扁平一些，这是什么原因呢(离心率)？

2. 问题导学

问题 1 图 7-20 中椭圆的标准方程为____________________.

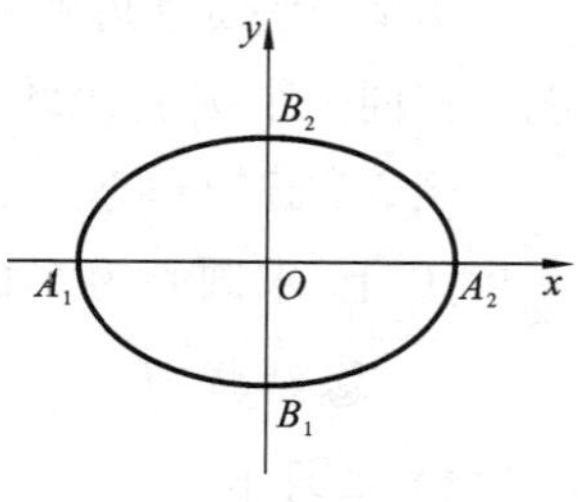

图 7-20

问题 2 椭圆具有对称性吗？

问题 3 可以求出椭圆与坐标轴的交点坐标吗?

问题 4 椭圆方程中 x,y 的取值范围是什么?

问题 5 当 a 的值不变,b 逐渐变小时,椭圆的形状有何变化?

1) 自主学习

(1) 椭圆的简单几何性质如表 7-12 所示.

表 7-12

焦点的位置	焦点在 x 轴上	焦点在 y 轴上
图形	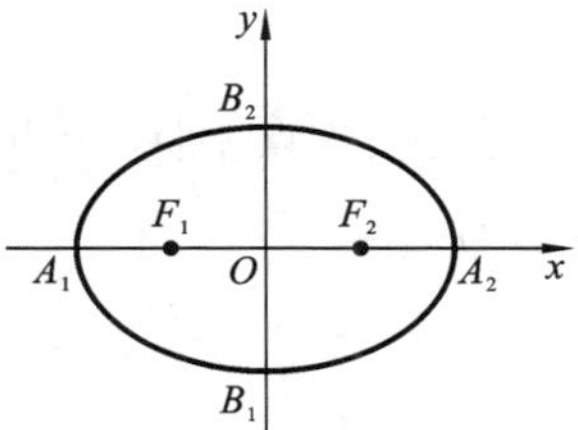	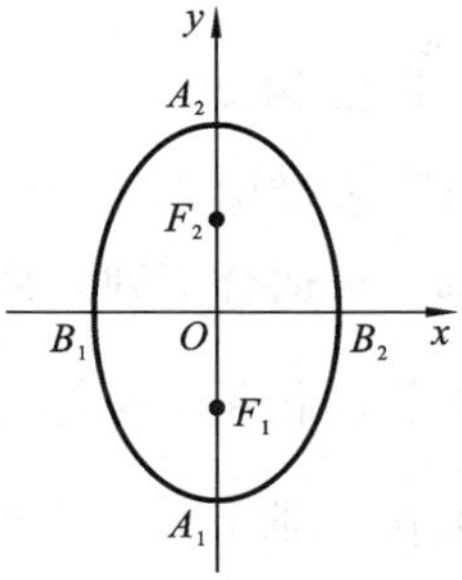
标准方程	$\frac{x^2}{a^2}+\frac{y^2}{b^2}=1\ (a>b>0)$	$\frac{y^2}{a^2}+\frac{x^2}{b^2}=1\ (a>b>0)$
范围	$-a\leqslant x\leqslant a$ 且 $-b\leqslant y\leqslant b$	$-b\leqslant x\leqslant b$ 且 $-a\leqslant y\leqslant a$
顶点	$A_1(-a,0),A_2(a,0),B_1(0,-b),B_2(0,b)$	$A_1(0,-a),A_2(0,a),B_1(-b,0),B_2(b,0)$
轴长	短轴长 $=2b$,长轴长 $=2a$	
焦点	$F_1(-c,0),F_2(c,0)$	$F_1(0,-c),F_2(0,c)$
焦距	$\|F_1F_2\|=2c$	
对称性	对称轴 x 轴和 y 轴,对称中心 $(0,0)$	
离心率	$e=\frac{c}{a}(0<e<1)$	

(2) 当椭圆的离心率越__________,则椭圆越扁;当椭圆的离心率越__________,则椭圆越接近于圆.

2) 练习

(1) 椭圆以两条坐标轴为对称轴,一个顶点是 $(0,13)$,另一个顶点是 $(-10,0)$,则焦点坐标为(　　).

A. $(\pm 13,0)$　　B. $(0,\pm 10)$　　C. $(0,\pm 13)$　　D. $(0,\pm\sqrt{69})$

(2) 已知椭圆的中心在坐标原点,焦点在 x 轴上,且长轴长为 12,离心率为 $\frac{1}{3}$,则椭圆的方程是(　　).

A. $\frac{x^2}{144}+\frac{y^2}{128}=1$　B. $\frac{x^2}{36}+\frac{y^2}{20}=1$　C. $\frac{x^2}{32}+\frac{y^2}{36}=1$　D. $\frac{x^2}{36}+\frac{y^2}{32}=1$

(3) 已知椭圆 $\frac{x^2}{5}+\frac{y^2}{m}=1$ 的离心率 $e=\frac{\sqrt{10}}{5}$,则 m 的值为(　　).

A. 3　B. 3 或 $\frac{25}{3}$　C. $\sqrt{5}$　D. $\sqrt{15}$ 或 $\frac{5\sqrt{15}}{3}$

3. 典型例题

例 1　求椭圆 $4x^2+9y^2=36$ 的长轴长、焦距、焦点坐标、顶点坐标和离心率.

例 2　求适合下列条件的椭圆的标准方程:

(1) 长轴长是 10,离心率是 $\frac{4}{5}$;

(2) 在 x 轴上的一个焦点,与短轴两个端点的连线互相垂直,且焦距为 6;

(3) 与椭圆 $4x^2+9y^2=36$ 有相同的焦距,且离心率为 $\frac{\sqrt{5}}{5}$;

(4) 长轴长是短轴长的 2 倍,且过点(2,−4).

例 3　如图 7-21 所示,F_1、F_2 分别为椭圆的左、右焦点,M 为椭圆上一点,且 $MF_2\perp F_1F_2$,$\angle MF_1F_2=30°$. 试求椭圆的离心率.

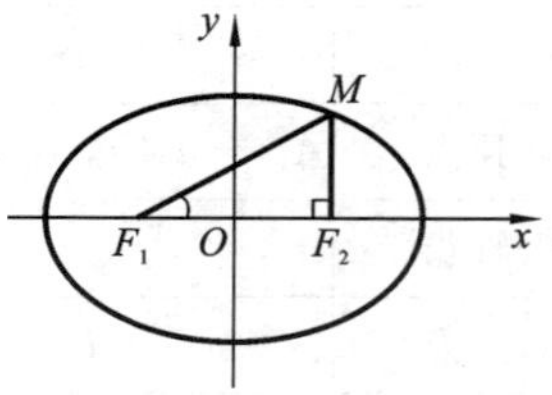

图 7-21

4. 总结提升

1) 学习小结

(1) 椭圆的范围、对称性、顶点、离心率等几何性质.

(2) 根据椭圆的几何性质对椭圆方程进行讨论,会画椭圆图象.

(3) 在对椭圆几何性质的讨论中,注意数与形的结合与转化.

2) 当堂检测

(1) 若椭圆 $\frac{x^2}{a^2}+y^2=1$ 的焦点在 x 轴上,长轴长是短轴长的两倍,则椭圆的离心率为(　　).

A. $\frac{\sqrt{3}}{2}$　B. $\frac{1}{2}$　C. $\frac{\sqrt{2}}{2}$　D. $\frac{\sqrt{5}}{2}$

(2) 若中心在原点，焦点在 x 轴上的椭圆长轴长为 18，且两个焦点恰好将长轴三等分，则此椭圆的方程是(　　).

A. $\frac{x^2}{81}+\frac{y^2}{72}=1$　　B. $\frac{x^2}{81}+\frac{y^2}{9}=1$　　C. $\frac{x^2}{81}+\frac{y^2}{45}=1$　　D. $\frac{x^2}{81}+\frac{y^2}{36}=1$

(3) 如果椭圆的对称轴为坐标轴，短轴的一端点与两焦点的连线组成一个正三角形，焦点在 x 轴上，且 $a-c=\sqrt{3}$，则椭圆的方程是________.

(4) 直线 $x+2y-2=0$ 经过椭圆 $\frac{x^2}{a^2}+\frac{y^2}{b^2}=1(a>b>0)$ 的一个焦点和一个顶点，则该椭圆的离心率等于________.

(5) 如图 7-22 所示，F_1、F_2 分别为椭圆的左、右焦点，椭圆上点 M 的横坐标等于右焦点的横坐标，其纵坐标等于短半轴长的 $\frac{2}{3}$，求椭圆的离心率.

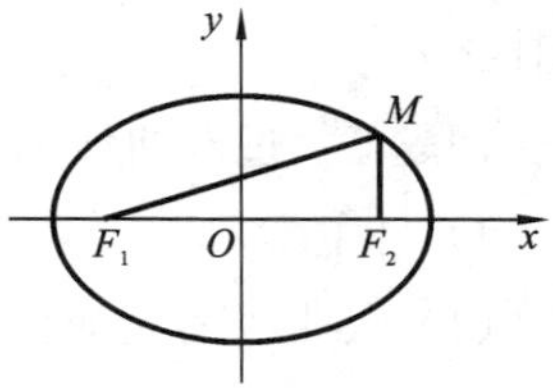

图 7-22

7.4.4　双曲线的简单几何性质

学习目标

(1) 掌握双曲线的范围、对称性、顶点、离心率、渐近线等几何性质.

(2) 能根据双曲线的几何性质对抛物线方程进行讨论，会画抛物线图象.

(3) 在对双曲线几何性质的讨论中，注意数与形的结合与转化.

(4) 重点与难点：双曲线的范围、对称性、顶点、离心率、渐近线等几何性质.

(5) 培养数学运算、逻辑推理素养.

学习过程

1. 问题创设

用多媒体演示用几何画板软件画双曲线 $\frac{x^2}{9}-\frac{y^2}{4}=1$，在位于第一象限的曲线上画一点 M，测量点 M 的横坐标 x_M 以及它到直线 $\frac{x}{3}-\frac{y}{2}=0$ 的距离 d，沿曲线向右上角拖动点 M，观察 x_M 与 d 的大小关系.

问题 1 你发现了什么？

问题 2 类比椭圆、双曲线，各有什么性质？

2. 问题导学

双曲线和椭圆有很多相似的几何特征.

问题 3 双曲线的对称轴和对称中心各是什么？

问题 4 在双曲线中，有两条线与双曲线无限靠近，但不能相交，这条直线称为什么？

问题 5 过双曲线的某个焦点且平行于渐近线的直线与双曲线有几个交点？

1）自主学习

（1）双曲线的几何性质如表 7-13 所示.

表 7-13

标准方程		$\frac{x^2}{a^2}-\frac{y^2}{b^2}=1\ (a>0,b>0)$	$\frac{y^2}{a^2}-\frac{x^2}{b^2}=1\ (a>0,b>0)$
图形		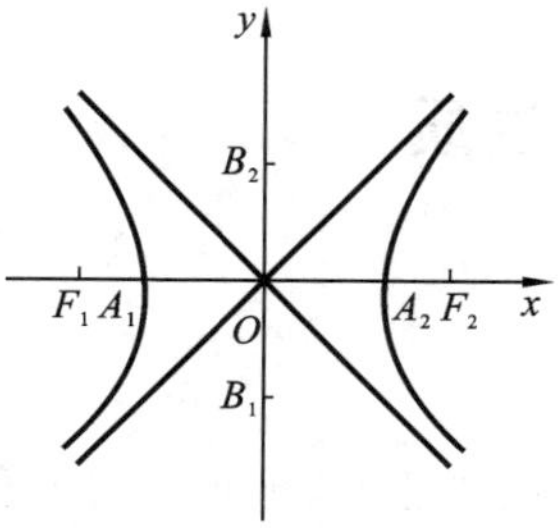	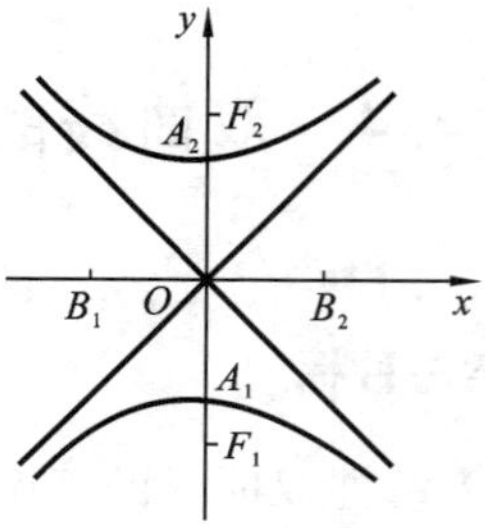
性质	焦点	$F_1(-c,0),F_2(c,0)$	$F_1(0,-c),F_2(0,c)$
	焦距	$\|F_1F_2\|=2c$	
	范围	$x\geqslant a$ 或 $x\leqslant -a,y\in \mathbf{R}$	$y\geqslant a$ 或 $y\leqslant -a,x\in \mathbf{R}$
	对称性	对称轴：x 轴、y 轴；对称中心：坐标原点	
	顶点	$(-a,0),(a,0)$	$(0,-a),(0,a)$
	轴长	实轴长$=2a$，虚轴长$=2b$	
	离心率	$e=\frac{c}{a}(e>1)$	
	渐近线	$\frac{x}{a}\pm\frac{y}{b}=0$ 或 $y=\pm\frac{b}{a}x$	$\frac{y}{a}\pm\frac{x}{b}=0$ 或 $y=\pm\frac{a}{b}x$

(2) 等轴双曲线:实轴和虚轴________的双曲线称为等轴双曲线,它的渐近线是________,离心率为 $e=\sqrt{2}$.

2) 练习

(1) 若双曲线的一个焦点为(0,−13),且离心率为 $\frac{13}{5}$,则其标准方程为(　　).

A. $\frac{x^2}{5^2}-\frac{y^2}{12^2}=1$　　B. $\frac{y^2}{12^2}-\frac{x^2}{5^2}=1$　　C. $\frac{x^2}{12^2}-\frac{y^2}{5^2}=1$　　D. $\frac{y^2}{5^2}-\frac{x^2}{12^2}=1$

(2) 双曲线 $2x^2-y^2=8$ 的实轴长是(　　).

A. 2　　B. $2\sqrt{2}$　　C. 4　　D. $4\sqrt{2}$

(3) 已知双曲线 C 的焦点、顶点恰好分别是椭圆 $\frac{x^2}{25}+\frac{y^2}{16}=1$ 的长轴端点、焦点,则双曲线 C 的渐近线方程为(　　).

A. $4x\pm3y=0$　　B. $3x\pm4y=0$　　C. $4x\pm5y=0$　　D. $5x\pm4y=0$

3. 典型例题

例1　求双曲线 $nx^2-my^2=1(m>0,n>0)$ 的半实轴长、半虚轴长、焦点坐标、离心率、顶点坐标和渐近线方程.

例2　求适合下列条件的双曲线标准方程:

(1) 虚轴长为12,离心率为 $\frac{5}{4}$;

(2) 顶点间距离为6,渐近线方程为 $y=\pm\frac{3}{2}x$;

(3) 与双曲线 $x^2-2y^2=2$ 有公共的渐近线,且过点 $M(2,-2)$;

(4) 与椭圆 $\frac{x^2}{9}+\frac{y^2}{25}=1$ 共焦点,离心率之和为 $\frac{14}{5}$.

例3　已知 F_1,F_2 是双曲线 $\frac{x^2}{a^2}-\frac{y^2}{b^2}=1(a>0,b>0)$ 的两个焦点,PQ 是经过 F_1 且垂直于 x 轴的双曲线的弦.如果 $\angle PF_2Q=90^\circ$,求双曲线的离心率.

4. 总结提升

1) 学习小结

(1) 双曲线的范围、对称性、顶点、离心率、渐近线等几何性质.

(2) 根据双曲线的几何性质对抛物线方程进行讨论,会画抛物线图象.

(3) 在对双曲线几何性质的讨论中,注意数与形的结合与转化.

2) 当堂检测

(1) 已知双曲线$\frac{x^2}{a^2}-\frac{y^2}{b^2}=1(a>0,b>0)$的两条渐近线互相垂直,则双曲线的离心率为(　　).

A. $\sqrt{3}$　　B. $\sqrt{2}$　　C. $\frac{\sqrt{5}}{2}$　　D. $\frac{\sqrt{2}}{2}$

(2) 设$a>1$,则双曲线$\frac{x^2}{a^2}-\frac{y^2}{(a+1)^2}=1$的离心率$e$的取值范围是(　　).

A. $(\sqrt{2},2)$　　B. $(\sqrt{2},\sqrt{5})$　　C. $(2,5)$　　D. $(2,\sqrt{5})$

(3) 设双曲线$\frac{x^2}{a^2}-\frac{y^2}{9}=1(a>0)$的渐近线方程为$3x\pm 2y=0$,则$a$的值为(　　).

A. 4　　B. 3　　C. 2　　D. 1

(4) 若双曲线$\frac{x^2}{a^2}-\frac{y^2}{m}=1$的渐近线的方程为$y=\pm\frac{\sqrt{5}}{3}x$,则双曲线焦点$F$到渐近线的距离为(　　).

A. $\sqrt{5}$　　B. $\sqrt{14}$　　C. 2　　D. $2\sqrt{5}$

(5) 已知双曲线的中心在原点,焦点F_1,F_2在坐标轴上,离心率为$\sqrt{2}$,且过点$(4,-\sqrt{10})$.

① 求此双曲线的方程;

② 若点$M(3,m)$在此双曲线上,求证$\overrightarrow{F_1M}\cdot\overrightarrow{F_2M}=0$.

7.4.5　抛物线的简单几何性质

学习目标

(1) 掌握抛物线对称性、顶点、焦点、准线等几何性质.

(2) 能根据抛物线的几何性质对抛物线方程进行讨论,会画抛物线图象.

(3) 在对抛物线几何性质的讨论中,注意数与形的结合与转化.

(4) 重点与难点:抛物线对称性、顶点、焦点、准线等几何性质.

(5) 培养数学运算、逻辑推理素养.

学习过程

1. 问题创设

电视信息怎样得到？卫星接收天线的轴截面是一个抛物面，轴上有一个接收点就是焦点.

抛物线与椭圆、双曲线比，又有哪些性质呢？

2. 问题导学

问题 1　抛物线有几个焦点？

问题 2　有人说“抛物线是双曲线的一支”，这句话对吗？

问题 3　抛物线有渐近线吗？

1) 学习探究

(1) 抛物线的简单几何性质如表 7-14 所示.

表 7-14

类型		$y^2=2px(p>0)$	$y^2=-2px(p>0)$	$x^2=2py(p>0)$	$x^2=-2py(p>0)$
图形		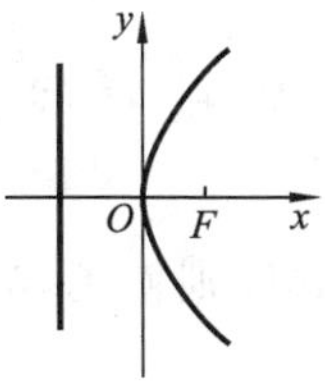	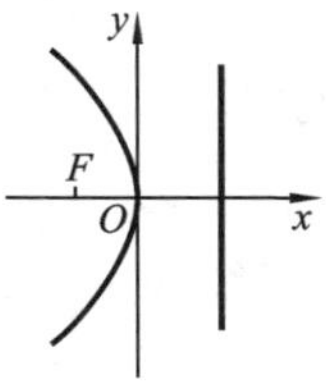	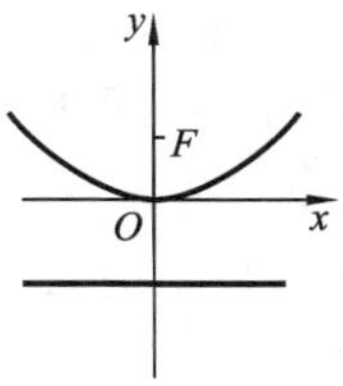	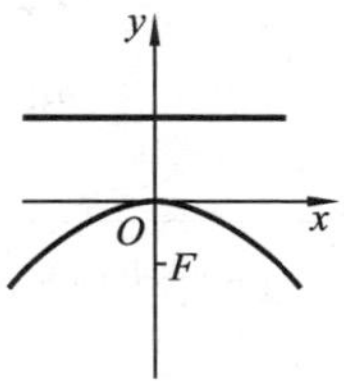
性质	焦点	$F\left(\frac{p}{2},0\right)$	$F\left(-\frac{p}{2},0\right)$	$F\left(0,\frac{p}{2}\right)$	$F\left(0,-\frac{p}{2}\right)$
	准线	$x=-\frac{p}{2}$	$x=\frac{p}{2}$	$y=-\frac{p}{2}$	$y=\frac{p}{2}$
	范围	$x\geqslant 0,y\in\mathbf{R}$	$x\leqslant 0,y\in\mathbf{R}$	$x\in\mathbf{R},y\geqslant 0$	$x\in\mathbf{R},y\leqslant 0$
	对称轴	x 轴		y 轴	
	顶点	$O(0,0)$			
	离心率	$e=1$			
	开口方向	向右	向左	向上	向下

(2) 焦半径与焦点弦如表 7-15 所示.

表 7-15

标准方程	$y^2=2px(p>0)$	$y^2=-2px(p>0)$	$x^2=2py(p>0)$	$x^2=-2py(p>0)$
焦半径$\|PF\|$	$\|PF\|=x_0+\frac{p}{2}$	$\|PF\|=\frac{p}{2}-x_0$	$\|PF\|=y_0+\frac{p}{2}$	$\|PF\|=\frac{p}{2}-y_0$
焦点弦$\|AB\|$	$\|AB\|=x_1+x_2+p$	$\|AB\|=p-x_1-x_2$	$\|AB\|=y_1+y_2+p$	$\|AB\|=p-y_1-y_2$

2) 练习

(1) 抛物线 $y=-\frac{x^2}{8}$ 的准线方程是(　　).

A. $x=\frac{1}{32}$　　B. $x=\frac{1}{4}$　　C. $y=2$　　D. $y=4$

(2) 抛物线 $y^2=10x$ 的焦点到准线的距离是(　　).

A. $\frac{5}{2}$　　B. 5　　C. $\frac{15}{2}$　　D. 10

(3) 与椭圆 $4x^2+5y^2=20$ 有相同的焦点,且顶点在原点的抛物线方程是(　　).

A. $y^2=4x$　　B. $y^2=\pm 4x$　　C. $x^2=4y$　　D. $x^2=\pm 4y$

(4) 已知抛物线的焦点坐标是(0, −3),则抛物线的标准方程是________________.

(5) 动圆 M 过点 $F(0,2)$,且与直线 $y=-2$ 相切,则圆心 M 的轨迹方程是________________.

3) 典型例题

例 1　等腰直角三角形的直角顶点位于坐标原点,另外两个顶点在抛物线 $y^2=2px(p>0)$ 上.若该三角形的斜边长为 4,求抛物线的方程.

例 2　已知过抛物线 $y^2=4x$ 的焦点 F 的弦长为 36,求弦所在的直线方程.

例 3　抛物线的顶点在原点,以 x 轴为对称轴,经过焦点且倾斜角为 135°的直线被抛物线所截得的弦长为 8,试求抛物线的方程.

3. 总结提升

1) 学习小结

(1) 抛物线对称性、顶点、焦点、准线等几何性质.

(2) 根据抛物线的几何性质对抛物线方程进行讨论,会画抛物线图象.

(3) 在对抛物线几何性质的讨论中，注意数与形的结合与转化.

2) 当堂检测

(1) 顶点在原点，对称轴是 y 轴，并且顶点与焦点的距离等于 3 的抛物线的标准方程是(　　).

A. $x^2=\pm 3y$　　B. $y^2=\pm 6x$　　C. $x^2=\pm 12y$　　D. $x^2=\pm 6y$

(2) 若双曲线 $\frac{x^2}{3}-\frac{16y^2}{p^2}=1(p>0)$ 的左焦点在抛物线 $y^2=2px$ 的准线上，则 p 的值为(　　).

A. 2　　B. 3　　C. 4　　D. $4\sqrt{2}$

(3) 平面内到定点(1,0)的距离等于到直线 $x=1$ 的距离的点的轨迹是(　　).

A. 抛物线　　B. 直线　　C. 一条射线　　D. 两条射线

(4) 抛物线 $y=4x^2$ 上的一点 M 到焦点的距离为 1，则点 M 的纵坐标是(　　).

A. $\frac{17}{16}$　　B. $\frac{15}{16}$　　C. $\frac{7}{8}$　　D. 0

(5) 与椭圆 $4x^2+5y^2=20$ 有相同的焦点，且顶点在原点的抛物线方程是(　　).

A. $y^2=4x$　　B. $y^2=\pm 4x$　　C. $x^2=4y$　　D. $x^2=\pm 4y$

7.5　概率统计

7.5.1　用样本的频率分布估计总体分布

学习目标

(1) 掌握常用四种统计图(条形统计图、频率分布直方图、折线统计图、茎叶图)的功能及其特点.

(2) 能针对实际问题和收集的数据特点，选择科学的统计图.

(3) 能从统计图中获取有价值的信息.

(4) 重点与难点：数据整理和统计图的选择.

(5) 培养数学运算、数据分析素养.

学习过程

1. 问题创设

现在是大数据时代，我们可以收集很多数据(像用水、用电、用煤气等)，通过分析预测一些事物的发生，给人们生活带来很多方便. 因此我们需要学习研究此类问题.

2. 问题导学

问题1 怎样选择一种适当的数据表示方法？

问题2 能从统计图中获取有价值的信息吗？

问题3 表 7-16 是随机抽取近年来北京地区 7 月 25 日至 8 月 27 日的日最高气温(单位：℃).

表 7-16

7 月 25 日至 8 月 10 日	41.9	37.5	35.7	35.4	37.2	38.1	34.7	33.7	33.3
	32.5	34.6	33.0	30.8	31.0	28.6	31.5	28.8	
8 月 11 日至 8 月 27 日	28.6	31.5	28.8	33.2	32.5	30.3	30.2	29.8	33.1
	32.8	29.8	25.6	24.7	30.0	30.1	29.5	30.3	

怎样通过上表中的数据，分析比较两时间段内的高温(大于等于 33 ℃)状况？

1) 学习探究

(1) 通常我们对总体作出的估计一般分成两种：一种是____________，另一种是____________.

(2) 我国是世界上严重缺水的国家之一，城市缺水问题较为突出，某市政府为了节约生活用水，计划在本市试行居民生活用水定额管理，即确定一个居民月用水量标准 a，用水量不超过 a 的部分按平价收费，超出 a 的部分按议价收费，如果希望大部分居民的日常生活不受影响，那么标准 a 定为多少较为合理？你认为，为了较合理地确定出这个标准，需要做哪些工作？

(3) 分析数据的一种基本方法是用图将它们画出来或者用紧凑的表格改变数据的排列方式，作图可以达到两个目的：一是____________，二是____________. 表格则是通过____________为我们提供_________________的新方式.

(4) 频数、频率的定义:将一批数据按要求分为若干个组,____________称为该组的频数,每组的____________称为该组的频率,频率反映数据在每组中所占比例的大小.

(5) 样本的频率分布:从____________________的角度,来表示数据分布的规律,就称为样本的频率分布.为了能直观地显示样本的频率分布情况,通常我们会将样本中出现该事件的____________以及计算所得的____________列在一张表中,称为样本频率分布表.

(6) 作出居民月均用水量的频率分布直方图.

(7) 在频率分布直方图中,纵轴表示________,数据落在各小组内的频率用______表示,各小长方形的面积总和________.

(8) 作频率分布直方图的步骤:① 计算极差,即________;② ________;③ ________;④ 列________;⑤ 绘制________.

(9) 由例题中的直方图总结频率分布直方图的优点:______;缺点:______.

(10) 类似于频数分布折线图,连接频率分布直方图中______,就得到频率分布折线图,随着样本容量的________,作图时所分的组数________,组距________,相应的频率折线图会越来越接近于一条光滑曲线,统计中称这条光滑曲线为总体密度曲线.

2) 典型例题

例 1　表 7-17 给出了用随机抽样抽取某校 500 名 12 岁男孩得出的 120 人的身高(单位:cm).

表 7-17

区间界限	[122,126)	[126,130)	[130,134)	[134,138)	[138,142)	[142,146)
人数	5	8	10	22	33	20
区间界限	[146,150)	[150,154)	[154,158)			
人数	11	6	5			

(1) 列出样本频率分布表;

(2) 画出频率分布直方图;

(3) 估计身高小于 134 cm 的人数占总人数的百分比.

例 2　甲、乙两篮球运动员上赛季每场比赛的得分如下,试比较这两位运动员的得分水平.

甲:12,15,24,25,31,31,36,36,37,39,44,49,50.

乙:8,13,14,16,23,26,28,33,38,39,51.

变式训练 1 关于频率直方图的下列有关说法正确的是(　　).

A. 直方图的高表示取某数的频率

B. 直方图的高表示该组上的个体在样本中出现的频率

C. 直方图的高表示取某组上的个体在样本中出现的频数与组距的比值

D. 直方图的高表示取该组上的个体在样本中出现的频率与组距的比值

变式训练 2 某地一种植物一年生长的高度如表 7-18 所示.

表 7-18

高度/cm	[10,20)	[20,30)	[30,40)	[40,50)	[50,60)
棵数	20	30	80	40	30

该植物一年生长在[30,40)内的频率是(　　).

A. 0.80　　B. 0.65　　C. 0.40　　D. 0.25

变式训练 3 图 7-23 表示甲、乙两名篮球运动员每场比赛得分情况的茎叶图,则甲和乙得分的中位数的和是(　　).

甲		乙
4	0	8
4 4	1	2 5 8
5 4	2	3 6 5
9 5 6 6 2 1	3	2 3 4
9 5	4	1

图 7-23

变式训练 4 为了解某校高三学生的视力情况,随机地抽查了该校 100 名高三学生的视力情况,得到频率分布直方图如图 7-24 所示,由于不慎将部分数据丢失,但知道前 4 组的频数成等比数列,后 6 组的频数成等差数列,设最大频率为 a,视力从 4.6 到 5.0 的学生数为 b,则 a,b 的值分别为(　　).

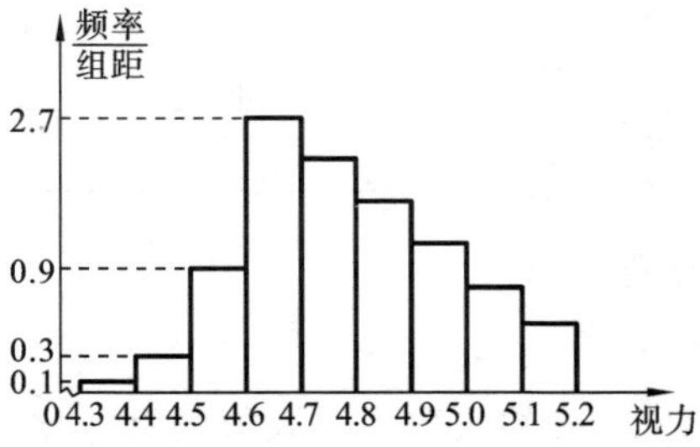

图 7-24

A. 0.27,78　　B. 0.27,83　　C. 2.7,78　　D. 2.7,83

3. 总结提升

1）学习小结

活动1

(1) 频率分布的概念：________________.

(2) 制作频率分布表,画频率分布直方图的一般步骤：

① ________；② ________；③ ________；

④ ________；⑤ ________.

(3) 频率分布直方图的特征：

① ________；② ________；③ ________.

活动2　频率分布折线图、总体密度曲线.

(1) 频率分布折线图的定义：________________.

(2) 总体密度曲线的定义：________________.

2）当堂检测

(1) 下列关于频率分布直方图的说法正确的是______(填序号).

① 频率分布直方图中每个小矩形的高就是该组的频率；

② 频率分布直方图中各个小矩形的面积之和等于1；

③ 频率分布直方图中各个小矩形的宽一样大；

④ 频率分布直方图能直观地表明样本数据的分布情况.

(2) 图7-25所示的是容量为100的样本的频率分布直方图,则由图形中的数据,样本落在[15,20)内的频数为________.

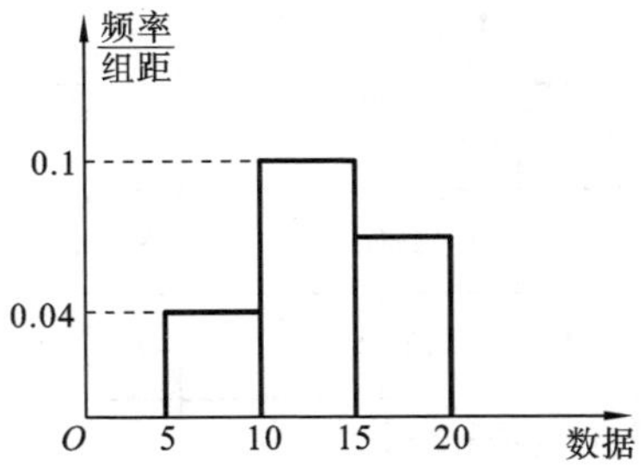

图7-25

(3) 容量为20的样本数据,分组后的频数如表7-19所示.

表7-19

分组	[10,20)	[20,30)	[30,40)	[40,50)	[50,60)	[60,70)
频数	2	3	4	5	4	2

样本数据落在区间[10,40)的频率为______.

(4) 学校为了调查学生在课外读物方面的支出情况，抽取了一个容量为 n 的样本，其频率分布直方图如图 7-26 所示，其中支出在[50,60)的同学有 30 人，若想在这 n 个人中抽取 50 个人，则在[50,60)之间应抽取的人数为______.

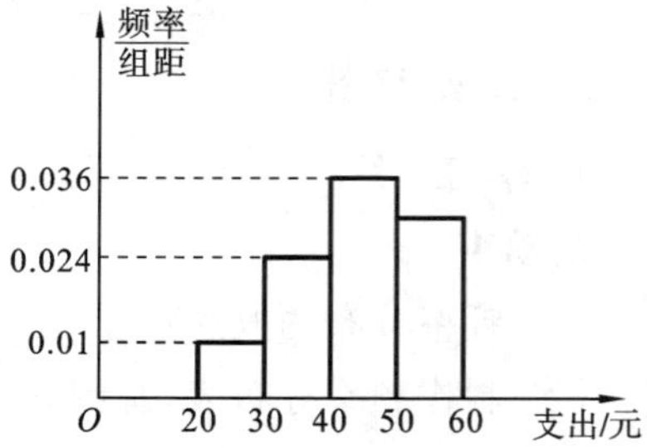

图 7-26

(5) 在抽查产品尺寸的过程中，将其尺寸分成若干组，$[a,b)$是其中的一组，抽查出的个体在这组上的频率为 m，该组上直方图的高为 h，则 $|a-b|=$______.

(6) 将容量为 n 的样本中的数据分成 6 组，绘制频率分布直方图. 若第一组至第六组数据的频率之比为 2∶3∶4∶6∶4∶1，且前三组数据的频数之和等于 27，则 $n=$______.

(7)(能力提升) 某市共有 5000 名高三学生参加联考，为了了解这些学生对数学知识的掌握情况，现从中随机抽取若干名学生在这次测试中的数学成绩，制成频率分布表(见表 7-20).

a. 根据频率分布表，求①，②，③，④处的数值；

表 7-20

分　　组	频　　数	频　　率
[80,90)	①	②
[90,100)		0.050
[100,110)		0.200
[110,120)	36	0.300
[120,130)		0.275
[130,140)	12	③
[140,150]		0.050
合计	④	

b. 在所给的坐标系中画出区间[80,150]上的频率分布直方图(见图 7-27).

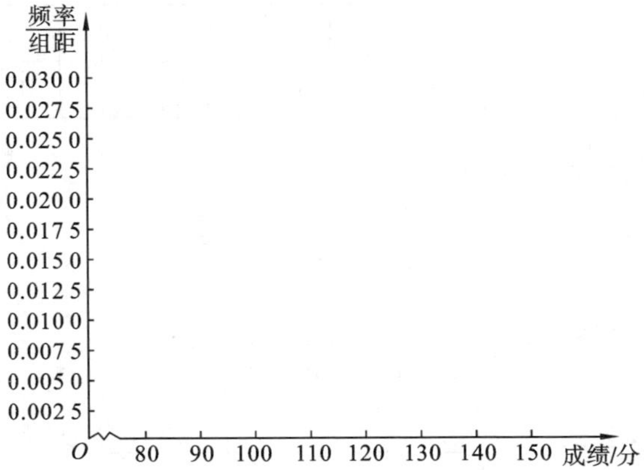

图 7-27

7.5.2　用样本的数字特征估计总体的数字特征

学习目标

(1) 正确理解样本数据标准差的意义和作用,学会计算数据的标准差.

(2) 能根据实际问题的需要合理地选取样本,从样本数据中提取基本的数字特征(如平均数、标准差)并做合理的解释.

(3) 重点与难点:样本数据中的平均数、众数、中位数和方差(标准差).

(4) 培养数学运算、数据分析素养.

学习过程

1. 问题创设

能根据实际问题的需要合理地选取样本,从样本数据中提取基本的数字特征(如平均数、标准差)并做合理的解释.

2. 问题导学

问题　有甲、乙两种钢筋,现从中各抽取一个标本(见表 7-21),检查它们的抗拉强度(单位:kg/mm^2),通过计算发现,两个样本的平均数均为 125.

表 7-21

甲	110	120	130	125	120	125	135	125	135	125
乙	115	100	125	130	115	125	125	145	125	145

哪种钢筋的质量较好？

1）学习探究

（1）探究建构.

① 标准差公式：$s=$____________________.

② 样本数据 $x_1,x_2,\cdots,x_n$ 的标准差的算法：___________.

③ 方差的计算公式：$s^2=$________________________，即为______的平方.

④ 标准差的意义：标准差越大，数据离散程度______，数据较分散；标准差______，数据离散程度越小，数据集中在平均数周围.

⑤ 在刻画样本数据的分散程度上，方差和标准差是一样的，但在解决实际问题时，一般多采用____________.

（2）练习.

① 若 $k_1,k_2,\cdots,k_8$ 的方差为 3，则 $2(k_1-3),2(k_2-3),\cdots,2(k_8-3)$ 的方差为________.

② 在一次歌手大奖赛上，七位评委为歌手打出的分数是 9.4，8.4，9.4，9.9，9.6，9.4，9.7. 去掉一个最高分和一个最低分后，所剩数据的平均值和方差分别为（　　）.

A. 9.4，0.484　　B. 9.4，0.016　　C. 9.5，0.04　　D. 9.5，0.016

③ 一个水库养了某种鱼 10 万条，从中捕捞了 20 条，称得它们的质量如下（单位：kg）：

1.15　1.04　1.11　1.07　1.10　1.32　1.25　1.19　1.15　1.21

1.18　1.14　1.09　1.25　1.21　1.29　1.16　1.24　1.12　1.16

计算样本平均数，并根据计算结果估计水库里所有这种鱼的总质量约是多少？

2）典型例题

活动 1　方差及标准差的计算步骤：___________________________________.

活动 2　标准差的取值范围是什么？标准差为 0 的样本数据有什么特点？

例　要从甲、乙两名跳远运动员中选拔一名去参加运动会，选拔的标准是：先看他们的平均成绩，如果两人的平均成绩相差无几，就再看他们成绩的稳定程度. 为此对两人进行了 15 次比赛，得到如下数据（单位：cm）：

甲	755	752	757	744	743	729	721	731	778	768	761	773	764	736	741
乙	729	767	744	750	745	753	745	752	769	743	760	755	748	752	747

如何通过对上述数据的处理做出选人的决定呢?

3. 总结提升

1) 学习小结

(1) 方差(标准差)的意义.

(2) 样本数据中的平均数、众数、中位数和方法(标准差).

2) 当堂检测

(1) 已知一个样本中的数据为 1,2,3,4,5,则该样本的标准差为________.

(2) 在某次测量中得到的 A 样本数据为 82,84,84,86,86,86,88,88,88,88.若 B 样本数据恰好是 A 样本数据每个都加 2 后所得数据,则与 A,B 两样本的数据特征对应相同的是(　　).

A. 众数　　B. 平均数　　C. 中位数　　D. 标准差

(3) 表 7-22 是某班 50 名学生综合能力测试的成绩分布表,则该班成绩的方差为______.

表 7-22

分数	1	2	3	4	5
人数	5	10	10	20	5

(4) 甲乙两名学生六次数学测验成绩(百分制)如图 7-28 所示.

甲		乙
	6	9
6 2	7	8
6 2 0	8	7 8
0	9	2 6

图 7-28

① 甲同学成绩的中位数大于乙同学成绩的中位数;

② 甲同学的平均分比乙同学高;

③ 甲同学的平均分比乙同学低;

④ 甲同学成绩的极差小于乙同学成绩的极差.

上面说法正确的是______.

(5) 已知样本 9,10,11,x,y 的平均数是 10,方差是 4,则 $xy=$______.

(6) 若 $a_1,a_2,\cdots,a_{20}$ 这 20 个数据的平均数为 $\bar{x}$,方差为 0.21,则数据 $a_1,a_2,\cdots,a_{20},\bar{x}$ 这 21 个数据的方差为______.

(7) 师大附中三年级一班40人随机平均分成两组,两组学生一次考试的成绩情况如表7-23所示.求全班学生的平均成绩和标准差.

表 7-23

组　　别	统计量	
	平均成绩	标准差
第一组	90	6
第二组	80	4

7.5.3　两个变量的相关性

学习目标

(1) 了解非确定性关系中两个变量的统计方法;掌握散点图的画法及在统计中的作用.能根据散点图判断变量间是否为线性相关.

(2) 若两个变量为线性相关,告诉一个变量的值,能估计出与其对应另一变量的值.

(3) 重点与难点:了解回归模型与函数模型的区别,了解任何模型只能近似描述实际问题,以及模型拟合效果的分析工具——残差分析和指标 R^2.

(4) 培养数学建模、数据分析素养.

学习过程

1. 问题创设

农作物产量与施肥量是否存在某种关系?它们的关系有什么模型可以描述?

2. 问题导学

问题1　两个变量之间存在三种关系:

(1) 确定的函数关系,如________________________.

(2) 确实存在关系,但又不是函数关系所要求的确定性,如______________.

(3) 两种之间没有任何关系,如__________.

问题2　相关关系:变量与变量之间的关系常见的有两类:一类是确定性关系,如函数关系;另一类是不确定性关系,即自变量的取值一定,因变量的取值带有一定的随机性,这样的两个变量之间的关系称为____________.

问题3 相关关系的散点图有什么作用?

从散点图上看,点散布在从左下角到右上角的区域内,两个变量的这种相关关系称为________,点散布在从左上角到右下角的区域内,两个变量相关关系为________.

问题4 回归直线方程是什么?

3. 学习探究

探究1 相关关系的判断.

例1 (1) 下列关系中,属于相关关系的是______.

① 正方形的边长与面积之间的关系;② 农作物产量与施肥量之间关系;③ 人的身高与年龄关系.

(2) 某个男孩的年龄与身高的统计数据如表7-24所示.

表7-24

年龄 x/岁	1	2	3	4	5	6
身高 y/cm	78	87	98	108	113	120

① 画出散点图;② 判断 y 与 x 是否具有相关关系.

提炼 判断相关关系有两种方法:①________________;②________________.

变式训练1 如图7-29所示的两个变量不具有相关关系的是__________.

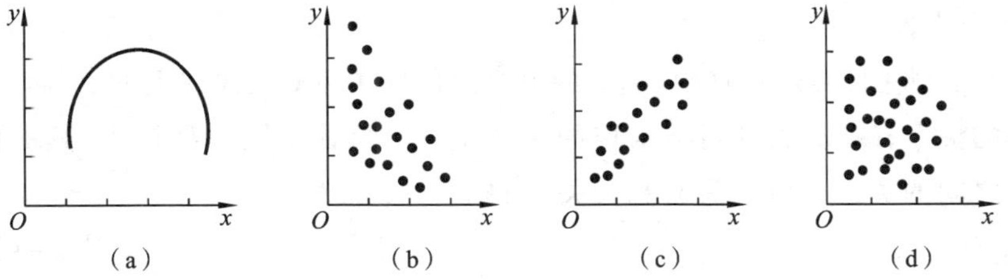

图7-29

探究2 求回归方程.

例2 表7-25是某地收集到的新房屋的销售价格 y 和房屋的面积 x 的数据.

表7-25

房屋面积 x/m^2	115	110	80	135	105
销售价格 y/万元	24.8	21.6	18.4	29.2	22

(1) 画出数据对应的散点图;

(2) 求回归方程,并在散点图中加上回归直线;

(3) 据(2)的结果估计当房屋面积为 150 m^2 时的销售价格.

提炼　求回归方程的步骤:① 计算平均数 $\overline{x}$,$\overline{y}$;② 计算 $\sum\limits_{i=1}^{n}x_iy_i$;③ 计算 $\sum\limits_{i=1}^{n}x_i^2$;④ 将结果代入公式 $\hat{b}=\dfrac{\sum\limits_{i=1}^{n}x_iy_i-n\overline{x}\overline{y}}{\sum\limits_{i=1}^{n}x_i^2-n\overline{x}^2}$,求 $\hat{b}$;⑤ 用 $\hat{a}=\overline{y}-\hat{b}\overline{x}$ 求 $\hat{a}$;⑥ 写出回归方程.

变式训练 2　两组数据 x、y 的对应值如表 7-26 所示,若已知 x、y 是线性相关的,且回归方程为 $\hat{y}=a+bx$,经计算知 $b=-1.4$,则 a 为______.

表 7-26

x	4	5	6	7	8
y	12	10	9	8	6

4. 总结提升

1) 学习小结

(1) 判断两个变量相关关系的方法:____________________.

(2) 求回归方程的方法:________________________.

2) 当堂检测

(1) ① 人的年龄与他(她)拥有的财富之间的关系;② 曲线上的点与该点的坐标之间的关系;③ 日照时间与水稻的亩产量;④ 森林中同一种树木,其断面直径与高度之间的关系.其中,具有相关关系的是(　　).

A. ①②　　　B. ②③　　　C. ②④　　　D. ①③④

(2) 有四组变量:① 平均每日学习时间和平均学习成绩;② 某人每日吸烟量和其身体健康情况;③ 正方形的边长和面积;④ 汽车的重量和百公里耗油量.其中两个变量成正相关的是(　　).

A. ②③　　　B. ①③　　　C. ①④　　　D. ③④

(3) 工人月工资(元)依劳动生产率(千元)变化的回归方程为 $y=60+90x$,下列判断正确的是______(填序号).

① 劳动生产率为 1 千元时,工资为 50 元;② 劳动生产率提高 1 千元时,工资

提高 150 元;③ 劳动生产率提高 1 千元时,工资约提高 90 元;④ 劳动生产率为 1 千元时,工资为 90 元.

(4) 已知变量 x,y 的对应数据如表 7-27 所示.

表 7-27

x	1	2	3	4
y	1	3	4	5

① 画出散点图;

② 用最小二乘法求关于 x,y 的回归方程.

7.6　数　　列

7.6.1　等差数列(1)

学习目标

(1) 理解等差数列的意义.

(2) 会推导等差数列的通项公式,能运用等差数列的通项公式解决一些简单的问题.

(3) 掌握等差中项的概念,深化认知并能运用.

(4) 重点与难点:等差数列有关概念、通项公式.

(5) 培养数学建模、数学运算素养.

学习过程

1. 问题创设

展示几组数据:① 数数 0,5,10,15,20;② 奥运会举重级别(单位:千克)48,53,58,63;③ 1,1,1,1,1;④ 5,4,3,2,1;⑤ 1,−1,1,−1,1,−1. 从中发现什么规律?

2. 问题导学

问题 1 什么是等差数列？

等差数列的概念：____________________________________.

问题 2 判断上述几组数哪些是等差数列？____________.

问题 3 等差中项________________________.

3. 探索新知

1）知识梳理

（1）如果一个数列从第 2 项起，每一项与它的前一项的差都等于同一个常数，那么这个数列就称为______数列，这个常数称为等差数列的______，通常用字母 d 表示.

（2）若三个数 a,A,b 构成等差数列，则 A 称为 a 与 b 的__________，并且 $A=$ ______.

（3）若等差数列的首项为 a_1，公差为 d，则其通项 $a_n=$____________.

（4）等差数列$\{a_n\}$中，若公差 $d>0$，则数列$\{a_n\}$为______数列；若公差 $d<0$，则数列$\{a_n\}$为______数列.

2）练习

（1）下面几组数列：

① 3,4,5,6,7,…； ② 6,3,0,−3,−6,…；

③ 1.1,2.2,3.3,4.4,5.5,…； ④ −1,−1,−1,−1,−1,….

我们发现这几组数列的共同特点是________________.

（2）等差数列 1,−1,−3,…,−89 的项数是（　　）.

A. 92　　B. 47　　C. 46　　D. 45

4. 典型例题

例 1 已知$\{a_n\}$为等差数列，分别根据下列条件写出它的通项公式.

（1）$a_3=5,a_7=13$；

（2）前三项为 $a,2a-1,3-a$.

例 2 已知$\angle A,\angle B,\angle C$是$\triangle ABC$的三个内角，且$\angle B$是$\angle A$、$\angle C$的等差中项，求$\angle B$的大小.

例 3 在通常情况下，从地面到 10 km 高空，高度每增加 1 km，气温就下降某一个固定数值. 如果 1 km 高度的气温是 8.5 ℃，5 km 高度的气温是 −17.5 ℃，求

2 km,4 km,8 km 高度的气温.

5. 总结提升

1) 学习小结

(1) 等差数列有关概念、通项公式.

(2) 推导等差数列的通项公式,能运用等差数列的通项公式解决一些简单的问题.

2) 当堂检测

(1) 若$\{a_n\}$是等差数列,$a_{15}=8$,$a_{60}=20$,求 a_{75}.

(2) 已知数列$\{a_n\}$满足 $a_1=2$,$a_{n+1}-a_n+1=0$,则数列的通项 a_n 等于(　　).

A. n^2+1　　B. $n+1$　　C. $1-n$　　D. $3-n$

(3) 已知等差数列$\{a_n\}$中,$a_7+a_9=16$,$a_4=1$,则 a_{12} 的值是(　　).

A. 15　　B. 30　　C. 31　　D. 64

(4) 一个首项为 23,公差为整数的等差数列,从第 7 项开始为负数,则它的公差是(　　).

A. -2　　B. -3　　C. -4　　D. -6

(5) 等差数列的第 1 项是 7,第 7 项是 1,则它的第 5 项是(　　).

A. 2　　B. 3　　C. 4　　D. 6

(6) $\{a_n\}$是首项 $a_1=1$,公差 $d=3$ 的等差数列,若 $a_n=2011$,则 n 等于(　　).

A. 671　　B. 670　　C. 669　　D. 668

(7) 等差数列$\{a_n\}$中,已知 $a_1=\frac{1}{3}$,$a_2+a_5=4$,$a_n=33$,求 n 的值.

(8) 一个等差数列$\{a_n\}$中,$a_1=1$,末项 $a_n=100(n\geqslant 3)$,若公差为正整数,那么项数 n 的取值有______种可能.

7.6.2　等差数列的前 n 项和(1)

学习目标

(1) 探索等差数列的前 n 项和公式的推导方法.

(2) 掌握等差数列的前 n 项和公式.

(3) 能运用公式解决一些简单问题.

(4) 重点与难点:等差数列前 n 项和公式推导,会在五个量 a_1,d,n,a_n,s_n 中可三求二.

(5) 培养数学建模、数学运算素养.

学习过程

1. 问题创设

有没有听过高斯的算法故事?你能否快速算出 $1+2+3+\cdots+100$ 等于多少?

2. 问题导学

问题 1 高斯的算法,这种方法能够推广到求一般等差数列的前 n 项和吗?

问题 2 等差数列的前 n 项和公式如何推导?

1) 探索新知

(1) 数列 $\{a_n\}$ 的前 n 项和的概念:一般地,称________________为数列 $\{a_n\}$ 的前 n 项和,用 S_n 表示,即 $S_n=$____________________.

(2) 等差数列的前 n 项和公式一:$S_n=$________________.

(3) 等差数列的前 n 项和公式二:$S_n=$________________.

问题 3 如图 7-30 所示,一个堆放铅笔的 V 形架的最下面一层放 1 支铅笔,往上每一层都比它下面一层多放 1 支,最上面一层放 100 支. 这个 V 形架上共放着多少支铅笔?

(1) 问题转化为求什么?能用最短时间算出来吗?

(2) 阅读课本后回答,高斯是如何快速求和的?他抓住了问题的什么特征?

(3) 如果换成 $1+2+3+\cdots+200$,我们能否快速求和?

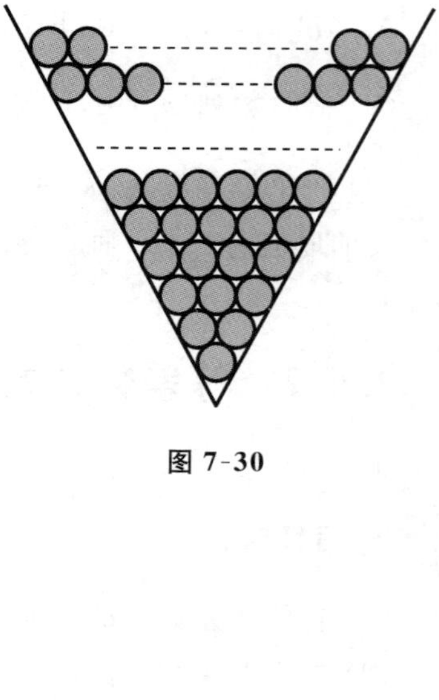

图 7-30

问题 4 $S_n=1+2+3+\cdots+n=?$

小组讨论,总结方法.

问题 5 已知等差数列 $\{a_n\}$ 中首项为 a_1,公差为 d,第 n 项为 a_n,如何计算前 n 项和 S_n?

2) 典型例题

例 1 在等差数列 $\{a_n\}$ 中,

(1) $a_1=-10, d=4, S_n=54$,求 n;

(2) $S_5=25, S_{10}=100$,求 a_1 及 d.

变式 在数列 $\{a_n\}$ 中,$a_2+a_5+a_{12}+a_{15}=36$,

(1) 求 S_{16};

(2) 已知 $a_6=20$,求 S_{11}.

例 2 数列 $\left\{\frac{1}{n(n+1)}\right\}$ 的前 n 项和 $S_n=\frac{1}{1\times2}+\frac{1}{2\times3}+\frac{1}{3\times4}+\frac{1}{4\times5}+\cdots+\frac{1}{n\times(n+1)}$,研究一下,能否找到求 S_n 的一个公式. 你能对这个问题做一些推广吗?

3. 总结提升

1) 学习小结

(1) 掌握等差数列的前 n 项和公式.

(2) 能运用公式解决一些简单问题,会应用在五个量 a_1, d, n, a_n, S_n 中可三求二.

2) 当堂检测

(1) 等差数列 $-10, -6, -2, 2, \cdots$ 的前多少项的和为 54?

(2) 已知一个等差数列的前 10 项和是 310,前 20 项的和是 1220,由这些条件能确定这个等差数列的前 n 项和公式吗?

(3) 根据等差数列的下列条件,求相应的未知量:

① $a_1=\frac{5}{6}, d=-\frac{1}{6}, S_n=-5$,求 n 及 a_n;

② $d=2, n=15, a_n=-10$,求 a_1 及 S_n.

7.6.3 等比数列(1)

学习目标

(1) 理解等比数列的概念,掌握等比数列的通项公式,并会根据公式进行有关计算.

(2) 会求等比数列的通项公式,掌握等比数列的判定方法,并能简单应用通项公式.

(3) 重点与难点：等比数列有关概念、通项公式.

(4) 培养数学建模、数学运算素养.

学习过程

1. 问题创设

传说，波斯国王第一次玩国际象棋就给深深地迷住了，他下令要奖励国际象棋的发明者，并让受奖者自己提出奖些什么. 发明者提出在 64 格棋盘格上放麦子，第 1 格放 1 粒，第 2 格放 2 粒，第 3 格放 4 粒，第 4 格放 8 粒，…，按此放到第 64 格. 国王很高兴，觉得这算不上什么. 结果弄得国王赔上整个国家财力，同学们，你们算算第 64 格要放多少粒？一共要放多少粒？

2. 问题导学

问题 1 上面故事在第 1 格到第 64 格上麦子粒数具有什么关系$(1,2^1,2^2,2^3,\cdots,2^{63})$？

1) 学习探究

问题 2 通过类比等差数列，能否推出等比数列的通项公式呢？

问题 3 指数函数与等比数列的通项公式有什么联系？

2) 知识建构

(1) 等比数列：一般地，如果一个数列从第______项起，每一项与它的前一项的______都等于同一个常数，那么这个数列称为等比数列. 这个常数称为等比数列的______，通常用字母______表示$(q\neq 0)$，即$\dfrac{a_n}{a_{n-1}}=q$（q 为常数，$q\neq 0$，$n\geqslant 2$）. ______数列既是等差数列又是等比数列.

(2) 定义式：$\dfrac{a_2}{a_1}=\dfrac{a_3}{a_2}=\cdots=\dfrac{a_n}{a_{n-1}}=q(q\neq 0)$.

(3) 等比数列的通项公式：______________________.

(4) 等比中项的定义：如果 a、G、b 成等比数列，那么 G 称为 a 与 b 的______，且 $G=$______.

(5) 等比数列的分类：

① 当$\begin{cases}a_1>0\\q>1\end{cases}$或$\begin{cases}a_1<0\\0<q<1\end{cases}$时，$\{a_n\}$是递增数列；

② 当$\begin{cases}a_1>0\\0<q<1\end{cases}$或$\begin{cases}a_1<0\\q>1\end{cases}$时，$\{a_n\}$是递减数列；

③ 当 $q=1$ 时，$\{a_n\}$是______；

④ 当 $q<0$ 时，$\{a_n\}$是摆动数列.

问题 4　在等比数列$\{a_n\}$中，首项为 a_1，公比为 q，其中，a_1 与 q 均不为 0. 如何推导等比数列的通项公式？

方法一：归纳法.

方法二：累积法.

3）典型例题

例 1　数列$\{a_n\}$是等比数列，求下列各式的值：

(1) 已知 $a_3+a_6=36$，$a_4+a_7=18$，求 a_1 和 q；

(2) 已知 $a_2\times a_8=36$，$a_3+a_7=15$，求公比 q.

例 2　在 4 与$\frac{1}{4}$之间插入 3 个数，使这 5 个数成等比数列，求插入的 3 个数.

变式　有四个数，其中前三个数成等差数列，后三个数成等比数列，并且第一个数与第四个数的和是 16，第二个数与第三个数的和是 12，求这四个数.

例 3　已知数列$\{a_n\}$的前 n 项和为 S_n，且 $S_n=2a_n-3n(n\in\mathbf{N}^*)$.

(1) 求 a_1，a_2，a_3 的值；

(2) 是否存在常数 λ，使得$\{a_n+\lambda\}$为等比数列？若存在，求出 λ 的值和通项公式 a_n；若不存在，请说明理由.

3. 总结提升

1）学习小结

(1) 等比数列的概念，掌握等比数列的通项公式，并会根据它进行有关计算.

(2) 会求等比数列的通项公式，等比数列的判定方法，并能简单应用.

2）当堂检测

(1) 判别下列哪些是等比数列？

① 2，2，2，2，…，2；　② 1，2，4，8，12，16，20；　③ $1,-\frac{1}{2},\frac{1}{4},-\frac{1}{8},\cdots$

(2) 数列 $a,a,\cdots,a$ 是否为等比数列？为什么？

(3) 求下列等比数列的第 4 项和第 5 项：

① 4，−8，16，…；　② $2,\frac{4}{3},\frac{8}{9},\cdots$.

(4) 求下列各组数的等比中项：

① 4，9； ② $4-\sqrt{3}, 4+\sqrt{3}$.

(5) 已知等比数列$\{a_n\}$中，$a_1=32$，公比 $q=\frac{1}{2}$，则 a_6 等于(　　).

A. 1　　B. -1　　C. 2　　D. -2

(6) 已知$\{a_n\}$是等比数列，$a_2=2$，$a_5=\frac{1}{4}$，则公比 $q=$(　　).

A. $-\frac{1}{2}$　　B. -2　　C. 2　　D. $\frac{1}{2}$

(7) 在等比数列$\{a_n\}$中，$a_4=6$，则 $a_2a_6=$(　　).

A. 4　　B. 8　　C. 36　　D. 32

7.6.4　等比数列的前 n 项和(1)

学习目标

(1) 体会等比数列前 n 项和公式的推导过程，掌握其中的错位相减法.

(2) 记住等比数列前 n 项和公式，会用公式解决一些简单的问题.

(3) 重点与难点：等比数列前 n 项和公式推导，会在五个量 a_1, q, n, a_n, S_n 中可三求二.

(4) 培养数学建模、数学运算素养.

学习过程

1. 问题创设

上一节我们讲了波斯国王奖励国际象棋发明者麦子的故事，按照 1000 粒为 40 g，按照目前世界麦子总产量约为 60 亿吨计算，你认为国王能不能满足他的要求？怎么算？请列出算式.

2. 问题导学

上面麦子总粒数为

$$S=1+2+4+\cdots+2^{63} \tag{1}$$

问题1 观察每一项有什么特征？有什么联系？

问题2 如果将式(1)两边同乘以2得到

$$2S=2+4+8+\cdots+2^{64} \tag{2}$$

观察式(1)与式(2)之间的关系，可以算出$S=2^{64}-1$这个数很大，超过了1.84×10^{19}.

问题3 通过上述计算，你得到什么启发？

1）学习探究

探究1 推导等比数列的前n项和公式时，所用方法的名称是什么？用到等比数列的什么性质？

探究2 数列$\{a_n\}$是等比数列：

① 当$q\neq1$时，若已知a_1和q，则$S_n=$______，若已知a_1和a_n，则$S_n=$______；

② 当$q=1$时，$S_n=$______.

探究3 对于等比数列的相关量a_1,a_n,q,n,S_n，已知几个量，就可以确定其他量？

2）典型例题

例1 数列$\{a_n\}$是等比数列，首项为a_1，公比为q，求前n项和S_n.

例2 等比数列$\{a_n\}$中，$a_3=\frac{3}{2}$，$S_3=\frac{9}{2}$，求a_1与q.

例3 求$1+2x+3x^2+\cdots+nx^{n-1}$.

3. 总结提升

1）学习小结

(1) 等比数列前n项和公式，会用公式解决一些简单的问题.

(2) 会在五个量a_1,q,n,a_n,s_n中可三求二.

2）当堂检测

(1) 求下列数列的前5项和：

① $\frac{1}{2},\frac{1}{4},\frac{1}{8},\cdots$，$S_5=$______；

② $a_1=27$，$a_9=\frac{1}{243}$，$q<0$，$S_5=$______.

(2) $1+3+3^2+\cdots+3^n=$______.

(3) 等比数列$\{a_n\}$中，$q=2$，$S_3=48$，则$a_3+a_4+a_5=$______.

(4) 等比数列$\{a_n\}$中，$a_3=7$，$S_3=21$，则公比$q=$______.

(5) 等比数列$\{a_n\}$中,若$\frac{S_6}{S_3}=3$,则$\frac{S_9}{S_6}=$______.

(6) 某商场今年销售计算机 5000 台,如果每年的销售量比上一年增加 10%,那么从今年起,几年可使总销量达到 30000 台($\lg 1.6\approx 0.20$,$\lg 1.1\approx 0.04$)?

7.7 不 等 式

7.7.1 不等式与不等式关系(1)

学习目标

(1) 在了解一些不等式(组)产生的实际背景的前提下,能列出不等式与不等式组.

(2) 学习如何利用不等式表示不等关系,利用不等式的有关基本性质研究不等关系.

(3) 通过对问题的探究思考、广泛参与,改变学习方式,提高学习质量.

(4) 重点与难点:不等式的基本性质推导及其应用.

(5) 培养数学抽象、数学运算和逻辑推理素养.

学习过程

1. 问题创设

某品牌酸奶的质量检查规定,酸奶中脂肪的含量应不少于 2.5%,蛋白质的含量 p 应不少于 2.3%.

2. 问题导学

问题 1 现实生活中有很多不等关系,你能列举出你周围日常生活中的不等关系吗?

1）学习探究

问题 2　用不等式(组)表示实际问题中的不等关系，并用不等式(组)研究含有不等关系的问题.

问题 3　正确理解现实生活中存在的不等关系，用不等式(组)正确表示出不等关系.

问题 4　在等式中，等式两边同时加(减)同一个数(或式子)，结果仍相等，不等式是否也有类似的性质呢？

问题 5　两个同向不等式可以相乘吗？

(1) 如果 $a>b$，那么 b ____ a(对称性)；

(2) 如果 $a>b$，$b>c$，那么 a ____ c(传递性)；

(3) 如果 $a>b$，那么 $a+c$ ____ $b+c$(同加性)；

(4) 如果 $a>b$，$c>0$，那么 ac ____ bc；如果 $a>b$，$c<0$，那么 ac ____ bc(同向不等式的同乘性)；

(5) 如果 $a>b$，$c>d$，那么 $a+c$ ____ $b+d$(同向不等式的可加性)；

(6) 如果 $a>b>0$，$c>d>0$，那么 ac ____ bd(同向不等式的可乘性)；

(7) 如果 $a>b>0$，那么 a^n ____ b^n(可乘方性)；

(8) 如果 $a>b>0$，那么 $\sqrt[n]{a}$ ____ $\sqrt[n]{b}$(可开方性).

2）典型例题

例 1　(1) 已知 $a<b<0$，则下列不等式中不能成立的是(　　).

A. $\dfrac{1}{a-b}>\dfrac{1}{a}$　　B. $\dfrac{1}{a}>\dfrac{1}{b}$　　C. $\dfrac{1}{a^2}<\dfrac{1}{b^2}$　　D. $a^3<b^3$

(2) 设 $a,b\in\mathbf{R}$，若 $a-|b|>0$，则下列不等式中正确的是(　　).

A. $b-a>0$　　B. $a^3-b^3<0$　　C. $a^2-b^2<0$　　D. $b+a>0$

(3) 已知 $a<b<0$，则下列不等式中成立的是(　　).

A. $\sqrt[3]{a}<\sqrt[3]{b}$　　B. $a^2<b^2$　　C. $\sqrt[3]{-a}<\sqrt[3]{-b}$　　D. $\sqrt{-a}<\sqrt{-b}$

(4) 若 $a>b>c$，则一定成立的不等式是(　　).

A. $a|c|<b|c|$　　B. $ab<ac$　　C. $a-|c|>b-|c|$　　D. $\dfrac{1}{a}>\dfrac{1}{b}>\dfrac{1}{c}$

例 2　限速 40 km/h 的路标，指示司机在前方路段行驶时，应使汽车的速度 v 不超过 40 km/h，用不等式表示.

变式　b 克糖水中有 a 克糖($b>a>0$)，若再加入 m 克糖($m>0$)，则糖水更甜了,试根据这个事实写出一个不等式__________.

3. 总结提升

1)学习小结

① 重点知识______;② 典型方法:______;③ 问题解决:______.

2)当堂检测

(1) 若 a、b、$c\in\mathbf{R}$,$a>b$,则下列不等式成立的是(　　).

A. $\frac{1}{a}>\frac{1}{b}$　　B. $a^2>b^2$　　C. $\frac{a}{c^2+1}>\frac{b}{c^2+1}$　　D. $a|c|>b|c|$

(2) 有以下四个条件:① $b>0>a$;② $0>a>b$;③ $a>0>b$;④ $a>b>0$. 其中,能使 $\frac{1}{a}>\frac{1}{b}$ 成立的有______个.

(3) 某人有楼房一幢,室内面积共 180 m^2,拟分割成两类房间作为旅游客房. 大房间每间面积为 18 m^2,可住游客 5 人,每名旅客每天住宿费 40 元;小房间每间面积为 15 m^2,可住游客 3 人,每名游客每天住宿费为 50 元;装修大房间每间需要 1000 元,装修小房间每间需 600 元. 他只能筹款 8000 元用于装修. 写出满足上述所有不等关系的不等式.

7.7.2　一元二次不等式及其解法(1)

学习目标

(1) 正确理解一元二次不等式的概念,掌握一元二次不等式的解法.

(2) 理解一元二次不等式、一元二次函数及一元二次方程的关系,能借助二次函数的图象及一元二次方程解一元二次不等式.

(3) 重点与难点:一元二次不等式的解法.

(4) 培养数学抽象、数学运算和逻辑推理素养.

学习过程

1. 问题创设

(1) 预习教材,找出疑惑之处.

(2) 复习.

解下列不等式：

① $\frac{1}{2}x>-1$；　② $-\frac{1}{2}x>1$；　③ $-\frac{1}{2}x+1>0$.

2. 问题导学

1）学习探究

问题 1　某同学要上网，有两家公司可供选择. 公司 A 每小时收费 1.5 元(不足 1 小时按 1 小时收费). 公司 B 的收费原则：在第 1 小时内(含恰好 1 小时，下同)收费 1.7 元，第 2 小时内收费 1.6 元，以后每小时减少 0.1 元(若一次上网时间超过 17 小时按 17 小时计算). 如何选择公司更经济？

提炼　这是一个关于 x 的一元二次不等式，最终归结为如何解一元二次不等式.

新知　只含有______个未知数，并且未知数的最高次数是______的不等式，称为______.

问题 2　如何解一元二次不等式？能否与一元二次方程及其图象(见表 7-28)结合起来解决问题呢？

表 7-28

	$\Delta>0$	$\Delta=0$	$\Delta<0$
二次函数 $y=ax^2+bx+c$ $(a>0)$的图象	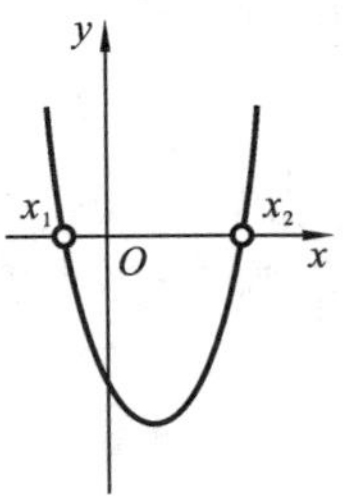	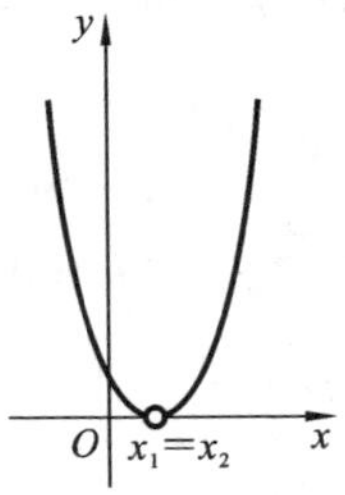	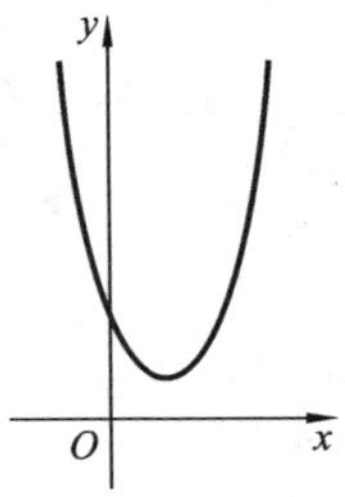
一元二次方程 $ax^2+bx+c=0$ $(a>0)$的根			
$ax^2+bx+c>0$ $(a>0)$的解集			
$ax^2+bx+c<0$ $(a>0)$的解集			

提炼　解不等式时应先将二次项系数化为正，再根据图象写出其解集.

2）典型例题

例 1　求不等式 $4x^2-4x+1>0$ 的解集.

例 2　解不等式 $-x^2+2x-3>0$.

例 3　解关于 x 的不等式 $ax^2-2\geqslant 2x-ax(a\leqslant 0)$.

3. 总结提升

1）学习小结

解一元二次不等式的步骤如下.

（1）将原不等式化为一般式（$a>0$）.

（2）判断 Δ 的符号.

（3）求方程的根.

（4）根据图象写解集.

（5）知识拓展：① $ax^2+bx+c>0$ 对一切 $x\in\mathbf{R}$ 都成立的条件为 $\begin{cases}a>0\\ \Delta<0\end{cases}$；

② $ax^2+bx+c<0$ 对一切 $x\in\mathbf{R}$ 都成立的条件为 $\begin{cases}a<0\\ \Delta<0\end{cases}$.

2）当堂检测

（1）与不等式 $(x+3)(x-5)<0$ 的解集相同的是（　　）.

A. $\begin{cases}x+3>0\\ x-5<0\end{cases}$　　B. $\begin{cases}x+3<0\\ x-5>0\end{cases}$　　C. $\begin{cases}x-5>0\\ x+3<0\end{cases}$　　D. $\begin{cases}x+3>0\\ x-5>0\end{cases}$

（2）关于 x 的不等式 $ax+b>0$ 的解集为 $\{x|x>2\}$，则关于 x 的不等式 $\dfrac{ax+b}{x^2-2x-3}>0$ 的解集为（　　）.

A. $\{x|-2<x<-1$ 或 $x>3\}$　　B. $\{x|-3<x<-2$ 或 $x>1\}$

C. $\{x|-1<x<2$ 或 $x>3\}$　　D. $\{x|<-1$ 或 $x<3\}$

（3）集合 $A=\{x|x^2-5x+4\leqslant 0\}$，$B=\{x|x^2-5x+6\geqslant 0\}$，则 $A\cap B=$（　　）.

A. $\{x|1\leqslant x\leqslant 2$ 或 $3\leqslant x\leqslant 4\}$　　B. $\{x|1\leqslant x\leqslant 2$ 且 $3\leqslant x\leqslant 4\}$

C. $\{1,2,3,4\}$　　D. $\{x|-4\leqslant x\leqslant -1$ 或 $2\leqslant x\leqslant 3\}$

（4）已知集合 $U=\{x|x^2-3x+2\geqslant 0\}$，$A=\{x|x>3$ 或 $x<1\}$，则 $C_UA=$______.

（5）不等式 $2\leqslant x^2-2x<8$ 的正整数解集为______.

(6) 解下列不等式：

① $(x-1)(3-x)<5-2x$；

② $2x(x+11)\geqslant 3(x+1)^2$.

7.7.3　基本不等式

学习目标

(1) 理解最值定理的使用条件：一正二定三相等.

(2) 运用基本不等式求解函数最值问题.

(3) 重点与难点：基本不等式的应用.

(4) 培养数学抽象、数学运算和逻辑推理素养.

学习过程

1. 问题创设

问题1　在直径为 d 的圆中内接一个矩形，问使这个矩形面积最大的长和宽各是多少？最大面积是多少？

问题2　在面积为定值的扇形中，半径是多少时扇形周长最小？

2. 问题导学

1) 探索新知

问题3　若 x,y 都是正数，则：

(1) 如果积 xy 是定值 P，那么当且仅当 $x=y$ 时，和 $x+y$ 有最小值$\underline{2\sqrt{P}}$；

(2) 如果和 $x+y$ 是定值 s，那么当且仅当 $x=y$ 时，积 xy 有最大值$\underline{\frac{1}{4}s^2}$.

问题4　最值定理中隐含三个条件：一正、二定、三相等.

问题5　不等式知识网络如图 7-31 所示.

2) 典型例题

例1　(1) 已知函数 $y=x+\frac{16}{x+2}(x>-2)$，求此函数的最小值.

(2) 已知 $x<\frac{5}{4}$，求 $y=4x-1+\frac{1}{4x-5}$的最大值；

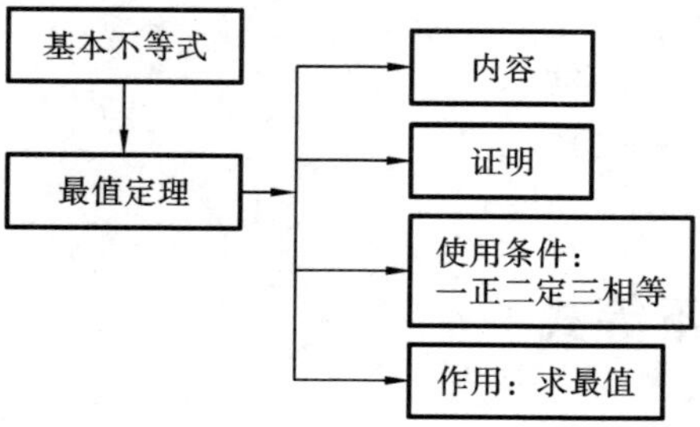

图 7-31

(3) 已知 $x>0$，$y>0$，且 $5x+7y=20$，求 xy 的最大值；

(4) 已知 $x,y\in\mathbf{R}^{+}$，且 $x+2y=1$，求 $\frac{1}{x}+\frac{1}{y}$ 的最小值.

例 2 下面的解题步骤是否有错？如果有错，错在哪里？

(1) 求 $y=\frac{x^2+5}{\sqrt{x^2+4}}(x\in\mathbf{R})$ 的最小值.

解 由于 $y=\frac{x^2+5}{\sqrt{x^2+4}}=\sqrt{x^2+4}+\frac{1}{\sqrt{x^2+4}}\geqslant 2\sqrt{\sqrt{x^2+4}\frac{1}{\sqrt{x^2+4}}}=2$，则 y 的最小值为 2.

(2) 已知 x，$y\in\mathbf{R}^{+}$，且 $x+4,y=1$，求 $\frac{1}{x}+\frac{1}{y}$ 的最小值.

方法一. 由 $1=x+4y\geqslant 2\sqrt{4xy}$ 得

$$\frac{1}{\sqrt{xy}}\geqslant 4$$

所以

$$\frac{1}{x}+\frac{1}{y}\geqslant\frac{2}{\sqrt{xy}}\geqslant 8$$

故原式最小值为 8.

方法二. 由 $\frac{1}{x}+\frac{1}{y}\geqslant\frac{2}{\sqrt{xy}}$（当且仅当 $x=y$ 时等号成立）得

$$\begin{cases}x=y\\x+4y=1\end{cases}$$

解得

$$x=y=0.2$$

所以 $\frac{1}{x}+\frac{1}{y}$ 的最小值为 $5+5=10$.

3. 总结提升

1）学习小结

（1）利用基本不等式求最值问题时，一定要交代等号何时成立，只有等号成立了，才能求最值，否则要用其他方法了. 而在证明不等式时，不必要交代等号何时成立.

（2）例 2 是常见典型错误，它违背了最值定理使用前提“一正二定三相等”中的后两条.

2）当堂检测

（1）求函数 $y=4x^2+\dfrac{9}{x^2}$ 的最小值.

（2）已知 $x<0$，求 $y=\dfrac{1+x^2}{x}$ 的最大值.

（3）已知 $x,y\in\mathbf{R}^+$，且 $\dfrac{1}{x}+\dfrac{9}{y}=1$，求 $x+y$ 的最小值.

（4）已知 $x>-2$，求 $y=\dfrac{-x^2+3}{x+2}$ 的最大值.

（5）已知 $x>1,0<y<1$，求 $\log_x y+\log_y x$ 的取值范围.

图书在版编目(CIP)数据

问题驱动视野下高中数学主干知识的教学设计与实践研究/刘剑锋,邓利民,邱礼明著.—武汉:华中科技大学出版社,2022.1

ISBN 978-7-5680-7601-2

Ⅰ.①问…　Ⅱ.①刘…　②邓…　③邱…　Ⅲ.①中学数学课-教学设计-研究-高中
Ⅳ.①G633.602

中国版本图书馆CIP数据核字(2021)第268442号

问题驱动视野下高中数学主干知识的教学设计与实践研究
Wenti Qudong Shiye xia Gaozhong Shuxue Zhugan Zhishi de Jiaoxue Sheji yu Shijian Yanjiu

刘剑锋
邓利民　著
邱礼明

策划编辑:王汉江
责任编辑:刘艳花
装帧设计:原色设计
责任校对:李　琴
责任监印:周治超

出版发行:华中科技大学出版社(中国·武汉)　　电话:(027)81321913
　　　　　武汉市东湖新技术开发区华工科技园　　邮编:430223

录　　排:武汉市洪山区佳年华文印部
印　　刷:武汉科源印刷设计有限公司
开　　本:710mm×1000mm　1/16
印　　张:17　插页:1
字　　数:324千字
版　　次:2022年1月第1版第1次印刷
定　　价:56.00元

华中出版

本书若有印装质量问题,请向出版社营销中心调换
全国免费服务热线:400-6679-118　竭诚为您服务